2016年度国家出版基金资助项目

“十二五”国家重点图书出版规划项目

中国科学技术研究领域高端学术成果出版工程

中国科学院自然科学史研究所“十二五”重大突破项目

国家出版基金项目
NATIONAL PUBLICATION FOUNDATION

科技革命
与国家现代化
研究丛书

张柏春　主编

科技革命与法国现代化

姚大志　孙承晟　著

山东教育出版社

图书在版编目（CIP）数据

科技革命与法国现代化 / 姚大志，孙承晟著 . — 济南 ：山东教育出版社，2017.6

（科技革命与国家现代化研究丛书 / 张柏春主编）

ISBN 978-7-5328-9834-3

Ⅰ. ①科… Ⅱ. ①姚… ②孙… Ⅲ. ①技术革新—关系—现代化建设—研究—法国 Ⅳ. ①F156.543 ②D756.5

中国版本图书馆CIP数据核字（2017）第172570号

KEJI GEMING YU GUOJIA XIANDAIHUA YANJIU CONGSHU

KEJI GEMING YU FAGUO XIANDAIHUA

科技革命与国家现代化研究丛书　　张柏春/主编

科技革命与法国现代化　　姚大志　孙承晟/著

主管单位：山东出版传媒股份有限公司
出版发行：山东教育出版社
地址：济南市纬一路321号　邮编：250001
电话：（0531）82092660　网址：www.sjs.com.cn
印　　刷：山东临沂新华印刷物流集团有限责任公司
版　　次：2017年6月第1版
印　　次：2017年6月第1次印刷
开　　本：710毫米×1000毫米　1/16
印　　张：19.5
字　　数：259千
定　　价：85.00元

（如印装质量有问题，请与印刷厂联系调换）印厂电话：0539-2925659

总　序

现代化和科技革命是当代中国社会的热议话题，也是出版物中的高频术语。现代化是19世纪60年代以来中国的宏大实践，在20世纪30年代成为学者们广泛关注的议题。中华人民共和国在建国伊始就着力推进产业和国防的现代化，并且在五六十年代将现代化逐步具体化为农业、工业、国防和科学技术等方面的现代化。1964年，中央政府宣布以建成“一个具有现代农业、现代工业、现代国防和现代科学技术的社会主义强国”为发展目标。1978年，中央强调科学技术是生产力，是“四个现代化”的关键。此后，“科学革命”“技术革命”“科技革命”等概念深得学者们的认同。三四十年来，政府和科技界希望国家能抓住“新科技革命”的机遇，且借此实现现代化。那么，科技革命与现代化究竟存在怎样的关系？这正是本套《科技革命与国家现代化研究丛书》试图探讨的核心问题。

现代化、科学革命和技术革命等都是非常复杂的概念。本套丛书中，我们将“现代化”理解为农业社会向工业社会的转变，工业化是这一转变进程中的一条主线。现代化始于西欧，逐步扩展到欧洲其他地区、北美以及亚、非、拉等地，其间伴随着工业强国的殖民扩张和“被现代化”国家的社会转变，包括转变中出现的弊端。我们所讨论的“科技革命”是科学革命和技术革命的简称，是指相对于知识进化而言的重大知识变革。第一次科学革命是指16和17世纪发生在欧洲的科学变革，其主线是由哥白尼拉开序幕，从伽利略到牛顿的物理学、天文学和数学等学科的理论突破及具有现代特点的科学建制化。第一次工业革命与第一次技术革命相伴发生，其主要标志是蒸汽机的发明和应用。历次的科学革命、技术革命和工业革命的成果在全球化的进程中传向世界各地，被人们普遍共享和发展，并影响到当地的知识和社会的转变。现代化、科学革命和工业革命（技术革命）早已成为一些史学家叙事的方法和框架，相关著述浩如烟海。有趣的是，此前学界对科学革命和技术革命的研究主要集中于欧洲，如意大利、英国、法国和德国，而对现代化的研究则主要关注该进程中的后起国家，如日本、中国、印度等。有关欧洲现代化的研究主要集中于早期现代国家制度产生的过程及文化上的现代性等方面。其原因显而易见，科学革命和技术革命主要发生在西方国家，而当以工业化为主线的现代化概念盛行时，西方发达国家已完成了由农业社会向工业社会的转变。然而，无论在西方还是在东方，每个国家都有其现代国家制度的确立及工业化的实现的具体过程，也同样都有现代科学和技术的形成和制度化的不同历程。

中国科技事业发展和现代化建设要求人们理解世界科学技术的发展历程，以求得历史借鉴和启发。李约瑟（Joseph Needham）等国际学者能够研究中国的科学技术传统，我们也应该以自己的眼光审视世界科学技术的发展，提出新的学术问题和见解。1978年以来，中国科学院自然科学史研究所将世界科学技术史列为一个新开拓的研究方向，其重点是西方近现代科学技术史，编著了《20世纪科学技术简史》和《贝尔实验室》等学科史和机构史的著作。为了进一步探讨世界科技史，我们与中国科学院规划战略局在2010年春季开始组织研究“科学革命、技术革命与国家现代化的关系”，选择意大利、英国、法国、德国、俄罗斯（苏联）、美国和中国等国家为案例，着力阐释我国社会普遍关注的科技革命、现代化等重大问题，其中涉及发展的路径和模式。这个项目将对科学革命、技术革命的研究扩展到俄罗斯和中国等科学革命或工业革命的非原发国家，探讨“地域性的”科学革命或技术革命以及外力冲击下启动的现代化。一方面，从科学和技术的发展去理解社会的转变；另一方面，从社会的发展去理解科学和技术的变革。对这类复杂问题的探讨必定既有共识，又见仁见智。

经过认真筹划和评议，这项工作被中国科学院批准为“十二五”规划项目，同时被国家新闻出版总署列为“十二五”出版规划项目，并得到山东教育出版社的大力支持。为了实施这项计划，我们邀请自然科学史研究所、北京大学、清华大学、美国波莫纳加州理工大学（California State Polytechnic University，Pomona）、意大利卡西诺大学（Università di Cassino）等科研机构和大学的近30位专家学者，开展个案研究和综合研讨。为了完善研究计划，项目组在2012年访问德国马普学会科学史研究所（Max Planck Institute for the History of

Science），与雷恩（Jürgen Renn）所长等近20名西方科技史专家学者讨论这项研究的框架、主要内容、典型案例、方法论、前人工作和资料基础等重要问题。此外，项目组还听取了美国、法国、俄罗斯、意大利、英国等国专家的建议。国际同行的中肯意见对项目的设计和实施很有帮助。

科学革命、技术革命与现代化的关系是一个富有挑战性的、视野宽阔的大题目，对这个专题的研究在国际上非常鲜见。我们期望通过探讨这样的题目，能够为学术研究贡献点滴新知识，对读者思考有关问题提供线索。当然，在国内的世界科技史研究积累薄弱的情况下，研究这么大的新题目算是一次冒险的尝试。无论我们怎样努力，《科技革命与国家现代化研究丛书》都会挂一漏万，不过是万里长征的第一步。受研究基础的限制，目前完成的书稿中难免有疏漏，甚至错误，敬请学界同道和读者朋友们不吝赐教。

中国科学院自然科学史研究所

张柏春

2017年5月6日

于科学院基础园区

目　录

引　言

本书主题围绕着科学、技术与法国现代化展开。一般而言，近代科学的兴起，意味着人类知识和观念上的重大变革。而工程技术由于其实用价值，始终影响着国家与社会的实际运转。科学技术革命带来的观念和现实层面的变革，不可避免地渗透到社会的各个角落，与社会思潮、伦理观念、产业发展模式、社会运行机制等纠缠在一起。17世纪以来，法国社会不断变迁，经历了从传统社会向现代国家的转变，与此同时，近代科学技术兴起并持续发展。法国社会与科学技术在持续演化过程中，如何实现互动并促进国家现代化的发展，这是本书关心的问题。

然而，宏大的历史议题常常不易把握。本书并不打算提供百科全书式的说明，以期给出一个周全的阐释。作者试图从不同角度和层面将研究主题分解为更为具体的问题：近代科学知识及其传统在法国如何发展并融入当地社会？重要科技机构及科技体制如何建立并经历改革？牛顿力学及其世界观在法国本土怎样获得传播？近代科技知识与启蒙运动和革命思潮具有何种关联？科学革命与产业革命之间如何互动？一度成功的科技体制为什么使科学发展陷入困境，国家又如何加以克服？进入20世纪，法国如何克服战争创伤在科技、经济上取得显著进步？又如何在法兰西特性和全球化中保持平衡？

为了更好地思考和回应这些问题，本书运用了不同的研究路径和方法。首先，选择何种研究方法取决于问题本身的性质。在回答科技体制如何发展时，本书尝试建立宏观的分析框架，并高度概述其演变脉络，以突显科技体制本身在历史长河中的功能和价值。而在追溯重要社会思想运动和知识变革的原因时，本书会跟随天才人物的脚步。他们在行动中，时常跨越机构和体制的边界，甚至挑战既定的社会结构和秩序。很显然，传记式的撰写方法更能体现历史人物对社会发展的重要影响。为了追问法国科学中心为什么在某个时段衰落，采用分析的方法比单纯描述的方式更为有效。其次，研究对象的性质也影响着我们对研究视角和研究时段的选取。对于重要机构和典型事件的研究，要求作者进行较为细致的机构史和社会史案例分析。面对知识传统的确立和更迭，则需要从知识史和思想史的角度切入，对各类观念的含义有所把握，梳理它们之间的逻辑关系。

本书正文由四章和结语组成，每章大体对应不同的历史时期。为了完整地回应所处理的具体问题，各章节涵盖的时间可能会出现交叠。其中，姚大志主要负责撰写第一章的第一至三节、第二章、第三章、结语，孙承晟主要撰写了第一章的第四节和第四章。

第一章以法国现代化的起点为开端，主要探讨法国在17世纪科学革命中扮演了何种角色，以及科学和技术在旧制度时期的体制化问题。波旁王朝不断打击封建领主，到路易十四时期，绝对君主制确立起来。不过，“君权神授说”作为一种前封建的治理理论得以恢复。君主专制时期也出现了一批杰出的政治家，包括黎塞留、路易十四、柯尔贝等。他们某种意义上可被视为法国现代化的先驱，为法国扬弃传统封建领主制做出了贡献。

摒弃亚里士多德主义的知识传统，是17世纪科学革命的一项基本任务。在这一时期，法国出现了一批重要的自然哲学家，比如笛卡尔和伽桑狄。他们开始采纳新的方法论和知识原则，与亚里士多德主义及相关知识传统渐行渐远。笛卡尔主义在知识界的地位得以确立，对天主教文化形成了一定冲击，在知识文化和意识形态层面上产生了重大影响，同时也是17世纪科学革命的一项重要成就。

旧制度如何将近代科学技术纳入自己的体系中？波旁王朝的决策者们已经发现近代科学和技术的价值。为了将其纳入国家机器之中，经过路易十四和柯尔贝等决策者的努力，国家介入科学资助领域，并在法国建立了较为完整的近代科学和技术体制。

巴黎皇家科学院的建立是这一时期的一项重要制度创新。国家与科学院之间形成了一种紧密的控制与合作关系。皇家科学院不仅吸引了很多国内外的优秀学者来到巴黎进行科学交流和研究，而且其运行模式也广受赞赏。直至1793年被取缔，皇家科学院因其活跃的学术和卓著的成果使之基本成了那个时期法国科学的同义语，甚至使巴黎成为17、18世纪的科学中心。

第二章主要论述了两个问题：近代科学成果在法国境内传播和启蒙运动之间具有何种关系，以及法国如何应对工业革命的挑战。17世纪科学革命的成就集中体现在牛顿的工作之中。牛顿力学是如何传入笛卡尔主义占据主导地位的法国的？以莫培督为代表的官方科学家们，坚持稳健的策略，通过不懈努力，最终在18世纪中期帮助牛顿力学在法国科学共同体内占据主导地位。这也意味着科学革命成果在欧洲大陆的一次成功传播。

另一个传播牛顿世界观的重要人物是伏尔泰。他反对天主教会，反对君权神授，对社会进行公开批判，随即开启了法国启蒙运动。这一运动塑造了现代社会的基本价值观以及现代人的理念。狄德罗和达朗贝尔的《百科全书》推动启蒙运动深入发展。他们的工作显示了现代社会的价值理念和科学革命之间具有内在关联。科学革命在欧洲大陆的传播，与法国启蒙运动的起源具有内在关联，这是法国意识形态和观念层面现代化的重要环节。

旧制度走向终结的过程中，科学技术扮演了何种角色？18世纪下半叶，以催眠术和活力论为代表的科学话语对巴黎精英及官方体制提出了挑战。未来的革命者，如左拉、雅各宾派等，与这些知识范式有着千丝万缕的关系。大革命前夕的医学运动，从特定角度折射出科技对法国既定的社会秩序造成了深刻的影响。

18世纪80年代，源自英国的工业革命开始对王朝末期的法国形成冲击。旧制度能否成功调动科学技术的力量，使法国走上工业化道路，从而为推进现代化进程铺路架桥？王朝的决策者们尝试改革，试图在经济领域效法英国的发展模式。法国的工业化始于引进英国纺织技术。为适应现代化的进程，在大革命之前，政治、行政、社会结构已经在转变，以等级特权为核心的体制一定程度上已经开始向以财富和个人奋斗为基础的体系过渡。

第三章论述了漫长的19世纪。大革命埋葬了旧制度，在王朝末期的改革成果上，一系列政治、社会关系实现了根本性转变。在现代国家体制形成过程中，科学、技术、教育、国家利益和资本市场如何被重新浇筑成一个体系？与此同时，科技与教育体制也获得机会得以重建。天主教对教育体系的控制终结了，一系列旧机构、组织或被废除，或被改造。在新确立的科技教育体制中，工程技术等专业教育获得强调，科学教育和技术教育更紧密地结合在一起，科技人才和管理人才的培养目标同时并举，科学家和工程技术人员开始职业化。

综合理工学院的建立是法国科教体制的重要成就，也为现代科技教育留下了重要遗产。以旧制度时期工程技术教育体系为基础，它的创建首先满足了大革命时期国家对国防和工程建设的紧迫需求，回应了现代社会创建高等理工教育机构的时代呼声，反映了科学家成规模职业化的社会发展趋势。综合理工学院最初几十年经历了多番改革，相关争论启发着人们对高等理工教育基本理念的思考。

18世纪末至19世纪上半叶，在动荡的社会政治环境下，法国在众多学科领域都拥有顶级科学家，取得了辉煌成就，比如拉瓦锡及其发动的化学革命。同时，科学家和工程师更自觉地参与到法国工业化进程之中，科学和技术从制度层面联系在一起，技术官僚开始进入决策层。这一时期，法国走上了一条颇具特色的工业化道路。

凭借第二次技术革命，德国迅速崛起，美国茁壮成长，英国继续保持强大实力，法国处在日趋激烈的国际竞争环境之中。19世纪70年代到90年代，法国经济增长速度明显放缓。大约同一时期，法国科技遭遇到了挑战。法国作为科学中心相对“衰落”，与进化论、电磁学等重大成就失之交臂。整个19世纪，国家很大程度上控制着科学技术的发展。法国科学的衰落和不稳定的社会政治环境有关，不仅表现在科技本身，也表现在科技发展与中央集权的关系，及研究和教育体制的滞后等问题上。

第四章涉及法国在20世纪的再生与转型。19世纪末至大萧条之前，法国垄断组织飞速发展，金融资本高度集中，步入帝国主义阶段。借着第二次技术革命的尾声，法国的经济、科技都有了很大的进步。20世纪初更是法国全面发展的一个黄金时期。新兴工业发展极为迅速，尤其是冶金、汽车、电力等行业，同时深刻促进了城市化及社会发展，全面带动法国进入现代化的社会。这个时期，法国在科学上也有十分突出的建树，如庞加莱、巴斯德、居里家族、郎之万、德布罗意、佩兰以及布尔巴基学派等。

但随着大萧条及第二次世界大战的到来，法国步入一个十分艰难的境地。社会、经济受到毁灭性的破坏，科学、技术的发展也受到很大的抑制。但正是在这一个时期，法国国家科研中心、法国原子能总署等机构的建立，确立了法国现代科研体系。这很大程度上为二战后法国的发展打下了坚实的科技基础。

二战后，许多科学家对法国在二战中的失败体验深刻，宣称要通过发展科学技术，从而实现国家独立。同时，以"莫内计划"以及"马歇尔计划"对法的资助为契机，法国进入了所谓的"辉煌三十年"，伴随着第三次技术革命，经济、工业、社会得以全面高速发展。在此期间，法国在原子能、航空航天、医学、通信与高速铁路等领域均取得了令人瞩目的突破。由于对能源危机的前瞻性考虑，法国很早就开始重视原子能的研究和利用，当今，法国的核能利用已居世界领先地位。在航天领域，由法国主导的欧洲太空局在世界空间技术上有重要影响，其中的阿丽亚娜系列火箭在国际航天市场有十分突出的地位，每年发射世界一半以上的商用卫星。此外，在高速铁路、医药、通信技术等方面，法国也不断有独特的贡献。以欧盟为阵地，法国正在全球化的背景下拓展其科技、文化、政治影响力，试图不断提高自己的大国地位。

第一章
旧制度与近代科学革命

欧洲封建社会的解体和现代国家的构建是一个漫长而复杂的过程。历史上形成的复杂的分封制度、各异的语言文化、强大的贵族特权，这些因素都阻碍着统一王权的建立。法兰西建立民族国家需要克服一系列障碍。中世纪遗留下来的封建领主制，意味着人身依附关系和条块分割的国内市场等。天主教会不仅支持封建领主制，而且在很大程度上掌控着法国的教育事务，主导着伦理价值观念等。通过历代宗教理论家的工作，亚里士多德主义成了论证天主教教义的理论基础，而它支持的知识形态则占据着正统地位。近代自然科学的兴起，需克服传统知识及相关理论观念设置的障碍，在这个过程中，法国社会从不同层面接纳新的知识传统。与此同时，随着新机构的建立和传统机构的变化，近代科技体制也在旧制度时期初步确立起来。

第一节 旧制度的社会、政治和宗教

17世纪的法国极大地发展了绝对君主制。通过王权大刀阔斧的改造，曾经对领地拥有实际治理权的传统封建领主，逐渐转变成臣服于中央政权的贵族。天主教会原本拥有超越地域边界的诸多特权，但随着王权的加强，主教和修道院院长也开始更多地服从王国秩序。国家在一定程度上实现了政治、司法和财政的统一。国王权力的加强和民族国家的构建在某种意义上交叠在一起。

一、法国的地理环境与自然资源

法国位于欧洲大陆西端，北部与比利时、卢森堡、德国毗邻；东部与瑞士、意大利、摩纳哥接壤；西南部依比利牛斯山与西班牙相连；西邻大西洋，与英国隔海相望；东南临地中海。它构成了连接北欧和地中海的陆上通道，同时又是从大西洋进出欧洲的交通要道，自古以来就是地中海文明、大西洋文明和北欧文明交汇之处（潘什梅尔，1980）。在地缘政治方面，一旦爆发战乱，敌国通过战略联合，容易使其陷入陆上多线作战境地，大西洋和地中海两大水域也需要海军兼顾。

法国既无季节性显著温差，也没有地中海气候的干旱夏季。法国全境六成土地为平原，山地多分布于东部和南部地区。境内河流众多，水量丰沛，以塞纳河、卢瓦尔河、加龙河等河流最为重要。

这一环境不仅对本国农业和园艺业发展有利，也为水上交通运输奠定了基础。

重要的地缘位置和良好的自然环境，使法国始终是欧洲霸主的有力竞争者。但近代以来，在工业化和殖民开拓方面，法国落在英国之后。在自然资源方面，法国缺乏某些重要的工业资源，如煤炭。对于经济和产业发展来说，煤炭是第一次工业革命时期的重要战略物资。在工业革命启动阶段，英国拥有丰富的煤炭储备，这一优势给该国工业化以重要支持。直到19世纪中叶，法国仍然无法像英国那样充分利用煤炭资源。

地理环境和自然资源状况构成了国家发展的物质条件，但人口因素对现代化进程同样重要。因为创造历史的终究是生活在特定社会环境中的人。法国近代以来一直是欧洲人口第一大国。巴黎作为国家的心脏，不仅是欧洲最大的城市，也是欧洲受教育程度最高的城市。①与其他西欧国家相比，法国在很长时期内都拥有更丰富的人力资源和智力资源。除此之外，社会机制、组织结构、思潮理念等社会因素，对一个国家的发展也具有深远影响。

二、路易十四与绝对君主制

从中世纪到近代早期，法国社会主要实行封建采邑制度。采邑可以追溯到王室早期土地分封和世袭制。不同等级的封建贵族不仅拥有土地，也拥有与封地相应的征税、司法、人事等权力。依附于

① 17世纪中期，法国有2000万人口，英国、西班牙和意大利地区的人口均维持在500万至600万。到18世纪80年代，法国人口达到2500万，周边国家人口虽有大幅度增长，但依然与其相差甚远。其中，英国人口有900万，西班牙有1000万，意大利地区有1700万，普鲁士只有860万。参见（Habakkuk，1965）。

土地的劳动者听命于封建贵族，大封建贵族对自己的领地再次进行分封，受封贵族只直接对其分封的贵族具有义务。在这种格局下，封建贵族拥有强大的军事、经济和政治力量，王权相应受到限制。西欧各国在从传统社会向现代民族国家转变过程中，封建制成为国家政治稳定、经济发展的主要挑战之一。法国想迈入现代国家之列，在激烈的地缘政治竞争中占据优势，就必须抑制地方封建领主势力，建立更强大的国家机器。

英法百年战争结束时，英国基本失去了在法国的领地。由于长年的战争，大量法国贵族命丧疆场，外国势力的驱逐和封建势力的消耗，为法国领土的统一扫除了障碍。战争使国王的权力大大扩张，作为贵族的首领，为保卫国家，国王有权收税，但税负大多数落到了第三等级的头上。法国平民税负之高在欧洲首屈一指，甚至影响了几百年后的法国大革命。有了税收，国王就可以建立强大的军队。法国是欧洲最早建立军队的国家，这为打击地方势力，巩固王权奠定了基础。

波旁王朝的国王和能臣们不懈努力，在17世纪建立起了颇具法国特色的绝对君主制。所谓绝对君主制，意味着整个法国社会的政治人际关系，都按照等级次序以同心圆的方式环绕排列，进而构成社会生活的组织中心，并使得中央政府能够监督和管控地方经济。它自上而下贯彻权威，维护着不同阶层共同组成的等级制，也保障不同阶层的权利（傅勒，2005）[57]，这与政治统一的趋势相符。绝对君主制的建立和发展，帮助法国克服了现代化进程的一大障碍。

路易十四（Louis XIV）在位72年（1643—1715），时间之长在近代欧洲首屈一指。他自诩“太阳王”，是上帝在人间的代表。君权神授观念出现在16世纪末的欧洲，可以为专制王权提供理论辩护。路易十四亲政后，借助这种宗教理论加强了本国君主制。无论神授君权还是世袭君主的观念，都属于前现代价值准则，但却为现代化提供了一种新的权威观念。在这个意义上，传统社会的形式在为现代社会的目标开辟道路（Brown，1969；Huntington，1966）。王权着力加强中央政府对各省的控制，西法战争期间发生的投石党运动①，将矛头指向王权，中央政府向各省派遣官员的制度一度中止。路易十四亲政后重新恢复该制度，涵盖了司法、治安和财政监督官的任免。这些官员代表中央政府长期驻扎地方，肩负巡视稽查地方的使命。各省总督被置于严密的监督之下，其私人军队也遭解散。到17世纪80年代，监督官基本上转变为各省的常驻行政官员。国王招地方显贵至凡尔赛宫，使他们远离封地居住，逐渐减弱其对地方的控制力。除此之外，他还通过不同措施加强中央集权。1665年，地方终审法庭撤销。通过斗争，王权对巴黎高等法院和各地高等法院的优势获得加强。路易十四执政期间，全国三级会议不再召开。大臣们未经国王同意不得发布政令，僧侣会议也被要求听命于国王。法国的君主制在这一时期达到鼎盛。

路易十四奠定了旧制度时期中央政府结构基础，支撑着波旁王朝的集权国家。1661年，首相马扎然（Mazarin，1602—1661）去世之后，路易十四不再设立首相职位，亲自理政并行使王权。他设立了一系列机构，包括内政外交委员会、财政委员会、陆军委员会、宗教委员会以及行政法院等。相关会议由路易十四亲自主持，不过这些会议一般只起咨询作用，不具有行政执行职能。路易十四任命的大臣掌握各部门行政权力，主要的大臣职位有4个，包括王室国务秘书、外交国务秘书、陆军国务秘书、海军国务秘书。国王与大臣们分别磋商、

① 又译为福隆德运动，发生在1648—1653年之间。

决策政务。财政总管职位由财政总监替代，权力缩小，易于替换。这一政府结构形式基本上沿袭到1789年大革命爆发。

波旁王朝的政治精英们努力打破传统封建领主制，并以更简洁而统一的君主制取而代之。黎塞留（Richelieu，1585—1642）、马扎然、路易十四、柯尔贝（Colbert，1619—1683）是他们当中的伟大代表，也是法国现代化的先驱。马扎然去世前曾向路易十四举荐柯尔贝。后者通过斗争，最终取代权重一时的富凯（Fouquet，1615—1680），以财政总监的身份进入国家决策层。从1664年开始，柯尔贝兼任营造和工场总监，还于1668年开始担任王室国务秘书，1669年成为海军国务秘书。他主要负责国家的财政和经济，是路易十四时期最重要的政治家之一。

柯尔贝在经济领域推行重商主义的政策。他致力于改革财税制度，为了阻止外国商品涌入境内，曾数次修订关税条例。同时，他鼓励外国工匠移民法国，促进技术转移，通过不同方式开拓海外贸易。1664年，柯尔贝重建东印度公司，创办西印度公司，通过多种途径吸纳资本，以开拓和扩大海外市场。1682年，法国在北美密西西比河流域建立殖民地。为了保护本国商业利益、支持殖民扩张，柯尔贝努力发展法国的海上力量。他还重视农业生产，推行对农民有益的措施。政府开凿运河、兴建道路、取消国内关卡、降低税率，以利于商业流通。随着法国绝对君主制的完善和巩固，政府加强了对经济领域的干预和控制，以配合国际竞争和对外扩张的需要。路易十四谋求提升法国的威望，扩张法国疆域，对外征战不断。这虽有助于法国夺取欧洲大陆霸主地位，但也令国家陷入严重的财政困难。柯尔贝的重商主义政策和财税改革正好有效解决了财政难题，充盈了国库。

三、国家与宗教

领土的统一和王权的扩张为法国民族国家的建立提供了条件，然而要真正建立现代意义上的民族国家，仅此还是不够的。现代民族国家的建立是欧洲历史上各种因素综合作用的结果。概括来说，城市的兴起给予封建制度沉重的一击；宗教改革为现代国家的建立提供了思想基础；威斯特伐利亚体系则为现代民族国家确立了法律基础。

随着地理大发现和价格革命，近代早期商品经济得到前所未有的发展，城市的规模不断扩大，吸引着农村人口涌入城市。手工工场又为农村劳动力提供了充足的就业机会。摆脱了封建依附关系的农民在城市定居下来，成为公民。城市的崛起和王权的扩张结合在一起，共同瓦解了残余的封建势力，有助于现代民族国家登上历史舞台。

印刷术的进步、《圣经》的民族语言化和识字率的提高为宗教改革提供了条件，各种方言的印刷版《圣经》走进千家万户，打破了教会对宗教解释权的垄断，导致新的宗教思想产生。然而新教的产生也使欧洲陷入长期的宗教战争。

在加强中央集权过程中，如何推动国内的宗教统一，如何处理世俗王权与宗教权力的关系，是摆在国王面前的一个实际问题。波旁王朝的开创者亨利四世（Henri Ⅳ，1553—1610）努力调和境内天主教与新教的紧张关系。他原是一位新教徒，后改宗天主教。他于1598年颁布《南特敕令》，承认新教徒的宗教信仰自由，从法律上赋予新教徒和天主教徒同样的权利，比如允许胡格诺教徒出任公职等。敕令主张宗教宽容，维护国内稳定，使不同教派间的紧张关系一度获得缓和。胡格诺战争之后产生的南特敕令是新旧宗教力量妥协的结果，标志着法国开始尝试将两种宗教并存于一个国家，宗教不再是共同体唯一的认同标准。

17世纪初哈布斯堡王朝的斐迪南当选为神圣罗马帝国的皇帝，打破了德意志公国中天主教和新教诸侯之间的平衡，新旧宗教之间积累的矛盾彻底爆发，影响欧洲近代版图的三十年战争开始了。法国作为一个天主教国家，最终选择与新教国家结盟，对抗天主教国家。战争的结果使法国树立了在欧洲的霸主地位，欧洲国家之间确立了威斯特伐利亚体系，明确了新教的合法地位，规定了以主权、平等为基础的国际关系准则，为现代民族国家确立了国际法的基础。

17世纪后半期，王朝推行宗教统一政策，对法国诸多方面产生了深刻而持久的影响。路易十四以天主教保护者自居，在其统治时期，新教受到压制，教徒遭到迫害，南特敕令的一些重要内容被某些新条例或禁令所取代。政府限制新教教义通过学校传播，新教徒的聚居区遭到破坏，日常生活无法保持安宁。1685年10月17日，路易十四最终废止南特敕令。之后几年，有近5万新教家庭迁往他国，流失资财约6000万里弗。对国家来说，新教徒大量外迁，不止造成人口和货币外流，也意味着科技人才流失、技艺转移及知识传播。大批笃信胡格诺教派的工匠和商人迁往德意志、英国、荷兰、瑞士等地。他们在邻邦开设工场和作坊，涉及纺织、冶炼、造纸、钟表等领域，也为这些国家带去可观资本。南特敕令的废止虽有利于某些欧洲邻国的发展，但却使天主教重新在法国占据主导地位。对国王来说，宗教统一是促进国家政治统一的一个环节。

现代国家主权观念的形成过程伴随着王权与教权的斗争。亨利四世以后，法国王权不断获得强化，但教皇在17世纪的法国仍享有诸多特权。天主教会内部的一股势力敌视世俗王权，主张维护教皇特权，力主反对王权凌驾于教权之上。1614年，枢机主教迪佩龙

（Duperron，1556—1618）明确反对教权不得剥夺王权的主张，严正强调，教皇的权力至高无上，不仅适于教会，也高于王权。路易十四对罗马教廷拥有的特权予以抵制，支持法国教会脱离罗马教会的控制。17世纪70年代颁布的法令规定，法国境内所有主教均由国王任命。随后，僧侣会议通过作为法国教会章程的《法国教士宣言》，强调教会组织无权干涉世俗事务。在加强中央集权的过程中，路易十四有效抑制了教会势力。

17世纪到18世纪上半期，法国逐渐发展成欧洲最强大的、统一的民族国家，成为普鲁士、俄罗斯、奥地利等国君主模仿的榜样以及近代中央集权国家机器的典范之一。绝对君主制在路易十四时期达到鼎盛，但并不完善。一方面，它推动法国远离传统社会。作为国家权力的竞争对手，国王不断压制主教和修道院院长，摧毁地方领主的权力，教会开始处于从属地位，中世纪的庄园开始凋敝。同时，国家官僚机构和公共服务部门得以发展，国家治理的理性化程度获得提升。另一方面，宗教和非理性观念粉饰着君主的形象，教士和贵族依然享有大量财产和权益，沉重的财政负担强加在民众肩头。在随后的岁月中，旧制度的弊端日渐明显。路易十四长期对外征战妨碍了国家财政健康以及民族经济的发展，海外贸易和航运并不占据优势，对新教教派的迫害造成技术人才和资金的流失。在18世纪中后期，法国在技术和产业领域逐渐被英国赶超，而传统社会结构中不同阶层的利益冲突丝毫未得到缓解。随着印刷技术和现代出版业的成熟，在旧的社会结构和政治人际关系之外，新的理念在法国社会获得传播，君主制渐渐丧失神圣的意义，王室逐渐成为空洞的象征，而法国也踏上了新的历史发展阶段。

第二节　科学革命与法国

近代科学革命打碎了旧的范式和研究传统，同时，科学事业开始日益融入法国社会。在17世纪末和18世纪初，法国知识界形成新的研究传统。笛卡尔主义战胜了长期占据正统地位的亚里士多德主义。法语开始崛起，并逐渐发展为一种流行的学术语言。投身科学的人士通过沙龙、通信网络等形式开展交流。近代科学技术开始体制化，重要组织和机构接受政府的支持和管理。科学事业一度浸染着世界主义色彩，但却日益受到近代国家边界的影响。

一、亚里士多德主义与近代自然哲学的兴起

近代自然科学在诞生之初，很大程度上是以自然哲学的面貌展现在世人面前的。在法国，自然哲学研究和教学活动主要由大学和学院的教授们把持。天主教会深刻影响着教育事务，自然哲学的教学研究活动秉持教会认可的正统学说。①亚里士多德主义知识观和宇宙观，比如地心说、月上天和月下天的分区等，构成了此类学说的基本信条。面对新的经验观察和实验结果，教授们需要不断调和新发现与亚

① 正统的自然哲学研究主要指，在17世纪大部分时期，大学和学院的教授以及具有相应研究旨趣的天主教社团成员们所进行的自然哲学研究。他们主要坚持亚里士多德主义的思想传统，工作受罗马天主教会认可。

里士多德主义之间的冲突。

1. 正统自然哲学研究状况

因为天主教会主导着法国高等教育，受罗马教廷认可的亚里士多德主义仍是学术界的正统学说。17世纪最初二十年，正统自然哲学研究者并没有对刚刚兴起的近代科学和知识观给予充分关注。克拉索（Crassot，1558—1616）于16世纪晚期来到巴黎，在圣巴尔博学院任教。他关于亚里士多德主义的评论和讲稿在其去世后陆续出版，其中，1618年出版的作品包括望远镜的发明及其作为天文仪器的价值。在亚里士多德-托勒密体系中，月上天或月上世界是完美的世界。由于无法合理解释月球表面的阴影，他提出应该利用新仪器，更好地理解天体的缺陷（Brockliss，1992）[59]。不过，伽利略在1610年已对此进行过天文学观测，并做了相应说明。前者的工作似乎表明，法国自然哲学的发展在17世纪初稍显落后，不过与意大利北部地区的差距并不算大，至少巴黎的教授们已经洞察到新天文仪器的潜力，所讨论的问题也具有重要意义，涉及可能会颠覆正统自然哲学和宇宙图景的反常现象。

正统学说立足于亚里士多德主义知识传统，力图调和其与近代科学新发现的关系。虽然亚里士多德主义在当时已出现诸多变种，但在大学和学院当中，绝大多数自然哲学家仍坚持旧的研究传统，信仰神秘的美德，强调事物的质。正统的自然哲学家们关注自然科学，主要是想调和正统学说和新发现之间的关系，尤其是在天文学领域中的冲突。萨尔雷主教管区的代理主教塔尔德（Tarde，1561或1562—1636）关注天文学动态，他曾在1614年与伽利略会面，与其讨论太阳黑子现象，随后还进行了五年观测。亚里士多德主义的宇宙图景指出太阳处于月上世界，本身是完美的，但黑子现象暗示它存在某种缺陷，与亚里士多德主义宇宙图景相抵触，会对正统物理学和天文学造成损害。为了挽救正统学说，代理主教将那些通过望远镜呈现出的暗斑解释成太阳的卫星，并将其命名为“波旁星”（Baumgartner，1987）。

一些研究活动应该放到欧洲的背景下来理解。例如，某些天文学研究是在耶稣会支持下开展的。耶稣会士法布里（Fabri，1607—1688）是耶稣会一位优秀的数学家和物理学家，他和17世纪科学史公认的一些的重要人物往来密切。与他通信的学者包括数学家和天文学家伽桑狄（Gassendi，1592—1655）、视野开阔的梅森（Mersenne，1588—1648）、数学家和物理学家罗伯瓦尔（Roberval，1602—1675）等，而他的学生包括天文学家卡西尼一世（Cassini，1625—1712）等人。1640年，法布里开始在里昂担任宗教哲学教师，讲授物理学、天文学和数学。六年后，他被教廷召唤到了罗马（Roux，2005）。隶属于教会组织的学者在欧洲境内迁移，这在当时并不少见，某些身在法国的科学家也许应被视为欧洲学者，而不专属于某个国家。

2. 近代自然科学发展状况

对法国来说，早期投身自然科学研究的人员往往来自不同行业。正统的自然哲学研究与法国学术和教育机构关系密切。相反，近代自然科学的研究者往往是些来自学术和教育界之外的业余爱好者。[①]佩雷斯克（Peiresc，1580—1637）是伽桑狄最初的赞助人，他本人是普

① 从某种角度看，这一时期的知识可以区分正统或传统的自然哲学和近代自然科学研究。需要注意的是，该区分很大程度上适用于以物理学和天文学为代表的知识领域，同时也是一种理想类型的划分。在许多场合，17世纪的研究个体及其工作很难截然划分到哪个研究传统当中。比如引发科学革命的伽利略或笛卡尔，他们的工作甚至渗透着大量中世纪遗留下的知识和哲学要素。

罗旺斯地区的公职人员；费马（Fermat，1601或1607—1665）来自图卢兹律师界；笛卡尔（Descartes，1596—1690）也曾经想投身司法事业，不过最终踏上了军旅生涯。另外一些人既和高等教育机构无关，也不是自由职业者，比如自学成才的帕斯卡（Pascal，1623—1662），或奥尔良公爵加斯东（Gaston d' Orléans，1608—1660）。大多数解剖学家和化学家的职业是执业医生。不过，例外是存在的。笛卡尔和伽桑狄都对解剖学感兴趣，但他们没有受过职业医学训练。上述情况说明，到17世纪中期，自然科学研究活动很大程度上仍然处在体制之外。

这些数学和自然奥秘的探索者们是科学革命在法国的主要推动者。在非学术和教育界的自由职业领域，新科学爱好者的圈子规模往往不大，人员构成也远非稳定，但其中一些学者却做出了积极而重要的贡献。笛卡尔和费马不仅在数学领域成就卓著，也堪称光学研究的先驱；帕斯卡和佩里耶（Périer，1605—1672）通过实验确认了气压的存在；方济各会士梅森对谐波做了有意义的研究；解剖学家佩凯（Pecquet，1622—1674）发现血液生成中乳糜管的作用等等。17世纪中期，法国人模仿并推动观察和实验，本土自然科学开始快速发展。到17世纪60年代，许多法国人投身于天文学、化学和解剖学研究。他们取得了原创工作，使得世人在谈论17世纪科学革命时，无法回避法国人的贡献。

教育研究机构和宗教团体也为近代自然科学的发展提供了空间。虽然大学和学院的教授主要坚持亚里士多德主义，但在这些机构内部，近代科学也在有限度地成长壮大。越来越多的学者开始关注实验，许多人都来自医学院，同时，数学也获得了稳定发展。在17世纪初，法国的数学教席还很少，但纵观整个世纪，其数量在稳步上升。17世纪三四十年代，巴黎皇家学院先后聘请著名的罗伯瓦尔以及天文学家伽桑狄主持教席。耶稣会也给予近代自然科学以切实的支持。在耶稣会的学院里，许多教职都与数学和近代自然科学有关。17世纪中期之前，法国境内至少有十几所学院拥有天文观测场地，阿维尼翁和巴黎的学院甚至相继配备观测台。如果把视野投向博物学和化学研究，那么包括研究机构和修道院在内的很多地方都是科学活动的场所。17世纪中期，体制化的研究机构为近代自然科学的发展预留了一定空间（Brockliss，1992）[60]。

17世纪上半叶，近代自然科学开始赢得法国人的关注。到该世纪中后期，恰逢太阳王路易十四统治下，法国人对科学的兴趣方兴未艾。比如，观察天象的人不在少数，他们的工作卓有成效：1680到1730年间，仅仅普罗旺斯一地出现的天文学家，数量就可能相当于17世纪头60年全法国的天文学家总和（Brockliss，1992）[68]。该领域的变化从一个侧面说明热衷科学的人数已明显增长。

3. 反对亚里士多德主义的斗争

在学术和教育界之外，许多关注近代自然科学的人都已和亚里士多德主义决裂。他们肯定观察实验与正统自然哲学之间的冲突，支持帕拉塞尔苏斯主义、赫尔墨斯主义、原子论和新柏拉图主义等，抛弃正统的亚里士多德主义和盖伦学说。原子论主张自然现象可以用不可见微粒的运动和形状来加以解释，它源自古希腊，文艺复兴时期被重新挖掘出来。17世纪以后，这种理论的影响开始扩大。1624年，德维庸（de Villon，1589—1647）和德克拉夫（de Clave，1587—1645）等人在法国开始公开拥护原子论，反对亚里士多德的形式质料学说。①

① 参见（Kahn，2001；Kahn，2002；Fisher，2005）。除德维庸和德克拉夫之外，比托（Jean Bitaud）也是17世纪较早公开宣传原子论的学者。

到了17世纪40年代，该学说已经获得一批坚定的拥趸。17世纪中叶，赫耳墨斯派或帕拉塞尔苏斯派的思想也变得司空见惯，反对亚里士多德主义的人可能来自这些派别。如路易十三的御医，曾创建国王花园的植物学家和药学家拉布罗斯（La Brosse，1586—1641），就是一位著名的帕拉塞尔苏斯派信徒，同样来自国王花园的实验化学家勒菲弗尔（Lefèvre，?—1674）也持相同立场。梅森本人的宗教观符合法国社会主流思想，但很多与他交往的人都是赫尔墨斯派。

近代自然科学与传统的自然哲学知识之间存在根本分歧，前者主张自然的数学化，强调实验观察，而后者坚持从文本和权威出发认识自然。梅森主张从数学的角度认识世界，贬低传统的质的物理学。既然全部自然现象都可以还原为数学关系，那么自然哲学家的任务就是去揭示它们。通过数学比例理解世界体现了一种和谐，而通过和谐的概念，梅森赋予这种数学化以神学意义。帕斯卡强调经验对于科学知识的重要性，也崇尚理性。他在《论真空》（1663）中区分了两类知识：历史的真相和信仰依赖文本权威，而自然世界的真相依赖理性和经验。古人相信真空的存在，但缺乏相应的经验，对帕斯卡来说，这种经验已经获得确证。自然哲学家不应该盲目崇拜古代权威，而应该用经验去解释神秘的自然（Brockliss，1992）[64]。

致力于近代自然科学的学者们对传统自然哲学的研究提出了尖锐的批评意见。帕斯卡认为，传统自然哲学家用古人的观点武装自己，就像天主教神学家一样，这种对理性的依赖是非法的。梅森指出，传统研究无法通过数学描述事物，因此无法获得相关知识。他倾向于认为，传统自然哲学研究是无意义的。自然哲学家应将目光转向对自然现象的数学分析和经验观察。对近代自然科学的追求就是一种宗教献身行为，上帝赞赏这一事业（Dear，1991）。

很显然，他们与传统自然哲学家立场不同，调和不是他们的主要目的。帕斯卡将天主教当作仇敌，把正统自然哲学家和天主教神学家视为一丘之貉，因为他们忽视经验，非法地应用理性。这与其一度皈依新教，藐视天主教的立场一致。而梅森在宗教机构内的身份，使他一方面批评传统自然哲学研究，另一方面又试图为新的知识原则找到神学根据，自觉为近代自然科学和天主教的和解寻找答案。上述态度涉及重新界定近代自然科学和天主教之间关系的两种不同态度。不过，他们的立场有一个共同点，即疏离了传统自然哲学研究与天主教的紧密关联。

随着新科学的发展，人们对自然哲学的思想基础已经难以取得一致意见。总体而言，大学、学院以及宗教社团仍然继续坚持亚里士多德主义，而在正统学术界之外，强调实验和数学化的近代科学家们已经与传统亚里士多德主义决裂。

二、笛卡尔主义的崛起

17世纪90年代到18世纪20年代，法国科学家群体达成了新的共识，亚里士多德主义的物理学无可挽回地衰落了。17世纪中期，法国关注自然现象及其规律的哲学家群体并不是一个内在一致的共同体，他们各自坚持不同的研究纲领和传统。到17世纪末，人们对自然哲学的基本原则形成共识，开始统一在笛卡尔主义的旗帜之下。

笛卡尔主义作为近代机械论自然观的代表，是如何在17世纪末的法国胜出的？这个问题实际上涉及两个更加具体的问题：一，笛卡尔主义并非唯一的机械论流派，它是如何从机械论理论阵营中脱颖而出的？二，机械论是如何在法国战胜与天主教有同盟关系的亚里士多德主义的？从知识传播和社会史视角出发，对于前一个问题，相互竞争的纲领在宣传等诸多方面的差异，导致法国人做出了不同选择；就后一个问题而言，一定程度上需要从整个欧洲的视角来考察。

1. 笛卡尔主义与伽桑狄主义

17世纪中叶，机械论在法国有两个代表性纲领，一个是笛卡尔的二元论，观念主要在他的《哲学原理》（1644）中获得表述，另一个是伽桑狄的原子论，思想集中体现在其去世后出版的《哲学论》（1658）。笛卡尔在世时，长期居住国外，其理论并没有得到法国科学家的普遍认可，甚至那些受机械论吸引的人们，也没有积极支持他的观点。伽桑狄在奠定了自己的学术地位之后，便来到巴黎定居，相对有更多追随者。然而，笛卡尔主义在这场角逐中获得了最后的胜利。

伽桑狄年轻时辗转于埃克斯、迪涅和格勒诺布尔等地，以教授哲学和数学为生。他最初主要讲授亚里士多德主义学说，同时也对伽利略、哥白尼和开普勒的成果颇有兴趣。受天文学家瓦莱特（Vallette，1564—1647）影响，他开始了天文学研究。他先是接受佩雷斯克的资助，后投在瓦卢瓦（Valois，1596—1653）门下。17世纪40年代，伽桑狄来到巴黎，并获得皇家学院的数学教席。他或许缺少一流的科学成就，但其学说有助于奠定近代物理学的形而上学基础。

伽桑狄试图将伊壁鸠鲁的原子论作为理论框架，反对经院亚里士多德主义。古希腊的伊壁鸠鲁是原子论的代表，伽桑狄明显受到这位先哲的影响。他主张存在终极不可再分的微粒和虚空，而微粒正是在虚空中才得以运动的。他虽然对生命现象持有目的论的看法，也相信人类具有灵魂。但与亚里士多德主义者不同，他认为人的灵魂既是无形的，也是物质的。在他看来，借助运动的物质，就能够解释自然现象（Lolordo，2006）。他将受过古典教育、从事自由职业的精英分子作为自己理论的潜在接受者。作为神职人员和学院教授，伽桑狄本身就属于精英阶层。他用拉丁文写作，希望精英读者有机会接受这一学说（Brockliss，1992）[65]。

伽桑狄希望为近代自然科学提供形而上学的辩护，同时也顺应基督教的立场。他将近代力学和天文学建立在伊壁鸠鲁的原子论基础上，并将原子论和传统基督教的因素混合。由于近代自然科学与亚里士多德主义的冲突，他宣称后者为非基督教的。离间亚里士多德主义和基督教的关系这个策略固然没错，但想让罗马天主教会放弃经院式的亚里士多德主义，显然困难重重。而他接受希腊的古典理论，却使其工作沾染上了唯物主义的气息。

1617年，笛卡尔抵达荷兰南部，加入拿骚的莫里斯的军队。之后，似乎因荷兰科学家贝克曼（Beeckman，1588—1637）的缘故，他对原子论产生了兴趣。不过，直到1628年，他才决心投身于研究和探索。在接下来的20年间，笛卡尔选择继续生活在法国境外，远离巴黎的朋友和刚刚出现的法国科学家群体。

笛卡尔以彻底怀疑的方式为开端，试图在科学和思想领域引发一场革新。在1637年出版的《方法谈》中，笛卡尔声称自己从怀疑出发，否定了诸多看似明白无误的事物，最后他确信自我的存在是不可怀疑的。从这个认识出发，他论证了存在两类独立的实体，即物质和心灵。物质是无限可分的，尽管充满了不可见的精细微粒，但宇宙是物质的，即便复杂的生理学现象，如繁殖等，也能用运动的物质加以解释。物质世界只能按机械论的原理进行说明，而笛卡尔的机械论是唯我论的。他的目标已经在《方法谈》中有所表达，即创造一种新的知识人，他们对自然世界的认识不再基于文本，而是基于个人的探索。笛卡尔相信，所有人都应该根据正确的研究方法，去发展那些显而易见的物理学哲学原则。

笛卡尔希望为近代自然科学提供辩护，但在对待亚里士多德主义的问题上，他与伽桑狄的立场有所不同。《方法谈》作为新型的科学著作，许诺每个人都可以成为自然哲学家，演绎出世界运行的方式，并根据对自然现象的观察，去检验和证实演绎出的结论。宗教改革要求每个人都必须直接面对上帝，而笛卡尔倡导的是一种个体对自然的探索，两者有异曲同工之处（Clarke，2006）。

一种机械论纲领最终能够胜出是由多方面原因决定的。如果教会敌视某种理论，信仰该理论的人至少需要直接面对来自宗教界的指责并承受外部压力。伽桑狄试图借助伊壁鸠鲁开创的自然哲学传统，以替代当时占据主流的传统观点，但却遭遇反宗教改革势力的敌视。他的原子论很快就受到了教会的公开谴责，并被定性为无神论。对笛卡尔来说，实验哲学是有关因果的自然哲学的婢女。在这个意义上，他可以被看作是有创新精神的亚里士多德主义者（Clarke，1982）。教会相信，笛卡尔本人是一位虔诚的天主教徒，但认定他的哲学具有异端倾向。笛卡尔在法国本土的支持者们对其学说进行了精心的编排，使其更加符合主流思想。这在一定程度上，也反映了当时笛卡尔主义受支持的情况。

1650年，笛卡尔在海外辞世。克莱尔塞利耶（Clerselier，1614—1684）领导的一小群僧侣致力于传播其思想。他们通过不同方式推进这项事业，比如翻译并重新刊行已出版的作品，编辑和出版新作品及书信集，组织与笛卡尔学说有关的会议等。1667年，笛卡尔的遗体被迎回祖国，并葬在圣吉纳维夫山修道院。借助这场颇具象征意义的葬礼，克莱尔塞利耶成功地巩固了过去十多年的宣传成果。（Brockliss，1992）[77]

对外宣传笛卡尔主义的工作从未间断。这类宣传主要通过一些面向公众的会议或讲座来推动，其中最重要的活动是由物理学家、数学家罗奥（Rohault，1618—1672）和雷吉斯（Régis，1632—1707）组织的。17世纪50年代中期，罗奥在首都开设讲座，似乎一直坚持到他本人去世前。他的学生雷吉斯从1665年到1680年游历在外，到各行省进行宣讲。他们开办的活动常常由一系列精致而实用的演讲组成，向愿意付费的公众传播笛卡尔主义。罗奥和雷吉斯也以图示说明手册的形式出版了他们的法语讲座内容。他们的目标听众和读者并非来自上流社会。通过宣讲或演示，他们阐明和维护了笛卡尔的机械论，有效地帮助公众了解笛卡尔主义在自然科学方面的主张。（Brockliss，1992）[69]

伽桑狄学说却在这场竞争中逐渐丧失主动权。这位笛卡尔的同行者和竞争者于1655年去世。他忠实的朋友蒙莫尔（Montmor，1600—1679）为其编辑了6卷本文集，但更有可能扮演和克莱尔塞利耶相同角色的应该是他的弟子伯尼耶（Bernier，1620—1688）。然而后者很快就离开法国，赶赴印度为莫卧儿王朝服务，直到1669年才返回祖国。在伯尼耶的努力下，伽桑狄的教科书终于在1678年出版了。但此时他已很难帮助伽桑狄学说重获竞争优势。（Brockliss，1992）[77]

笛卡尔本人与伽桑狄站在时代的转折点上，都试图为近代自然科学进行辩护，找到更加适应时代潮流的思想基础。他们一度相互批评，伽桑狄宣称笛卡尔是教条主义，而笛卡尔则认为伽桑狄的理论是唯物主义。笛卡尔的工作也许更具原创性，但他的拥护者们，不仅注意用本土语言宣传其思想，让他们的英雄进入公众视野，而且在传播其思想的过程中，尽量降低理论中的激进色彩，掩盖对传统主流思想的破坏性，甚至努力将其置于古典传统之中。罗奥在他的笛卡尔主义教科书中宣称，为了构建自然事物及其主要性质的两种原则，他已采纳了亚里士多德的所有一般性观念，以此请求读者们报以同情的态度。在多方面因素的共同作用下，一位自我放逐的法国人最终成为近代科学和哲学的奠基者。

2. 笛卡尔主义战胜亚里士多德主义

亚里士多德主义者们仍在努力前行，但笛卡尔主义的支持者们后来居上。在17世纪末到18世纪初的短暂时期内，后者在法国境内成为主流。这个重要事件也意味着法国确立起不同于英国的研究传统。

17世纪后半叶，坚持亚里士多德主义的自然哲学家依然努力工作，似乎并没有迹象表明在法国必然会出现一场伟大的知识变革。在17世纪的绝大多数时间内，人们都希望将新发现与传统自然哲学的旨趣结合起来，试图将自然科学的工作置于亚里士多德主义的框架之中。一方面，他们维持传统立场，另一方面，他们并不拒斥实验，努力做出调整，有时候会将新发现作为支持自己的证据。耶稣会士格朗达姆（Grandamy，1588—1672）先后在几所法国的学院教书。他接受吉尔伯特（Gilbert，1544—1603）的观点，相信地球是个巨大磁体。但他在17世纪40年代用该发现来支持地球在世界中静止不动的观点，这与吉尔伯特本人并不相同。后者认为地球每日转动与磁有关（Jonkers，2003）。17世纪80年代之前，亚里士多德主义在学术和教育界仍然占据主导地位。巴黎皇家科学院早期入选的院士构成了法国官方和精英科学家群体的核心。他们当中的许多人不是亚里士多德的同路人，就是亚里士多德主义的修正主义者，如罗伯瓦尔和科学院首任秘书迪阿梅尔（Du Hamel，1624—1706）等。

17世纪最后几十年，似乎没有太多迹象表明关注自然奥秘的哲学家们会接纳机械论。然而，在18世纪降临前后，科学家们已汇聚到同一面旗帜下。他们抛弃了质料与形式的传统说法，达成了新的共识。真正的近代科学只能建立在机械论自然观，而不是质的形而上学基础上。昔日的正统自然哲学研究遵循着亚里士多德主义的知识范式和研究传统，此时已丧失了其主流地位。这场转变是如何发生的呢？

17世纪末到18世纪初，皇家科学院内部经历了整体转变。从奠基之日起，科学院的一些成员就是机械论哲学的热情支持者，比如物理学家和天文学家惠更斯（Huygens，1629—1695）、物理学家马里奥特（Mariotte，1620—1684），以及解剖学家佩罗（Perrault，1613—1688）。最初他们并不能左右局面。当老一代成员退出历史舞台，科学院才从总体上转向支持机械论。这一转变到17世纪末得以实现，不止发生在研究力学和天文学的院士们身上，也波及其他知识领域。皇家科学院的声音在法国科学家群体中具有权威性，它的转向具有示范作用。许多科学家在职业上属于哲学、数学和医学共同体。他们紧随科学院院士之后转变立场，无视教会的警告和批评。（Brockliss，1992）[76]

同一时期，大学和学院的自然哲学教育也出现了重大变化。某些新建学院为新思想的传播提供了环境。17世纪90年代，著名的笛卡尔主义者普尔绍（Pourchot，1651—1734）在新建的马扎然学院获得教职。该校的教学活动有助于扩大机械论哲学的影响，并吸引世人进一步关注笛卡尔主义。巴黎大学的神学院始终扮演着正统思想守护者的角色，但笛卡尔主义同样在那里获得了支持。大学的转变很快便波及耶稣会。后者在教育界的影响力超出了为教会和国家服务的人群，尤其重要的是，它把持了首都之外的哲学教育。全法国境内的自然哲学课程计划随即开始转变。到1710年左右，在耶稣会的各个学院里，很多教授的课程已深受笛卡尔学说的影响，对机械论的解释严重依赖笛卡尔主义者马勒伯朗士（Malebranche，1638—1715）的工作。（Brockliss，2006；1981）

这场知识和意识形态领域的变革，不仅出现在精英科学家群体中，同时也波及正统的学术和教育机构。皇家科学院、巴黎大学和各地学院向笛卡尔主义的转向具有象征意义。①到18世纪20年代，大学和学院的教授已经很少有人再支持亚里士多德主义。1723年，里昂的耶稣会士比翁（Buhon，？—1726）出版了四卷本教科书（Buhon，1723），其中一卷有关物理学。历史学家指出，它或许是最后一本亚里士多德主义的物理学教科书（Brockliss，1987）[187n]。有一种观点认为，旧学说随着老一代学者退出历史舞台而凋落。这是从社会史或社会学角度解释科学革命之所以发生的通行说法。但历史总是具体的，变化不仅发生在某些具体的机构和人群里，也必然依托某种特定的社会和政治环境。对法国来说，如果没有巴黎皇家科学院的改旗易帜，机械论哲学在法国不可能顺利取得优势地位。大臣们的支持态度，为科学院转向笛卡尔主义提供了最初的保障。路易十四对法国的实际控制力，是波旁家族先辈君王无法相比的。进入17世纪80年代，他与敌视机械论的天主教教会日益接近。不过，国王本人对科学院终究缺乏兴趣，这让大臣们有了推动科学院发展的空间。如果哪位科学家或哲学家能为法国的荣耀和强大贡献一份力量，大臣们就会给予他相应的回报。王国中顶尖的科学家接受机械论学说，随后就会有更多的机械论者进入科学院。科学院的院士们不会完全忽视政治和宗教方面的问题，但他们对笛卡尔主义投出了赞成票。很难给这场变革一个周全的解释，至少在一系列转变的起点处，国家的利益超越了教会的福祉。

① 有关法国高等教育机构中的转变，可参见（Brockliss，1987）[350—359，404—408]。

机械论在法国的胜利应该从欧洲的视野来观察。17世纪60年代以后，机械论哲学从不同方面来看似乎都应在法国缓慢扩散，然而现实却并非如此。17世纪下半叶，机械论哲学在整个欧洲获得传播。笛卡尔主义在法国的胜利，与自然科学在欧洲范围内的发展密切相关，反之，也进一步推动新知识原则在其他国家的传播。1729年，耶稣会的数学家勒尼奥（Regnault，1683—1762）用法语写下《关于亚里士多德与欧多克斯的物理学对话》，借用古人对话的形式，推广机械论哲学在法国传播。两年后，该书便有了英文译本（Regnault，1729；1731）。若仅仅将视野局限在法国，将难以准确把握整个事件的原委。

笛卡尔主义的确立是近代科学革命的重要组成部分。通过这场意识形态革命，法国建立起近代知识传统，并与周边国家相互区别开来，尤其是英格兰地区。从17世纪后半叶到18世纪早期，笛卡尔主义启发着欧洲大陆的科学家，不失为一种有活力的研究纲领。而同一时期，英国人牛顿（Newton，1643—1727）的工作似乎尚未真正影响欧洲大陆。在传播笛卡尔主义过程中，法国人努力论证机械论的自然科学在神学上是安全的。这使得科学革命能够更顺利地在这个天主教国家落地生根，也缓解了国家由于支持近代自然科学发展，而与教会形成的潜在张力。笛卡尔主义对亚里士多德主义的超越，是法兰西为塑造现代性做出的重要贡献。

笛卡尔主义传统一旦确立，便成为牛顿力学及其世界观向欧洲大陆传播的潜在屏障。18世纪早期，在丰特奈尔（Fontenelle，1657—1757）掌舵的科学院，笛卡尔主义变成了神圣的教条。科学院院士们站在笛卡尔主义立场，质疑牛顿物理学的合法性，否认万有引力的存在。他们认为，牛顿假设的瞬时超距作用神秘而难以理解，而行星之所以不会脱离其轨道，是因为宇宙中做涡旋运动的精细物质对其造成的压力使然。直到18世纪中叶，法国人才转而承认支持牛顿世界观的观察证据，接受万有引力的观念。这一转变经历了大约半个世纪。

笛卡尔奠定了近代科学的一块基石，即将科学还原为数学的梦想。出于为笛卡尔主义辩护的需要，在与牛顿物理学旷日持久的斗争中，法国的物理学家们必须成为数学专家，他们长于分析数据，善于数学运算。笛卡尔主义为法国科学发展留下了宝贵遗产。传统的积淀将为大革命和拿破仑时期法国科学的辉煌奠定坚实基础。

三、法国社会对近代科学的接纳

从17世纪30年代开始，自然科学以不同途径进入了法国社会。热爱自然科学、探究自然奥秘的学者们建立了私人通信网络，力图将法语作为传播学术信息的正式语言。贵族们举办的科学沙龙让上流社会更贴近地接触这一新生事物，涉及科学的课程和杂志期刊的出现为研究者和对自然科学感兴趣的公众创造了新的交流空间。从拉丁文到法语的过渡，从跨越国界的交流到巴黎市内的高尚聚会，法国在逐渐接受这一新生事物。

1. 梅森和他的通信网络

在17世纪，近代科技交流机制在欧洲刚刚出现。想要了解法国各地和其他国家最新的学术信息，维持与志同道合者的稳定交流，除了面对面的交流之外，通信仍是主要途径之一。通信是学者之间分享智力成果和相互评价的手段，也是学术出版的中介环节。17世纪三四十年代，通过私人通信的方式，出现了一个以梅森为中心的科学家交流网络。该网络较典型地体现了近代科技交流机制早期的发展状态。

对于科学革命期间的法国而言，梅森是一位重要人物。他长期在巴黎的修道院教授神学和哲学。在17世纪20年代，他还是亚里士多德的忠实信徒，但在随后数年间，就已经转变成伽利略的热情支持者和自然数学化的实践者（Moreau，2012；Garber，2004）。梅森在数学领域有一定的造诣，研究涉及数学、物理学和天文学，也编辑过欧几里得（Euclid）、阿基米德（Archimedes）和阿波罗尼奥斯（Apollonius）等人的著作。不过，在推动近代科学发展方面，他最重要的贡献是与同时代科学家们广泛接触，并以他自己为核心建立起一个交流网络。遍及全国的学者和业余爱好者们，无论来自新教还是天主教，无论是神职人员还是一般信众，都可以以书信形式向他报告自然哲学等方面的研究成果。进一步，他也对引人关注的实验和论断发表意见，提出质疑，并通报给其他感兴趣的团体和个人。梅森也是传播法国以外最新科学进展的重要渠道。身处荷兰、意大利、波兰等地的学者都同他有联系，比如惠更斯和多尼（Doni，1593—1647）。伽桑狄、佩雷斯克和笛卡尔等人都是从17世纪20年代开始与梅森建立起联系的。笛卡尔驻留荷兰大约二十年时间，梅森作为其辩护者，主要通过通信帮助他与法国国内保持着稳定而通畅的联系。

在科学期刊和学术会议等交流平台尚未出现的情况下，这个以梅森为中心、通过书信搭建起的交流网络具有无可替代的价值。借此，法国国内学者与欧洲其他地区的学者建立了有效的交流渠道。也正是由于他，法国科学家相互激励和促进，开始凝聚在一起。按照某种有关近代科研活动的理解，研究是一项以推进科学进步为目标的集体实践活动，是一项共同体的事业。在这个意义上，梅森不仅是伟大的通信交流者，也堪称近代科研之父（Maury & Taussig，2003）。

梅森工作的意义需要从欧洲视角来进行评价。从某种角度看，梅森是17世纪上半叶欧洲科学和数学世界的中心。他是法国学者，但更是一位欧洲学者。他所维护的交流网络也同样超越了法国的界限。在这个网络中，科学家的通信通常使用当时通行欧洲的学术语言——拉丁文。近代民族国家兴起过程中，流行于欧洲的世界主义仍然残存于他的活动背景之中。

在17世纪上半叶，通信交流是学者分享智力成果和评价的基本手段，是出版的中介环节。随着科学组织和专业期刊的出现，通信交流不但没有减少，反而将进一步扩大规模（Kronick，2001）。但是，维持通信交流网络需要个人的巨大热情和献身精神。1648年梅森去世后，他的地位无人能够代替。法国必须寻找其他途径，为新科学提供一个稳定的交流环境。

2. 法语的觉醒

法兰西学院成立之初，就致力于法兰西语言的标准化和纯洁化。黎塞留希望该机构的工作有助于打破地方文化造成的隔阂，促使学者们为国家效力。学院成员为此编撰综合性词典并确立精确的语法规则（Maland，1970）。随着语言规范化和标准化的推行，宫廷、上流社会和平民逐渐开始使用同一种语言。①

学者们很早就开始使用法语写作。在16世纪下半叶到17世纪早期，法语已开始成为一门表达自然哲学的语言。比奈（Pinet，1510—1584）最先将老普林尼（Pliny）和迪奥斯克里德斯（Dioscorides）的几个古典文本翻译成法语。从17世纪20年代开始，一些科学论著在发

① 随着社会的发展和国家的推动，法语的使用范围在17世纪逐渐扩大。地方精英们通常学习并掌握两门语言，甚至在书面交流中放弃了本地语言。但在日程生活中，地方语言仍然具有很强的生命力，比如，巴斯克语、布列塔尼语、奥克语等。

行了拉丁文版之后，也都会出版法语版本。

笛卡尔的出版物在这段历史中具有一定代表性。他试图寻求巴黎神学院的支持和耶稣会的承认，也有意识地扩大自己的目标读者，希望有文化的法国人都能了解他的观点。虽然《哲学原理》第一版是用拉丁文写成的，但法语版三年后就面世了（Descartes，1647）。较早出版的《方法谈》（1637）、《几何学》（1637）和《屈光学》（1637）等作品，从一开始就以法语撰写。他的举动向世人宣告，自然哲学研究不再是掌握拉丁文的知识精英们的特权，而是每一位使用本国标准语言的人都可以理解和从事的活动。笛卡尔不是第一个用法语发表自然哲学作品的人，但包括其作品在内的诸多自然哲学出版物，预示了法语时代的到来。通过这些法语作品，法国精英中存在的文化分裂开始逐渐消失。

从17世纪中期开始，法语逐渐成为科学文献的常用语言。就像笛卡尔一样，其他学者很快就使用法语撰写和出版作品，如帕斯卡。路易十四时代，一些出版社强调使用本国语言出版读物。这些机构在引介新科学和相关哲学方面，起着领导作用。到17世纪末，成功的学者往往非常注重用本国文字来介绍最新科学进展。丰特奈尔是其中的代表人物。他在1686年出版了《关于世界多样化的对话》一书，从笛卡尔主义和哥白尼的视角阐释新天文学。由于优美流畅的语言和多种文学手法的运用，该书在当时颇受读者欢迎，到1714年已出版到第7版。17世纪后半叶，法语逐渐代替了拉丁语，成为从官方的巴黎皇家科学院到世俗沙龙的正式语言。

与通信网络一样，法语也是凝聚法国科学家群体的黏合剂。与法语崛起相伴随的是17世纪法国国力强盛以及科学艺术的繁荣发展。同时，法语在学术和文化领域的支配地位也有助于维护法国在欧洲大陆的威望。法语的觉醒是近代法国塑造自我身份认同的重要步骤，有助于从文化层面确立和维护该国作为欧洲强国的地位。进入18世纪，法语开始在欧洲学术和文化领域取得优势，甚至被视为一种“通用”和“普适”的世界语言。（Terrall，2017）

3. 科学沙龙

随着科学革命的深入发展，法国的上流社会逐渐开始关注和接纳近代科学这一新生事物。17世纪中期出现的科学沙龙等新的交流形式起到了凝聚本国科学家的作用，也为自然科学日后的体制化准备了条件。

路易十三时期，贵族们为了暂时摆脱皇宫的热闹氛围，开始在自己宅邸举办小型社交活动。此类活动将文人雅士汇集一处，以精神层面的交流为主，常常聚焦文学和艺术话题，在17世纪30年代进入发展的黄金期。它们后来被冠以“沙龙”之名。大约17世纪中叶，宫廷贵族和城市精英开始从新的视角看待自然科学，法国社会很大程度上开始接纳自然科学家。于是，模仿文学沙龙这一社交形式的科学沙龙在巴黎应运而生。梅森周围聚集的一批著名学者，曾不定期集中聚会，讨论与数学、天文、物理等领域相关的各种科学问题。类似集会或沙龙也在各处举行，比如特维诺（Thévenot，1620—1692）和蒙莫尔的宅邸等（Ornstein，1963）[139—144]。后者是梅森和伽桑狄的朋友，也是笛卡尔的支持者。他从1654年开始在巴黎的家中开办沙龙，汇聚了当时热衷科学实验的研究者们。以此为契机，三年后他成立了一个正式的私人学术机构，名为蒙莫尔学院。该学院的宗旨是推动有关自然界的研究，增进日常生活的便利。同时，它在一定程度上影响了柯尔贝建立皇家科学院的决策（Brown，1967）。在科学沙龙中，科学家们向观众们详细说明自然运行的原理，演示他们的最新发现。科学沙龙为巴黎的科学家们提供了理想论坛，加强了科学家与上层社会之间的互动，提升了新科学在法国上流社会中的地位和形象。

进入18世纪，沙龙不仅迎合不同的旨趣和风尚，也开始为公共对话提供了私人空间。如果说路易十四时期的沙龙展现了绝对君主制的秩序、理性和规训，那么路易十五时期的沙龙逐渐成长为混合着特权观念和启蒙思想的论坛，并且成为宫廷和各类学院的竞争者（Goodman，1996）。

4. 教职或杂志

17世纪末，新科学获得了法国社会日益广泛的支持，这在教育和出版领域都有所反映。

首先，科学革命已经对法国教育悄悄产生了影响。学院教授开设的哲学课程包括物理学。到17世纪末，物理学课程已占学院两年课程总量的一半。此时的物理学不再局限在传统亚里士多德主义范式和学说里，一些新成果已融入传统框架之中。18世纪初，出现了传授实验科学的私人教师和专门课程。从1700年开始，一些私人教师已经能够教授实验物理学方面的课程。比如，作为电学的开拓者和科学方法的提倡者，波利尼耶（Polinière，1671—1734）的公开课非常受欢迎。1722年，他甚至专门为年轻的法王路易十五开设实验讲座（Hanna，1972）。类似的课程也出现在法国境内不同城市，社会精英阶层中的成员，无论性别如何，均可通过此类课程接触实验科学的最新成果。

法语期刊是让业余实验科学家们跟上最新进展的重要渠道。1665年，萨洛（Sallo，1626—1669）开始出版《学者杂志》。这本期刊除了刊登法律、宗教等内容之外，也刊登有关科技发明的新闻，对欧洲最新学术出版物做出简短评论。它比英国《皇家学会哲学汇刊》更早面世，是近代欧洲最早的学术期刊。在他的助手加卢瓦（Gallois，

1632—1707）成为杂志主编之后，办刊方向经历了调整，转变为面向大众的法语周刊，这让它能够更加有效地为普及新科学服务。1701年，由缅因公爵奥古斯特（Auguste，1670—1736）资助，具体由耶稣会承办的《特雷乌杂志》开始出版。它是一份具有影响力的学术期刊，主要对最新出版的著作和文章做出评论，也涵盖科技话题，支持经验主义和启蒙主义的科学观。这份期刊反对狭隘的国家主义或民族主义，这或许与其正统天主教立场有关，它对政治、宗教和伦理等主题的评论并不中立，从而引发了持续争论。公爵大人在1733年终止了对它的资助。①

第三节　科学技术的体制化

在波旁王朝最初几代君王和能臣们不懈努力下，王权获得不断加强和巩固。同时，法国自然科学繁荣发展并赢得国际声誉，具有原创力的科学家及其工作备受关注和赞扬。在路易十四时期，与其他欧洲大陆国家相比，法国较早介入了对科学研究活动和组织的资助领域，也较早推进科学技术的体制化，优秀人才和资源开始不断向巴黎汇集。

---

① 在耶稣会的支持下，该杂志继续发行。甚至在1762年耶稣会被查禁之后，仍然发行了20年时间。

一、私人资助与国家资助

1. 私人资助和奥尔良的加斯东

新兴的自然科学一定程度上是在大学和传统学术机构外部成长起来的，私人资助为相关人员及其活动提供了基本的保障和庇护。在传统社会中，资助者给予受资助者财务支持和政治保护，受资助者回报以特殊的才能或知识等。资助者和受资助者的关系主要遵循贵族社会的传统交往规范。两者之间的关系可能会凌驾于其他社会关系之上，比如超越对国王的忠诚。文学、艺术和学术研究等是常见的资助领域。随着强调观察实验和数学化的自然科学的出现，贵族们也开始眷顾这项新的事业。资助者有可能是外行，并不一定理解所资助活动的真正意义，但他们提供的资源和保护对处于起步阶段的近代科学活动是重要的，尤其这类资源和保护来自保守的大学和行业团体之外。

17世纪上半叶最重要的资助者是路易十三的王弟、奥尔良公爵加斯东。他与梅森、笛卡尔和佩雷斯克等人有相似的爱好，同时也对自然科学的发展给予了重要的支持和保护。

奥尔良的加斯东身边聚集了一批优秀的法国学者。他们会把数学和自然科学的最新成果带到公爵府邸。1623年，伽利略的一份论力学科学的手稿传入法国，很快就通过某种渠道被送到加斯东手中。1625年，梅森出版《科学的真理》一书，作者并未将其献给路易十三，而是以“献给国王的弟弟”的名义向未来的公爵致敬（Mersenne，1625）。学者们明白波旁家族中哪位成员对科学真正感兴趣。加斯东也不排斥身边出现对立的观点。比如，数学家博格朗（Beaugrand，1584—1640）始终与笛卡尔存在分歧，也并不总是赞同费马的理论。同样在数学上有所建树的博纳（Beaune，1601—1652），在天文学、数学等方面积累了大量图书，却对笛卡尔推崇备至。在当时法国科学家的通信中，加斯东的名字时常出现。

加斯东对博物学的长期兴趣，对17世纪法国相关领域的发展不无裨益。在幼年时，亨利四世就将他托付给布吕尼耶（Brunier，1572—1665）医生照顾。布吕尼耶医生毕业于蒙彼利埃医学院，同时是一位植物学家，他点燃了小公爵对知识的渴望，也培养了他对植物学的终身兴趣。17世纪30年代，布吕尼耶在布卢瓦开始为加斯东建立植物园。路易十三驾崩时，那座花园已赢得外界广泛赞誉，甚至被认为是欧洲当时最好的植物园。受到主人的鼓励，布吕尼耶在植物分类方面做出了开创性的工作。鉴于当时缺少科学的植物分类方法，布吕尼耶根据植物各部分间的相似性，尝试进行分类。英国博物学家约翰·雷（John Ray，1627—1705）随后似乎独立发现了相同的方法。盖默哈利乌斯（Gamerarius，1665—1721）后来提出植物性别理论，林耐（Linnaeus，1707—1778）接着确证了该理论，但布吕尼耶的工作应该被视为这些工作的出发点。苏格兰植物学家莫里森（Morison，1620—1683）一度为加斯东服务。他在返回英国后，宣称发现了布吕尼耶的体系。他的工作成就很大程度上归功于其在布卢瓦植物园的经历。加斯东于1660年去世后，他的稀有植物被移植到了巴黎的国王花园（Abraham，1963）[208—210]。

加斯东也是科学仪器的收集者，而且明白那些仪器的真正意义。1622年，移居到英国的荷兰科学家德雷贝尔（Drebbel，1572—1633）送给加斯东一台显微镜。不久之后，德雷贝尔的女婿，科隆的库夫勒（Kuffler，1595—1677）献上了一台更好的仪器。1626年，加斯东责成费里埃（Ferrier）建造一台望远镜。后者遇到困难的时候，加斯东同样焦虑，命令手下从德国购置材料，并运送回国。为了完成这项任务，费里埃花了八年时间。无论显微镜还是望远镜，都涉及镜头工艺的改进以及光学理论的发展，备受当时法国科学家的关注。①

私人资助会受到诸多不确定因素的影响，诸如资助人的个人兴趣、经历和遭遇等等。加斯东本人的科学活动因个人兴趣的变化而转变，也时常受到政治等外界因素的干扰。他对博物学的兴趣与其成长经历关系密切。但有那么一段时间，他沉浸在光学、数学以及天文学当中，似乎无暇顾及其他领域。在路易十四年幼时，加斯东位居摄政王而忙于政务。只有在1652年后，卸下政治重担的加斯东才有可能重返自己的爱好之中。

社会政治局势动荡，也可能使私人资助关系陷入危机。1631年至1634年，因为宫廷斗争，加斯东远遁南希。正在制造望远镜的费里埃转投首相黎塞留门下。同样因为政治原因，博格朗弃他而去。加斯东流亡期间，追随在其身边的人所剩不多，但布吕尼耶不离左右。他的忠诚获得了回报，最终被任命为公爵的首席医生，并负责兴建布卢瓦植物园。传统社会中的私人资助关系受到资助者宦海沉浮、财政状况波动、个人兴趣转变等因素的影响，往往并不稳定持久。

近代科学兴起之初，在缺少国家和社会稳定支持的情况下，私人资助支持前沿学术研究，是近代科技发展的重要外部资源。加斯东对科学探索的兴趣和支持也许影响到了自己的侄子、国王路易十四。这为随后国家资助的发展，以及法国科学的体制化打下良好的基础。

① 上述两件事在梅森的书信中都有记载，库夫勒的显微镜也在佩雷斯克的书信中有记录，参见（Abraham，1963）[211]。在费里埃接受加斯东任务期间，笛卡尔也曾与费里埃接触，并向后者提出一些制造望远镜的方案和办法，参见（Daumas，1953）。

2. 丰特奈尔论题和国家资助

法国的资助体系在17世纪60年代出现了重大变化。具体来说，国家正式介入科学资助领域。巴黎皇家科学院终身秘书丰特奈尔首先注意到了这一现象（Lux，1989）[3-5]。从早期私人资助的组织机构，发展到后来建立的巴黎皇家科学院，体现了社会和科技发展的必然结果（Hahn，1971）[1-19]。这一转变因何出现？一种观点认为，随着新科学不断成长，所需的资源逐渐超越了个体资助者的承受能力，私人资助由此在17世纪60年代陷入困境。为了做出补救，皇家科学院应运而生。国家资助建立皇家科学院，似乎与私人资助出现危机具有某种关联。

私人资助可能在当时并没有遇到严重危机。至少在17世纪60年代，私人资助并未衰落。经路易十四批准，位于法国西北部卡昂的物理学院于1662年建立。它最初源自于于埃（Pierre-Daniel Huet，1630—1721）和其追随者格兰多热（Graindorge，1616—1676）的联合计划，具体由前者出资。物理学院建成之初，是巴黎以外少有的科学机构。它存在的时间并不是很长，但其建立说明私人资助在巴黎皇家科学院建立之后依然活跃。法国的科学资助在17世纪60年代出现重要变化，国家已开始侵入私人资助的领域（Lux，1989）[169—174]，不过，私人资助形式多样而又富有弹性，仍不失为一股推动自然科学发展的重要力量。

路易十四亲政以后，中央政府开始真正关注新科学。国王的顾问和得力助手柯尔贝负责对文学、艺术和学术的资助工作，并意欲恢复路易十四作为王国主要资助人的地位。国家资助的介入，对法国自然科学的发展具有重要影响。首先，国家资助的出现和扩张是法国科技摆脱传统社会结构束缚的重要环节。波旁王朝时期，皇家资助和国家资助在某种意义上难以区分。私人资助维护资助人与被资助人之间的传统社会关系。而国家资助在很大程度上让科学家远离恩主式的保护关系，将科学机构纳入国家行政管理的轨道，让学术研究获得更稳定的保障和持续支持。或者说，这种转变反映出旧制度时期传统社会关系的解体。其次，随着资助方式的变化，自然科学不可避免地被卷入国家机器之中。如果私人资助体系在17世纪60年代没有陷入危机，仍然可以支持前沿科学研究，那么路易十四时期建立科学院便不是为了克服新科学发展推动力不足的困境，而是更加具有战略眼光的举措。

国家资助一方面将刚刚出现不久的自然科学纳入王权体制中，另一方面也开创了国家稳定支持前沿科技研究的模式。在这种模式的支配下，国家常常会雇佣一批拿薪水的科学家从事有任务导向的项目（Hahn，1987）。不仅如此，国家资助也是促进自然科学机构化和体制化的重要推动力量。

二、旧制度时期科学的体制化

随着第一次科学革命的开展，新建教育和研究部门在法国科学早期机构化过程中发挥着积极而特殊的作用。比如，马扎然学院有效推动了笛卡尔主义自然哲学的初期传播。此外，17世纪上半叶建立的国王花园，不仅开拓了数个学科在法国的发展空间，其早期历史也反映出国家对科学教育和研究领域的渗透。

17世纪早期，法国各地建立起许多私人植物园。1626年，在拉布罗斯的提议下，一座新植物园开始筹建，以替代皇家在蒙彼利埃的植物园。后者建于1593年，当时已有衰落的趋势。拉布罗斯深受帕拉塞尔苏斯派的影响，一贯重视植物的价值和功用（Guerlac，1972）。在他看来，建立新植物园的目的是服务大众健康，促进医药学发展。[①]1633年，御医奉命购置土地。1635年5月，路易十三签署法令，宣布由于国内缺少讲授制药原理的学校，特建立一座药用植物园，以供传授植物学及相关药用知识之用。该法令还为该植物园设立了三个教职，大体对应现在的植物学、化学和解剖学。1640年，皇家医药植物园正式落成，简称皇家植物园或国王花园。

国王花园作为一个研究和教学机构，对法国多个学科的发展产生了影响。巴黎的医学院对新机构并不友好，试图干扰和阻挠其建立。最初，国王做出让步，下令植物园的教授必须从巴黎大学教授团体中挑选。首席御医兼化学家布瓦尔（Bouvard，1572—1658）作为植物园负责人，为法王推荐人选。库西诺（Cousinot，1585—1646）、拉尚布尔（La Chambre，1594—1669）等人最终获得教席。他们与波旁王室关系紧密，但均不属于大学教授团体。植物园有王权做后盾，巴黎医学家的特权最终还是受到损害。除了挑战大学对医药知识的垄断地位，国王花园在研究和教学上也具有一定的历史地位。它最早在法国公开教授化学课程。1635年，法王下诏，命拉尚布尔负责示范所有外科手术，解剖学由此被引入了国王花园，而巴黎大学直到1673年才在名义上设立解剖学课程。这所机构的早期历史深受创建者拉布罗斯的影响，也体现了帕拉塞尔苏斯派在近代科学革命中的影响力（Howard，1978；Howard，1983）。[②]

---

① 新机构建立的背后体现了拉布罗斯关于药用植物的价值和功用的认识，参见（La Brosse，1628）。

② 到18世纪中期，国王花园仍然处在巴黎市边缘地带。但在博物学家、数学家、宇宙学家布丰（Buffon，1707—1788）的带领下，这所机构获得极高的声誉，以及来自政府的充足资金保障，为法国博物学等领域的发展做出了重要贡献。关于布丰和国王花园在旧制度时期的历史，参见（Roger，1989；Roger，1997；Spary，2000；Spary，2005）。

在路易十四时期，伴随着国家介入科学资助领域，近代自然科学在法国开始了体制化进程，法国社会对新科学日益关注。这和太阳王本人或者波旁王室家族有些关联，但社会环境的变化应该放到法国现代化进程中加以理解。绝对君主制在法国的确立对近代科学的发展具有正面意义。物理学家索比耶尔（Sorbière，1615—1670）是蒙莫尔学院的秘书，每次学院召开会议后，他都会向首相马扎然作汇报。这某种意义上反映了政府的管控。但管控并不意味着法国政府敌视科学，相反，随着绝对君主制的发展，文化和学术事业获得了国家长期稳定的资助和支持。

柯尔贝相信，将思想、科学和技术置于国家控制之下，将会给国家的统治者增添荣耀。这一认识落实到政策层面，不仅意味着国家成规模资助学术活动，也促成一批以皇家科学院为代表的近代组织机构相继建立。法国在欧洲较早建立起科学院体制。17世纪60年代，伦敦皇家学会和巴黎皇家科学院先后建立，它们分别成为引领盎格鲁-撒克逊世界和欧洲大陆科技体制的典范。追随前者的机构涵盖不列颠群岛、英属美洲殖民地以及荷兰等，而后者则为欧洲大陆其他国家和地区树立了榜样，随后建立的国家级科学院有普鲁士科学院（1700）、圣彼得堡科学院（1724）、瑞典皇家科学院（1739）等。不仅如此，国家在巴黎建立全国性学术机构和组织的同时，外省的科学也在开拓体制化道路。

法国的地方科学院在欧洲同样颇具特色。[①]除了卡昂成立的皇家

---

① 此类地方机构最早可追溯到1323年在图卢兹建立的百花学院，该学院源于文学社。另外一家成立较早的机构是1606年在阿纳西的萨瓦建立的佛罗里芒台学院。该学院只运行到1610年，但在19世纪中期重新恢复。

物理学院，其他城市也陆续开始建立属于本地区的机构。1706年，蒙彼利埃皇家科学学会建立，医学家长期在其中占据主导地位。另一所重要的地方机构是波尔多学院，该机构以具有开拓性的有奖竞赛而知名，主要支持物理学和博物学方向的研究。旧制度时期许多有影响力的理论和作品都与各地组织的论文竞赛有关，其中卢梭（Rousseau，1712—1778）的《论科学与艺术》和《论人类不平等的起源和基础》就是为第戎学院竞赛而写的。地方机构给比赛中的优胜者公开颁奖，甚至还将他们发展成通讯院士。对于那些志向远大的年轻人而言，此类做法无疑为他们提供了一条通向知识精英阶层的通道。历史学家罗什（Roche）研究了从17世纪60年代到王朝被推翻之间建立的地方学院，其中一些机构模仿皇家科学院的体制，另外一些学院则以法兰西学院为模本。例如，阿尔勒学院最初由文学爱好者组建，其在很大程度上模仿了法兰西学院。许多地方科学院与王权关系紧密，比如尼姆学院是由路易十四在1682年签署特许状建立的，最初称为尼姆皇家学院。一方面，中央政府希望通过这些机构影响和渗透行省的文化和知识生活；另一方面，与柯尔贝建立巴黎皇家科学院的初衷相仿，此类机构大都致力于推动本地技术和科学进步（Roche，1978）。相比法国而言，欧洲许多地区和殖民城市到18世纪中叶以后，才开始意识到科学对地方发展的重要性。

表1 旧制度时期建立的地方科学院[①]

地方科学院	法语名称	成立时间	地点
图卢兹科学、碑铭和美文学院[②]	L'Académie des sciences, inscriptions et belles-lettres de Toulouse	1640	图卢兹
卡昂物理学院[③]	Académie de physique de Caen	1662	卡昂
阿尔勒学院	Académie d'Arles	1666	阿尔勒
威尔佛朗士和博若莱学院	Académie de Villefranche et du Beaujolais	1677	索恩河畔威尔佛朗士
尼姆学院[④]	Académie de Nîmes	1682	尼姆
昂热科学、美文和艺术学院	Académie des sciences, belles-lettres et arts d'Angers	1685	昂热
里昂科学、美文和艺术学院	Académie des sciences, belles-lettres et arts de Lyon	1700	里昂
蒙彼利埃皇家科学学会[⑤]	Société royale des sciences de Montpellier	1706	蒙彼利埃

① 一些同类型的地方机构可能源于文学社团，在后续发展过程中向自然科学拓展，如亚眠学院、克莱蒙费朗学院。从某些历史的和现实的因素考虑，这些机构也被列为地方科学院。

② 该组织在1729年更名为科学社（Société des sciences），1746年更名为皇家科学、碑铭和美文学院（Académie royale des sciences' inscriptions et belles-lettres）。

③ 该机构存在时间较短，于1672年关闭。

④ 进入19世纪，一度称加尔学院（Académie du Gard，1804—1878）。

⑤ 1846年更名为蒙彼利埃科学与文学学院（Académie des sciences et lettres de Montpellier）。

续表

地方科学院	法语名称	成立时间	地点
波尔多科学、美文和艺术学院	Académie nationale des sciences, belles-lettres et arts de Bordeaux	1712	波尔多
第戎科学、艺术和美文学院	Académie des sciences, arts et belles-lettres de Dijon	1725	第戎
马赛科学、文学和艺术学院①	Académie des sciences, lettres et arts de Marseille	1726	马赛
蒙托邦学院②	Académie de Montauban	1730	蒙托邦
拉罗谢尔美文、科学和艺术学院③	Académie des belles-lettres, sciences et arts de La Rochelle	1732	拉罗谢尔
阿拉斯科学、文学和艺术学院④	Académie des sciences, lettres et arts d'Arras	1737	达恩维尔
鲁昂科学、美文和艺术学院	Académie des sciences, belles-lettres et arts de Rouen	1744	鲁昂

① 马赛学院最初名为马赛美文学院（Académie des belles-lettres de Marseille）。1766年获得新的批准，开始转型关注科学和技艺。

② 该学院最初是一家文学社，在历史上多次更名。1920年开始使用塔恩-加龙省科学、美文和艺术学院（Académie des sciences, belles-lettres et arts du département de Tarn-et-Garonne）的名称。

③ 其前身为皇家拉罗谢尔美文学院（Académie royale des belles-lettres de La Rochelle）。

④ 最初名为皇家美文学院（Académie royale des belles-lettres），1817年改组为皇家科学、文学和艺术促进会（Société royale d'encouragement pour les sciences, les lettres et les arts）。

续表

地方科学院	法语名称	成立时间	地点
亚眠科学、文学和艺术学院[1]	Académie des sciences, des lettres et des arts d'Amiens	1746	亚眠
克莱蒙费朗科学、美文和艺术学院[2]	Académie des sciences, belles-lettres et arts de Clermont-Ferrand	1747	克莱蒙费朗
斯坦尼斯拉斯学院[3]	Académie de Stanislas	1750	南希
贝尚松和弗朗什-孔泰科学、美文和艺术学院	Académie des sciences, belles-lettres et arts de Besançon et de Franche-Comté	1752	贝尚松
瑟堡学术社	Société académique de Cherbourg	1755	瑟堡
皇家科学和艺术学会[4]	Société royale des sciences et des arts	1760	梅斯
都兰学院[5]	Académie de Touraine	1761	图尔

① 最初是一家文学社。

② 原名是克莱蒙文学社（Société littéraire de Clermont）。

③ 该地方科学院在1750年由波兰国王、洛林公爵、巴尔公爵斯坦尼斯拉斯·莱斯钦斯基（Stanislas Leszczynski，1677—1766）创建，最初被称为南锡皇家科学和美文学会（Société royale des sciences et belles-lettres de Nancy），1852年改名斯坦尼斯拉斯学院。

④ 前身为1757年成立的梅斯市研究、科学和艺术学会（Société d'étude, des sciences et des arts de la ville de Metz），现在名称是国立梅斯学院（Académie nationale de Metz）。

⑤ 该地方科学院最初名称是皇家图尔区农业学会（la Société royale d'agriculture de la généralité de Tours），目前称为都兰科学、艺术和美文学院（Académie des sciences'arts et belles-lettres de Touraine）。

续表

地方科学院	法语名称	成立时间	地点
奥尔良学院[①]	Académie d'Orléans	1761	奥尔良
戴尔菲纳勒学院[②]	Académie delphinale	1772	格勒诺布尔

巴黎皇家科学院和地方科学院形成了鲜明对照。它们之间不仅有对话和交流，偶尔也呈现出竞争关系。不过，各省的学院规模小，缺少专业学术研究支撑。院士并没有薪俸，他们的研究工作不必然强调原创。对那些地方精英而言，科学很可能是他们职业生涯以外的副业，实验活动也仅仅是业余爱好。地方机构难以撼动巴黎的统治地位。在绝对君主制建立过程中，巴黎和地方科学机构之间形成了中心与边缘的二元结构，从某个侧面反映了政治和社会秩序对科学体制的塑造和影响。

三、旧制度时期工程技术的体制化

就全球范围来看，工程师的职业化出现在1750年到1850年之间（Picon，2004）。对法国而言，这一职业的体制化肇始于国家工程师团体及其配套学校的建立。这些团体接受皇家资助和管理，向国王负责，一些组织甚至可以上溯至法国绝对君主制形成的早期岁月。它

① 该组织于路易十五在位时建立，最初正式名称是奥尔良皇家农业学会（Société royale d'agriculture de la généralité d'Orléans）。1786到1792年间，它改称为奥尔良皇家科学、艺术和美文学院（Académie royale des sciences，arts et belles-lettres d'Orléans）。

② 路易十六于1780年签署该学院的特许状。它位于多菲内（Dauphiné）地区。该行政区现已撤销。

们是法国旧制度时期工程技术体制的基本组成部分，一般可以划分为军事工程师部队和民用工程师团体。其中，前者在人数和规模上均占据优势。

旧制度时期，军事工程师部队构成了法国国家工程技术体制的基础。这类组织集教育培训和工程技术实践于一身，职责涵盖工程技术活动诸多环节。[①]军队工程师们既是军官，也是学者。他们主要隶属于三支军事工程部队或团体[②]，分别是海军团体（Corps de la marine）、工程团体（Corps du génie）、火炮团体（Corps de l'artillerie）。[③]海军团体建立于1689年。大革命之后，它虽然和一般的工程师团体保持着联系，但并不属于法国技术官僚体系，在很大程度上是独立发展的。1691年，为了修建和维护王国的防御工事，沃邦（Vauban，1633—1707）建立了军事工程团体。17世纪70年代之后，使用近代火器的部队不断发展壮大。在此基础上，路易十四于1693年正式建立皇家火炮团。1755年，火炮团体与工程团体共同组建工程与火炮团体。1758年，该团体又分离为两家独立的军事工程团体。

---

① 关于军事工程团体的职能和国家工程师的职责，工程团体内部也存在争议。有一种观点认为，工程师应该指导工程设计，注重科学理论。换言之，他们应成为指导者和监督者，不参加工程实践活动，而具体的实践工作应由建筑师和工匠等完成。比如，毕业于梅济耶尔皇家工程学校的杜波塔尔（Du Portail，1743—1802）就持这种观点，参见（Du Portail，1773）。

② 法国工程技术组织的名称均使用“corps”一词，可翻译为团体或部队。我们将各军事工程组织名称中的“corps”翻译为“团体”，以强调法国工程技术体制超越军事和民用部门的同质性和统一性，同时更多地体现该类组织的专业技术特征。

③ 关于海军团体，可参见（Vergé-Franceschi，1990）；关于军事工程团体，可参见（Blanchard，1979；Langins，2003）；关于炮兵团体，可参见（Naulet，2002；Alder，1997）。

就上述三家军事工程团体而言，工程团体相对更加具有代表性，其成员作为军队学者，较早接受了以自然科学为基础的工程师训练。团体坚持唯才是用的录取标准，至1697年，沃邦已经确定了团体录用考试制度。年轻人要想进入军事工程团体，必须参加数学考试，而考官通常来自巴黎皇家科学院。

在阿尔让松伯爵（Argenson，1696—1764）主管国防事务其间，梅济耶尔皇家工程学校于1748年创建，隶属于工程团体。该校学员在教室内学习数学和其他理论知识，在教室外动手实践，但理论和实践一开始并没有建立起真正的联系。在学院首任院长沙司狄龙（Chastillon，1699—1765）的推动下，通过数学家蒙日（ Monge，1746—1818）等人的努力，理论和实践在校园开始结为同盟（Belhoste，1997）。这所军事工程师学校的出现有力地促进了法国军事科技教育的进步（Langins，2003）[85—103]（Bret，2006）。

早在1679年，路易十四就在法国北部的杜埃建立了第一所炮兵军官学校。17世纪晚期到18世纪上半叶，王朝境内相继建立数所同类型的学校。18世纪50年代，火炮团体和工程团体一度短暂合并，前者在恢复为独立建制后，仍保留了工程团体的录用考试和训练制度，考官同样来自皇家科学院。18世纪60年代，火炮团体希望以梅济耶尔学校为样板，在巴波姆地区建立一所学校。但这一成果并未获得巩固，该校于1772年关闭。到18世纪70年代末，训练学生的任务转移给了直接附属于各炮兵部队的机构。那些学校往往规模较小，分布在梅斯、拉费尔、斯特拉斯堡、贝桑松、杜埃等地。

军事工程技术团体具有两个特征。首先，数学和自然科学受到重视。成员需具备必要的自然科学素养，这是进入工程师团体的必要条件。通过入学考试之后，未来的军事工程师们还将接受进一步训练。

例如，梅济耶尔学校就拥有高品质的自然科学类课程，特别在数学和绘图方面，这为其赢得了良好声誉。该校确立的教育传统，在大革命期间将由综合理工学院继承下来。其次，贵族子弟在这些团体中的比例较高，平民阶层青年入学相对困难。比如，军事工程团体候选人为了参加录用考试，需要获得由贵族签发的审查信。这是一种特殊的受推荐资格，平民想要获得此文件并非易事。1770年之后，相关规定的执行严格起来，到旧制度末期，平民已很少有机会进入该校。这两个特征在18世纪有不断加强的趋势。

旧制度时期，在军事工程技术部队之外，还存在一些民用工程师团体。法国政府在18世纪建立起一些技术服务部门。桥梁与道路团体（简称桥路团体）成立于1716年，是最具代表性的民用工程师团体，主要负责国内大部分的公共工程项目。1747年，桥路团体的佩罗内（Perronet，1708—1794）奉命在巴黎组织一个训练国家工程师的课程项目，该项目随后转变成法国第一所培养工程师的教育机构，即桥路学校。它的早期历史深深地打上了创建者的印记（Belhoste et al, 1990）。从一开始，校外实习训练就占有非常重要的地位。学生们经常有机会参加实际工程建设并担任助理，借此获得工作经验。同时，学校也建立起一套严格的制度，及时评价和监督学生们的进步。从18世纪中叶开始，该部门的重要性日益彰显。除桥路团体外，矿业管理部门于1781年在内克尔成立。两年后，矿业学校在巴黎建成，以培训相关领域的工程师。

军事工程师部队和民用工程师团体之间有较为明显的差异。首先，军队的工程师主要来自贵族家庭，而民用团体的成员主要来自资产阶级。其次，两者的录用和训练系统也并不相同。民用工程学校的学生入学也需要通过推荐和筛选，比如桥路学校，但在校期间，训练集中在绘图和实践，较少接受理论科学和数学教育。由于缺少教授，学生之间需通过互助开展学习。在某种意义上，此类民用工程学校的教育更接近传统技艺的学徒制，与现代工程师培养机制仍有不小差距。

工程技术在体制化过程中与国家利益关联紧密。16、17世纪的工程技术与国防部门关系密切。对整个王国而言，工程很大程度上与防御工事有关。大革命前夜，法国大约有三千多名国家工程师。其中，仅有两百多名土木工程师来自民用的桥路团体，超过九成的工程专家隶属于军事工程师部队（Belhoste & Chatzis，2007）。①

除此之外，工程技术团体还有一系列重要特征。首先，国家工程师享有非常高的社会地位，秉持鲜明的精英主义立场。工程师们坚信自己同时拥有勇气和知识，毫无疑问属于社会精英行列。其次，工程师团体受到军队文化和传统的深刻影响（Kranakis，1997），成员之间强调社团主义或合作精神，这也构成法国工程职业长久以来的一个传统。第三，从工程技术团体的视角看，数学并不意味着心灵的规训，毋宁说是行动的工具。从基础设施到防御工程，各类问题均需要计算。年轻的贵族渴望进入军队服务，他们所受的贵族教育覆盖了数学基本训练。法国工程技术专家强调数学的

① 布朗夏尔（Blanchard）较早关注工程团体的军事工程师研究。他研究了1691到1791年之间服务于工程团体的1500名工程师。数据显示，共有52%的工程师来自贵族，这一数字在王朝末年还在继续增长。1778年到1791年之间，工程团体招募的工程师中，有75%的人员属于贵族，其中40%成员的贵族身份可以追溯到16世纪。关于工程技术的重要性，也可以通过工程师们的家庭出身和社会地位来加以佐证。在他考察的1256位工程师的样本中，大约41%成员的父亲是军官或高级行政管理人员，21%成员的父亲是工程师，8.4%成员的父亲是律师、医生或教授，另有17.5%成员的父亲是大地产主。参见（Blanchard，1979）[230-245]。

价值，同时相信数学不是抽象的理论大厦，而是对实际问题的形式表达。

此外，法国工程技术体制的特殊性造成了服从权威的特征。工程师服从国王命令，无须直接对社会负责。权威源自体制的合法性，与公众态度和公共利益的直接表达无关，这是法国技术精英们长期持有的信条。通过技术官僚在19世纪的成长，以及在20世纪的持续壮大，这一信条影响着法国社会和政治秩序的实际运行。比如，重大工程立项和发展规划并不必然经历一个民主决策的过程。

向巴黎集中：体制化的后果

路易十四时期，法国科技人才和资源不断向巴黎汇聚，出现了集中化的趋势。17世纪中期，巴黎以外的地区拥有极具原创力的人才。英国哲学家洛克（Locke，1632—1704）曾于17世纪70年代游历法国。他对自然科学颇感兴趣，也愿意与科学家交流，最远抵达南部的蒙彼利埃。

17世纪下半叶，新科学极大地扩展了自己的地盘。18世纪初，英才汇聚巴黎，涵盖自然科学诸多领域，涉及解剖学、植物学、天文学、化学和物理学等。原创性的科技活动和新思想在首都地区不断涌现，那里的组织机构为科技发展做出了不可磨灭的贡献。虽然其他地区并不缺乏充满热情的实验家，但他们已很少做出真正的贡献。17世纪90年代末，英国博物学家和医生李斯特（Lister，1639—1712）造访法国，他不需要像洛克一般离开巴黎，就能够了解法国科学的总体发展状况。

中央集权制将巴黎-凡尔赛塑造为国家的中心，科技资源和机构组织的集中化仅仅是这一进程的侧影之一。从路易十四亲政开始，全国性的科技组织机构作为国家秩序的一部分，不断巩固自己的地位，强化自身发展，也将最优秀的人才召唤到首都地区。有天分和雄心的法国人越来越难以抗拒巴黎的吸引力。在这个意义上，科技人才、资源以及原创实验活动越来越多地出现在巴黎，很大程度上是宫廷、行政部门、科技机构等共同作用的结果。

科学与国家机器更加紧密地结合在一起，这似乎使科学活动不再首先属于欧洲。17世纪中期，最富有天分的耶稣会科学家们会被召唤到罗马，但在近代国家意识觉醒、王权高涨的氛围中，支持罗马教廷的行为已具有一定风险。随着中央集权制的发展，1660年，耶稣会把学术活动的中心从里昂搬到了巴黎的克莱蒙学院，并在80年代将其更名为路易大帝学院（Dupont-Ferrier，1925）。上述动向并不必然意味着教会影响的教育和科学活动向国家靠拢，不过天主教的欧洲已然不再是一盘棋。

17世纪中叶之后，通过国王、能臣和各级官僚的意志力和行动，法国的绝对君主制得以巩固，巴黎-凡尔赛的政治中心地位获得加强。与此同时，支持近代科学发展的多种资源不断向巴黎集中，一系列机构组织逐渐汇聚到统一整体之中。法国的科学繁荣发展，在欧洲大陆较早进入了国家资助和体制化发展阶段。法国科技机构和组织的体系从一个侧面反映了绝对君主制对政治和社会秩序的塑造。造成这一趋势的原因是多方面的，包括法国社会整体对于科学的热情和接受，中央政府的扶持和资助，以及决策者的长远眼光。在各类机构中，巴黎皇家科学院是旧制度时期最杰出的代表，它的出现标志着近代科技体制的一次重大创新。

图1　路易十四视察皇家科学院

该图为帕罗（Perrault，1613—1688）的《动物博物学论集》扉页插图。绘制者为宫廷艺术家和雕刻家勒克莱尔（Leclerc，1637—1714）。事实上，路易十四从未视察过科学院。（来源：法国国家图书馆）

第四节　巴黎皇家科学院

近代意义上的科学团体最早出现于意大利。作为科学革命的一个场所，1603年成立于罗马的猞猁学院有着深远的影响，尤其是伽利略的加入使其更加名声卓著，但因其发起者于1630年去世，猞猁学院也随之消亡。然而其精神在佛罗伦萨的西门托学院中得到短暂的继承，伽利略的学生或信徒在此进行了不少重要的实验，形成了西门托的科学传统（Boschiero，2007）。

事实上，这两个团体的存在时间都太过短暂。真正成为现代科学机构楷模的是成立于1660年的伦敦皇家学会和成立于1666年的巴黎（皇家）科学院。此两者之间有显著的不同，并形成迥异的传统。皇家学会是民间组织，而皇家科学院则完全由皇室资助；皇家学会的会员很多都是业余爱好者，而皇家科学院的院士则均是水平很高的学者；直至1793年被取缔，皇家科学院因其活跃的学术和卓著的成果使之基本成了那个时期法国科学的同义语，甚至使巴黎成为17、18世纪的科学中心，而英国的皇家学会则从未声明且实际上也没有成为英国科学的代表（Crosland，1972）。

一、巴黎科学院的成立

17世纪初，出于研究自然的需要，法国已有不少为讨论科学问题而举办的科学沙龙和聚会。[①]此外，在方济各会士梅森周围形成的科学圈子，聚集了一批当时法国最为著名的学者，如费马、笛卡尔、罗贝瓦尔、帕斯卡、伽桑狄等，他们不定期集中于梅森的家中，讨论天文、数学、物理、植物等各种科学问题。这个科学集会也吸引国外的学者参加，如奥尔登堡（Oldenburg，1618—1677），因此卡西尼曾说伦敦皇家学会的成立也是受此影响。后来，这些人的集会定期于每周四，先后在帕斯卡、蒙莫尔、特维诺等人的家中举行。（Ornstein，1963）[139—144]

但这些团体的运行，都随着赞助者的自身情况或资金状况改变而改变。[②]因此，法国的学者一直在思考如何组织一个长期而稳定的研究机构，以促进科学的发展，于是很多科学家呼吁寻求政府的资助（Hahn，1971）[5—7]。1663年，蒙莫尔学院的终身秘书索尔比耶向时任财政大臣的柯尔贝提出建立皇家保护下的科学院。1664年（或1665年初），特维诺[③]和天文学家奥祖（Auzout，1622—1691）、珀蒂（Petit，1598—1677）等在科学和艺术团体计划中，指出真正的科学应包括：几何、力学、光学、天文学、地理学、物理学、医学、化学、解剖学，以及技术科学中的建筑、城堡、雕塑、绘画、设计、水

① 比如Le Pailleur的Humanistic Academy，Bourdelot的Academy，Rohault的Cartesian Wednesdays，Thévenot的Academy，Montmor的Academy。

② 比如Le Pailleur的Humanistic Academy随着赞助者意外身亡而于1654年解散，Bourdelot的Academy随着其发起者1652年投奔皇室而中断，Thévenot的Academy则因实验资金短缺而关门。

③ 特维诺对巴黎科学院的成立有着很重要的影响。特维诺精通多种语言文字，尤其对科学研究有浓厚兴趣，是水平仪的发明者。他资助过不少科学家的研究，与惠更斯、奥尔登堡、奥祖等有密切往来，是当时欧洲学术网络的核心人物之一。特维诺于1684年任路易十四皇家图书馆馆长，1685年当选巴黎科学院院士。

力学、矿冶、农业、航海等。科学机构必须具备实验室、天文台、系统的资料收集和考察、外国通讯研究员等（Hahn，1971）[8]。这与现在的科学活动已无本质区别。与此专业型的机构不同，佩罗则提出综合科学院的设想，建议也吸收人文学者作为会员。

柯尔贝一直对科学研究怀有热忱，这与他对理性和精确的崇尚有密切的关系。柯尔贝对索尔比耶、奥祖和沙普兰（Chapelain）等人倡导的新科学精神表示了极大的关切。事实上，这些倡导者，尤其是柯尔贝都了解这些计划未必能给国家带来实际的利益。对于柯尔贝和路易十四而言，更为重要的是希望能将所有的文化事业集中到王权周围，试图将科学同文学、艺术一样为王权带来荣耀，同时沐浴在太阳王闪耀的光芒之下。柯尔贝更是希望通过科学院这个事业，以超越其刚被罢免的竞争对手富凯。此外，科学院的成立也将会与重商主义、技术教育等产生良性互动，从而获得了其他领域的支持。（Hahn，1971）[8—9]

柯尔贝于1666年12月22日起召集一批学者在皇家图书馆举行一周两次的研讨会，巴黎科学院就这样成立了。从1663年索尔比耶向柯尔贝提出皇家资助科学开始，科学家与皇室实际上进行了三年的协商。在这个过程中，政府实际上占据了主导地位，科学家们则深知离开政府的资助，科学院的成立就是一句空话。因此科学家们最后都以效忠于国家、放弃自由和业余爱好而换取有丰厚津贴的巴黎科学院的成立。（Hahn，1971）[10]

曾作为文化部长的柯尔贝实际更倾向于佩罗所提出的综合科学院方案，但最后还是因难以操作而放弃，且之前已有皇家学院①、

① 该机构于1530年成立，1870年易名为现在的法兰西学院。

法兰西语文学院[①]等人文学的团体。然而在按第一种方案组建科学院时，实际也考虑了人选的博学。如最初的15名院士，便包括卡尔卡维（Carcavi，1600—1684）、惠更斯、拉尚布尔（La Chambre，1594—1669）、迪阿梅尔、贝西（Bessy，1605—1675）、佩罗等博学之士。基于以开放心态、实验哲学探求真理的理念，以科学附庸风雅的官员、笛卡尔主义者、耶稣会士等则被排除在外。（Hahn，1971）[11—15]

成立之初，共任命18名院士[②]，5名学生[③]，惠更斯是唯一的外国院士。此时尚未有明确的章程，会员的种类没有严格的区别，对会员的任命也多有随意性。迪阿梅尔就指出柯尔贝并非是挑选学者为会员，而是有一技之长的人。此后至1699年，又相继任命了30多名新院士。[④]（Ornstein，1963）[146—147]

巴黎科学院的成立似乎有着外在的影响，如西门托科学院和伦敦皇家学会，但更多则是源自法国自身的需求。17世纪初的科学沙龙和学术网络已为巴黎科学院奠定了基础，路易十四和柯尔贝出于皇权需求促成了这个事业。巴黎科学院的成立标志着职业科学团体的形成，

---

① 该机构于1635年成立。

② 即带有薪俸的会员，包括J. Bertrand，Auzout，Bourdelin，Buot，Carcavi，Cureau de la Chambre，Dominique DuClos，Duhamel，Frénicle de Bessy，Gayant，Abbé Gallois，Huygens，Marchand，Mariotte，Pecquet，Perrault，Picard，Roberval。

③ 包括Couplet，Mignot，Niquet，Pivert，Richer。

④ 包括Blodel，Roemer，Dodart，Borel，DuVerney，Leibniz，P. de la Hire，Sedileau，Tschirnhausen，Polheuse，Lefevere，De Bessé，Méry，Thévenot，Rolle，Cusset，Varignon，Tournefort，Homberg，Charas，De la Coudray，Morin，Cassni，Boulduc，Maraldi，De Chazelles ，Fautel de Lajai，Sauveur，Guglielmini，Fontenelle，Carbé，Tauvry，Langlade，Lémery。

很大程度上意味着业余科学家向专业科学家的转变。这也是科学机构的一次革命，形成了以法国为代表的国家资助科学研究的传统，一直延续至今。

二、巴黎皇家科学院

1. 传统奠定

巴黎科学院最初的三十年很不正式，没有相应的法令作为支撑，主要的学术活动是一周两次的会议，且完全是不公开的。这一期间除少量不定期的出版物（科学院集体署名）外，没有编纂任何学术期刊。1666到1697年，终身秘书为迪阿梅尔，负责科学院的运行。（McClellan，1981）可以说1699年前的巴黎科学院还没有显示出其创造力来。

1699年2月4日是巴黎科学院历史上的一个转折点。首先，科学院早期的集体主义特征面对培根式面向实际的个体主义的研究已显逊色；其次，科学院逐渐作为法国政府的咨询者的角色也迫使它进行改革；再次，秘密、封闭的科学会议制度以及没有相关的杂志使它缺乏与外界的联系。因此，1699年在财政总监蓬查特兰（Ponchartrain，1643—1727）、比尼翁（Bignon，1662—1743）的主导下，科学院进行了改革。改革使巴黎科学院获得了皇家科学院的名称，结构更为规整，并有了正式出版的刊物，还将办公地址搬进卢浮宫；行政事务由终身秘书执掌，主要负责召集会议、撰写科学院的年度报告和逝世院士的颂词等。这样的组织和结构至1793年未有大的变动。

此次改革通过了包含50条的章程，主要内容包括：（一）皇家科学院的组成及院士的薪俸；（二）院士的选举和任命；（三）皇家科学院的工作；（四）皇家科学院与权力的关系；（五）皇家科学院与公众的关系（Tits-Dieuaide，1998）。

如下列举章程的一些条目，以见其大概。

第十二条：不得推举教士或隶属于任何宗教之人为会员（荣誉院士除外）。

第十三条：只有那些在科学上有杰出造诣的人可推举给国王，如出版过重要的著作、教授过有影响的课程、发明过机器，或有过特别的发现。

第二十二条：尽管每一位院士应专长于某一特定的科学，但也应拓展更多门类的知识以促进数学科学、技术科学、博物学和自然哲学等不同学科的发展。

第二十三条：每一次会议，至少有两名会员要报告他们的新发现。

第二十五条：所有报告的实验应尽可能在会议上重复，否则须私下在家中有院士在场的情况下进行重复。

第二十九条：科学院应重复所有重要的实验，并注明相互之间的同异之处。

第三十五条：公众可以出席两次公开的会议。

第四十七条：国王将继续提供院士的薪俸。

第四十八条：国王将继续为每位院士开展实验和研究提供资助（Ornstein，1963）[160—161]。

改革使皇家科学院具备了明确的组织结构，但仍采取亚里士多德的学科体系，分为数学部和物理学部。数学实际包括几何、天文学、力学等演绎性的学科（1785年后增加实验物理学）；物理学则包括解剖学、化学、植物学等归纳性的学科（1785年后增加博物学和矿物学）。

会员分三个等级：最高级的是20名院士，数学科学部和物理科学部下的各分部各三名，再加上一名终身秘书和一名司库。这些会员定期领取政府薪俸。以下是未领薪俸的两级：准院士和学生，亦各20名。这三个级别的会员均住在巴黎，需定期参加会议，报告他们的科学研究。他们都可就科学院的科学问题进行投票，但只有院士有权决定行政事务。领薪俸的会员可在科学院的杂志中发表文章并使用院士的称号。此外，还有从贵族中选取的荣誉院士，早期10名，后期12名。荣誉院士与院士有相同的权利，但在科学院的日常运转中并没有什么实际的义务。院长和副院长每年由国王从荣誉院士中选出，他们连同秘书和司库共同构成科学院的行政机构，维持科学院的日常运转，如组织会议、裁决相关事务等。（Crosland，1972）[544—545]

此外，尚有外省或国际著名学者组成的候补院士若干名，及无名额限制的通讯院士（通常在80名以上），实现了皇家科学院与外界的接触与交往。他们享有与常驻巴黎院士交流及参加科学院会议的权利，但无权参与科学院的事务。（Crosland，1972）[545]

1716年进行了一次改革，将学生会员改为助理，并将数目从原来的20名减为12名。同时设立若干名候补院士，这是国王为那些可选为院士但没有空缺职位而增设的，一旦有空缺的院士职位，他们便可入补。

1785年时任终身秘书的拉瓦锡对皇家科学院进行了一次大幅调整。由于学科更为细化及会员数目的增长，在数学科学部中增加实验物理学分部，在物理科学部中增加博物学和矿物学分部。院士名额由原来的20名增为24名，准院士亦为24名，取消助理院士、候补院士和通讯院士。拉瓦锡坚持认为皇家科学院的规模必须保持精简，否则“院士”就会是一个贬值的称号，科学院也将成为沙龙或俱乐部，从而失去竞争力。

表2　巴黎皇家科学院会员分布（1785年）

	数学部				物理学部			
	几何	天文学	力学	实验物理学	解剖学	化学	植物学	博物学和矿物学
院士	3	3	3	3	3	3	3	3
准院士	3	3	3	3	3	3	3	3
助理院士	—	—	—	—	—	—	—	—

2. *科学活动*

比起其他的科学社团（如伦敦皇家学会）来，巴黎皇家科学院的会员要精简得多，但基本都是杰出的学者，尤其是那些院士。他们在政府充裕的资助下，全心开展科学研究，并有定期的科学会议和刊物出版，这是皇家科学院在18世纪成为世界科学中心的重要原因。

柯尔贝为了提高巴黎科学院的地位，聘任了一些著名的外国科学家，惠更斯、卡西尼就是很典型的例子。惠更斯1655年游学巴黎，结识了伽桑狄、罗贝瓦尔、索尔比耶以及布利奥（Boulliau，1605—1694）等人。正是这些人形成不久后成立的巴黎皇家科学院的基石。1660年到1661年，惠更斯再次来到巴黎，结识帕斯卡、奥祖等人。1663年到1664年，他第三次来到巴黎（中途还去了伦敦并成为皇家学会会员），同时接受了路易十四的薪俸并开展科学研究。1664年，特维诺聘请惠更斯成为其科学院的会员。1666年，巴黎科学院成立，惠更斯被聘为院士，并于该年5月前往巴黎一直到1681年，其间只因健康原因到海牙疗养两次。惠更斯是当时巴黎科学院最为著名的院士，享受最为丰厚的薪俸，并住在皇家图书馆的一套公寓中。在巴黎期间，同为英国皇家学会会员的惠更斯十分活跃，经常参与到相关的科学活动中，并试图推广培根的自然哲学。1673年，他出版了在巴黎科学院工作期间的第一本著作《论摆钟》，并把它献给路易十四。此举加强了他在法国的地位和影响，但却遭到荷兰国内的一些异辞。惠更斯在数学、天文学、力学、光学等领域都有非凡的成就，他虽仰慕牛顿的成就，但却不同意其学说。

作为在世界范围内有重要影响的机构，皇家科学院不仅吸纳了众多的世界著名学者，也出版发行了大量有影响的刊物。皇家科学院在世界范围内率先形成出版委员会（1700—1793），严格实行专家自治、同行评议的审查制度，负责院士研究成果的出版和最新科学知识的传播。这与伦敦皇家学会出版的《哲学汇刊》有着很大的区别。《哲学汇刊》的出版在1752年前是由皇家学会的秘书独自负责的，1752年后虽也有类似乎巴黎皇家科学院的编辑委员会，但文章的刊行最终还是取决于作者的名望。（McClellan，2003）[15—16]

巴黎皇家科学院在18、19世纪发行世界上最好的科学期刊，其中最有影响的就是《皇家科学院院刊》，内容包括由终身秘书撰写的皇家科学院年度报告和由院士们发表的科学论文，1699—1790年间共出版了93卷。《外国学者》主要刊行由皇家科学院认可的获奖论文，作者非科学院的成员。此外，还每年出版《时间知识》，其中有皇家科学院天文学家推算的星历表。1740年后刊行的《艺术与技艺的说明》则成为《百科全书》取材的主要来源。这些期刊和杂志构成了18世纪规模最大的科学技术传播体，反映了法国作为世界科学中心的地位（McClellan，2003）[107—109]。许多期刊还有英文、德文和拉丁文的翻译。

在法国历史上，没有哪一个时期像18世纪那样如此高度地关注科学探索或发明。科学不仅是一个高度专业的学科，也成为一种时尚。

（Hahn，1971）[86]解剖学、植物学、博物学等学科发展十分迅速，早在17世纪末期，在皇家科学院院士迪韦尔内（Verney，1648—1730）的影响下，很多贵族团体开始十分热衷于收集各种解剖学标本。显微镜的出现及皇家科学院不断出版精美的解剖学图版也使解剖学更为兴盛。雷奥米尔（Réaumur，1683—1757）的6卷本《昆虫史志》，不仅激起了人们（包括业余爱好者）对昆虫学的兴趣，还深刻影响了后来布丰的《自然史》。除解剖学、昆虫学之外，植物学也十分流行，尤其是在皇家植物园的演讲，更是深受人们追捧。18世纪40年代，贝壳学和岩石学也极为火热。

3. 巴黎天文台

巴黎科学院成立不久，柯尔贝即委任佩罗筹建巴黎天文台。天文台的成立也是冀望为“太阳王”带来荣耀，力图超过英国、丹麦、中国的相应机构。同时，还希望新成立的天文台能为科学院提供所有的活动场所与环境，如化学实验室、解剖台、仪器室、会议厅、图书馆、院士住所等。

18世纪以后，巴黎天文台在天文学、大地测量及气象学等领域的研究为世界所瞩目（Porter，2008）。其中尤为重要的是卡西尼家族。卡西尼一世，生于意大利的佩里纳尔多，1712年卒于巴黎。在意大利时卡西尼已是一名著名的天文学家，于1659年提出一种与第谷理论相吻合的行星运动模型，1662年绘制新的太阳表，1664年观测到木星卫星影凌木星，进而研究木卫和木星本身的转动，1666年绘制木星历表。这些为他赢得了巨大的声誉，使他有机会到巴黎从事研究。1667年，柯尔贝聘请卡西尼为巴黎科学院通讯院士。1668年，柯尔贝邀请卡西尼来巴黎一段时间，帮助建立天文台。1669年卡西尼离开意大利来到巴黎，开始了他在法国的科学生涯。1671年巴黎天文台落成，实际工作即由他负责。1673年卡西尼取得法国国籍。在路易十四的大力支持下，他在巴黎天文台购置了很多新的天文仪器，卓有成效地开展工作。1671—1684年间，他发现了土星的四颗卫星（土卫八、土卫五、土卫三和土卫四）。1671—1679年，他观测了月球表面的特征，绘制了一幅大型的月球图，并于1679年献给巴黎科学院。1672年火星冲日期间，他和皮卡尔等人以他的木星历表在不同地方测定了火星的视差为25″，从而确定太阳的视差为9.5″。1675年，发现土星光环中间有一条缝，后称“卡西尼缝”，并猜测光环由无数肉眼看不见的小颗粒构成，每个小颗粒如同卫星一样，这后被分光观测所证实。1683年，他在开普勒之后观测研究了黄道光，指出它是行星际颗粒反射太阳光而形成的，而不是大气现象。卡西尼虽取得不少杰出的天文学成就，但作为一个坚定的笛卡尔主义者，在理论上却是保守的，不仅不接受哥白尼理论，对开普勒定律、万有引力定律也都持反对态度。卡西尼二世（Jacques Cassini，1677—1756）、卡西尼三世（César-François Cassini，或Cassini de Thury，1714—1784）、卡西尼四世（Jean-Dominique Cassini，1748—1845）后相继执掌巴黎天文台，也都有杰出的科学成就。

科学革命晚期，法国科学家虽与以牛顿为代表的科学家群体有一定的鸿沟，但皇家科学院的发展还是造就了一批杰出的科学家，产生了许多重要的科学成果，并将其触角伸至世界各地，使得当时的法国科学成为世界的翘楚。

三、巴黎皇家科学院的影响

1666年，巴黎科学院成立。但直到1699年路易十四对其进行改组，并正式制定章程，1713年正式在巴黎高等法院注册，它才步入一条规范发展的道路。与伦敦皇家学会会员必须向学会缴纳会费以满足活动开销不同，巴黎皇家科学院从一开始就受到皇家的资助，院士们可全心进行科学研究，为皇权和国家服务。（Hahn，1971）[1—34]

政府对科学活动的赞助与支持从此成为法国科学的一个重要的传统。首先，新知识能对皇权和相关部门起到实际的帮助；其次，若不对科学活动进行控制，将会对已有的秩序造成威胁；第三个更为直接的原因是，柯尔贝和路易十四希望被看作是科学活动的资助者，为“太阳王”带来荣耀（Crosland，1992）。可以说，在旧制度时期，皇家与科学院就形成了一种紧密的控制与合作关系。

皇家科学院不仅吸引不少国内外的优秀学者来到巴黎进行科学交流和研究，而且其模式也广受赞赏。莱布尼茨（Leibniz，1646—1716）从1695年起就致力于在欧洲推广巴黎（皇家）科学院的管理制度，不仅提出在美因茨、汉诺威和波兰建立科学院的试验性计划，还对在柏林、德累斯顿、维也纳和圣彼得堡建立科学院的事务提出了具体建议，后来的普鲁士科学院甚至用法语来出版它的院刊（Crosland，1995）。此外，1687年入华的法国耶稣会士还试图在中国建立所谓的中国科学院，作为巴黎皇家科学院的分支机构（韩琦，1998）。这足见巴黎皇家科学院的广泛影响。

第二章
启蒙运动与工业革命的回响

旧制度在18世纪面临两大挑战：启蒙运动和工业革命。前者塑造着未来的意识形态，在思想层面动员公众，后者引领新兴产业的发展，深刻影响着物质世界。它们不仅重塑着法国传统社会的诸多方面，也改变了现代西方世界的面貌。而启蒙运动和工业革命都与近代科学技术有着紧密的联系。

法国启蒙运动对现代世界产生了深远而持续的影响。它所提出的自由、平等和博爱的口号激励着人们打碎旧王朝的体制，三权分立的理念成为现代国家政治制度的基本原则。不过，启蒙运动的起源和发展与近代科学有着密不可分的关系。18世纪30年代，伏尔泰希望在法国传播牛顿自然观和相关政治社会思想，由此引发了启蒙运动。与此交织在一起的还有莫培督等人在皇家科学院内捍卫牛顿力学纲领，与笛卡尔主义者进行的激烈论战。狄德罗和达朗贝尔联合编纂的《百科全书》是启蒙运动深入发展的一个标志。这部巨著与近代自然科学同样关系紧密，而百科全书派承担了向知识阶层传递现代社会政治理念，普及启蒙思想的职责。王朝末年，大众科学运动成为传播启蒙思想的载体和中介，并最终将批判的矛头指向了行将就木的旧制度。本章前三节的几个案例探讨了科学革命的地方化问题——牛顿力学最初如何在法国获得传播，同时也关注近代科学与社会思想运动之间的互动，如启蒙运动开启和牛顿力学传播之间的潜在关联。

第一节　莫培督与牛顿力学的传播

一种知识或思想只有经过特定的中介和路径，散播到其他国家和地区，并被当地人群接受，这种知识或思想才具有了明确的价值和意义。欧洲科学革命中产生的思想成果，也需要通过持续的地方化，向世界其他地区传播。作为近代科学革命的重要成果，牛顿力学及其世界观是如何跨越国家边界，从英国向法国传播并被接纳的？这是一个科学革命地方化的问题。

18世纪上半叶，莫培督（Maupertuis，1698—1759）[①]在法国发动了有关牛顿力学的论战，为其在欧洲大陆的传播贡献了重要力量。他在皇家科学院和公众领域开展严谨批评，所运用的宣传策略为伏尔泰（Voltair，1694—1778）及其伙伴树立了榜样。伏尔泰等人几乎同时开启了一场思想文化运动，推动牛顿自然观的传播，实际上离不开他的工作。腓特烈大帝（Friedrich der Große，1712—1786）希望复兴普鲁士科学院，他将法国科学家请进自己的宫廷，同时邀请莫培督来做

① 有关莫培督的研究情况，科学史界近期有了较为明显的进展，参见（Terrall，2002；Shank，2008；Badinter，1999，2002；Beeson，1992）。莫培督的朋友兼同事拉博迈勒（La Beaumelle）所写的传记是最早的研究著作，参考（La Beaumelle，1856）。布吕内（Brunet）关于莫培督的作品是一部较早出版的研究著作，参见（Brunet，1929）。国内研究可参见（许良，1994）和（许良，1995）。

首脑，而不是伏尔泰。从1732年莫培督发表《论行星的不同形状》，到他1759年去世，那个时代不仅属于启蒙时代的伟大思想家们，也同样属于莫培督。

一、牛顿力学纲领的支持者

1698年，莫培督生于圣马罗一个处于上升期的贵族家庭。父亲勒内（René de Maupertuis，1664—1746）最初是私掠船船长，积累了大量财富，并通过海外事业与宫廷建立起联系，尤其与菲利波家族关系密切。莫培督从青少年时期就和菲利波家族的继承人、未来的莫勒帕伯爵（Maurepas，1701—1781）结下了深厚的友谊。日后伯爵担任海军大臣，主管的部门包括皇家科学院。

莫培督以分析数学作为自己最初的专业领域，进入了巴黎科学界，成为官方科学体制的一员。他曾在尼克尔（Françis Nicole，1683—1758）等人门下接受分析数学的训练。巴黎有许多场所可供各类人群进行世俗交流，包括餐厅和咖啡馆等。尼克尔经常光顾格拉多咖啡馆，而不少皇家科学院成员也是那里常客，包括终身秘书丰特奈尔、数学家索兰（Saurin，1659—1737），以及其他坚持笛卡尔主义或马勒伯朗仕主义的学者们。莫培督交往广泛，尤其享受在格拉多咖啡馆和这些学者们聚会。根据莫培督的朋友和第一部传记作者拉博迈勒的说法，正是这些联系促使莫培督走上了科学道路（Shank，2008）[248]。1723年，莫培督凭借关于曲面求面积和曲线求长的两篇论文入选巴黎科学院。不仅如此，他还将在日后成为格拉多团体的核心人物（Terrall，2002）[69]。

非正式的社会交往对学者在皇家科学院内部地位的上升非常重要。索兰就将格拉多当作维护其在科学院和思想界声誉的基地，莫培督与他似乎就是在那里结成忘年之交。在日后有关活力的争论中，年长的索兰给予莫培督以有力的支持。1731年，老院士创造条件，帮助年轻的莫培督顺利获得终身院士职位。

莫培督塑造着自己的多重身份，一方面是严谨的学院派数学家，另一方面是自由思想者。正因为如此，除了作为皇家科学院成员之外，他也能和伏尔泰那样的思想家出入同样的社交圈。18世纪的科学家还没有进入大规模职业化发展阶段，这种现象在一定程度上并不少见。处于皇家科学院最高位置的丰特奈尔、索兰、德麦兰（de Mairan，1678—1771）等也同样兼具这些身份。莫培督并没有明确将自己首先定位为职业的、科学院的专家，其次才是一个世俗的文学共和国公民。①在某种意义上，多重身份之间的界限较为模糊，而莫培督也充分利用了这种模糊性。18世纪法国自然哲学与思想文化领域的划分并不清晰，科学院成员不仅是严格的学院派学者，也同时是自由思想家，他们活跃在文学共和国和巴黎的社交场合。无论剧作家、诗人、散文家，还是投身科学研究之中的科学院成员，都分享着成为学者的雄心和自由思想家的身份，出席相似的社交圈子。无论莫培督在科学院内部如何行事，他在世俗社会中都会积极利用其官方科学家的身份地位，在这个意义上，他充分利用了这种区分的模糊。

或许由于伯努利家族的关系，莫培督并没有被皇家科学院的同行们视为笛卡尔主义的敌人。1729年秋天，他访问了当时欧洲伟大的分

① 莫培督的传记作家们仅仅关注他对近代科学的工作，尤其是他在天文学、力学和生命科学领域的贡献。不过，一些学者认为，事先假设他以近代科学家的身份去工作，可能是一种错误。比如，特雷尔（Terrall）就指出，18世纪是一个“还没有出现（科学）职业生涯的年代，或者对何为科学家还没有一个清晰而统一的认识的年代”（Terrall，2002）[10]。

析数学家约翰·伯努利（Bernoulli，1667—1748）。他住在伯努利在巴塞尔的家中，并最终和该家族形成了稳固的联系。伯努利向皇家科学院的友人德麦兰称赞这位年轻学者（Greenberg，1995）。次年夏，莫培督返回巴黎。虽然没有放弃对其他研究主题的兴趣，但他在这一时期主要以伯努利的工作为基础，专注于分析的数学和力学。科学院的终身秘书丰特奈尔坚定地反对牛顿力学及其背后的哲学纲领，同时将分析力学视为法兰西传统。虽然他仅仅赞赏莫培督论文的数学成就，但已将这位年轻人视为法国分析力学的正统继承者。

最迟到1731年3月，莫培督形成了对牛顿力学纲领的信仰。①换言之，他相信万有引力作为概念工具，可以解决力学中的棘手问题，但他没有向巴黎科学院的同事们表明这一立场。皇家科学院是笛卡尔主义的园地。除了丰特奈尔和德麦兰之外，笛卡尔主义的重要支持者还包括雷奥米尔，以及卡西尼二世。在这个环境中，为牛顿万有引力辩护是件棘手的任务。就像莫培督所承认的那样，以往十年间的争论，已使得科学院院士“在会议上一听到‘引力’就直接色变”（Terrall，2002）[58]。由于莫培督的观点直接挑战某些院士的工作，比如德麦兰，因此他能预料到自己在巴黎将会遭遇怎样的抵制。相反，他向伦敦皇家学会寻求支持，并将作品翻译成拉丁文在《皇家学会哲学汇刊》发表（Maupertuis，1731）。在信息交流不够迅捷的18世纪，这样的谨慎做法既可以让他避免在巴黎陷入论战，又在第一时间将成果公之于众。相关文章关注行星结构，其中两节涉及天体形状，暗含

① 1728年，莫培督访问了英国，并被接纳为伦敦皇家学会会员。通过与英格兰科学家和哲学家的接触，他开始尝试接受牛顿力学纲领。此时，莫培督还没有将他自己的牛顿力学成果向皇家科学院的同事们报告。这是对法国学术氛围的不信任，同时也确保他在科学院内部免受攻击。

了对地球形状的判断。这会在日后挑起一场争端，并很大程度上引发牛顿主义和笛卡尔主义哪个更加可信的公开争论。

同年，莫培督在科学院内部的地位有了明显提升。他获得了终身院士的位置，巩固了学术地位。此时的科学院正围绕如何正确测量移动物体的力而展开长达10年的争论。关于“活力”的争论使牛顿主义、笛卡尔主义，以及莱布尼茨主义陷入更艰苦的科学论战之中。莫培督承认牛顿的万有引力，私下支持莱布尼茨的立场，但他对外宁愿声称中立。显然，莫培督此时不愿与他的科学院同仁们直接对抗。

1732年，就在莫培督成为终身院士一年多后，他开始公开为牛顿力学战斗。这一时期，以莫培督为中心的交流网络在科学院之外已经建立，其中一些人鼓励他通过官方科技机构之外的渠道发表工作结果，也支持他在官方学者的圈子之外建立其公共学者的形象。莫培督措辞谨慎地表达自己的立场，在科学院批准的情况下，通过科学院之外的渠道独立出版了《论行星的不同形状》，在这一文本中，他尽力避免可能会引发的论战。就这样，莫培督开始在法国本土公开支持牛顿力学。

二、两种研究纲领的紧张关系

传播牛顿力学纲领的内外环境逐渐变化。莫培督越来越多地在皇家科学院内部和更广泛的公共领域巩固并运用他的影响力。为了给牛顿张目，他试图通过某种途径发动一场革命，一场唯有理性才能缓慢推动的变革（La Beaumelle，1856）[33]。《论行星的不同形状》出版之后，莫培督在机构内与同事进行交流，相关论题在期刊上获得公开讨论。在皇家科学院内部，很快形成了一个以莫培督为核心的学术小团体，该团队主要由信仰牛顿力学纲领的青年数学家组成。他们热情地支持万有引力，可以为莫培督做更专业的辩护，能相互配合攻击笛卡尔主义者。就这样，在莫培督推动下，牛顿主义在科学院内茁壮成长（La Beaumelle，1856）[33—34]。

在皇家科学院外部，一个名叫“工艺学会”①的巴黎社团组织，与莫培督形成遥相呼应之势。从柯尔贝时期开始，法国政府就非常重视科学知识和技术，这导致从17世纪末开始，皇家科学院日益关注有关的资源和信息。但受其自身体制和定位的限制，一些对国民经济具有实用价值的学科和知识，仍然受到很大程度的忽视。不过，这些知识与实践在工艺学会中找到了位置。学会兴起于18世纪20年代，以促进理论和实践为手段，以完善技艺为目标。成员由科学家和工程技术专家组成，大部分来自皇家科学院忽视的学科领域，比如地质、造船、航海、土木工程、建筑和制造工艺等。某种程度上，这个社团虽是非官方机构，但也和皇家科学院形成了某种竞争关系。18世纪30年代，学会的几位高水平成员陆续进入皇家科学院，包括拉孔达明（La Condamine，1701—1774）和克莱劳（Clairaut，1713—1765）。两位学者和莫培督志趣相投，是后者的同盟者和支持者。他们加盟皇家科学院，促进了以莫培督为核心的分析数学家团体的出现。

同时，笛卡尔主义者加大了为自己辩护的力度。1732年，天文学家和伦理学家伽马士（Gamaches，1672—1756）出版了《物理天文学》一书。他在这部著作中断言，唯有笛卡尔主义提供了清楚而明确的原则和坚实的基础，能够说明自然界具有的复杂性。②他以此为出

① 关于工艺学会的情况，参考（Hahn，1981）及（Hahn，1971）[108—110]。

② 伽马士在其著作中断言，笛卡尔的哲学原则是唯一适用于力学天文学的原则，参见（Gamaches，1740）。

发点，尝试评价牛顿的工作。在他看来，牛顿作为笛卡尔先生著名的英国对手，无疑是个伟大的数学家，但他却坚持认为物理现象一经数学分析，就算获得了说明，也是错误地用数学计算代替因果分析，因为物理学需要严格遵循因果分析原则。德方丹（Desfontaines，1685—1745）赞同前者的研究和态度。他确信，开普勒定律的几何学分析说明行星被太阳吸引，但这不能证明太阳也被行星吸引。牛顿只是假设它成立，同时却将这种假设当成不容否认的事实（La Beaumelle，1856）[346—349]。在科学院内部，莫里哀（Molières，1677—1742）站在笛卡尔主义立场上，反对牛顿力学纲领，或者尝试在物体碰撞等理论问题上调和两者的关系（Nakata，1994；Bruneau，2011）。总体而言，伽马士和莫里哀等笛卡尔主义的代言人，在法国官方机构内部颇受推崇。

笛卡尔主义者们将自然科学层面的争论提升到了新高度。《学者杂志》等期刊和评论宣称伽马士是国家的良心，他的作品是国家和科学院的荣耀，而牛顿对法国哲学精神来说则是一种威胁（Shank，2008）[349—350]。在某种意义上，笛卡尔主义者与牛顿派的争论已上升到了国家荣誉的高度。

三、牛顿力学纲领的胜出

笛卡尔主义者和牛顿派的对峙逐渐聚焦到有关地球形状的问题上。莫培督立足牛顿物理学，关注地球形状问题。他在同伯努利讨论时，运用欧洲大陆的数学分析方法考察这一问题，赞同地球两极扁平的预言，但这一观念与当时公认的测量结果相悖。皇家科学院早期成员、主管皇家天文台的卡西尼一世于17世纪晚期多次组织大地测量。通过所获测量数据，他在1701年宣布地球是一个沿两极方向拉长的球体。其子卡西尼二世接管皇家天文台之后，开展进一步测量，得出的结论支持他父亲的判断。1718年，卡西尼二世向皇家科学院公布了该结论。1720年，德麦兰从笛卡尔的重力概念出发，为这一观点提供了力学上的辩护。丰特奈尔将此结果与笛卡尔主义联系起来。很明显，对地球形状问题提出与上述论点不同的意见，将很难避免将矛头指向笛卡尔主义。莫培督拥护牛顿万有引力概念。他指出，观察似乎给出一个沿两极方向拉长的地球，而可靠的推理则似乎给出相反的结论。就地球形状的问题而言，他倾向于认为过去的测量是不可靠的。

18世纪30年代后半期，新的测量结果引发了双方进一步论战。1735年，路易十五授权巴黎科学院派出两支皇家探测队，对地球形状进行新的测量。莫培督带领一支探测队赶赴北欧的拉普兰地区，随队成员还有克莱劳。拉孔达明则率领另外一支队伍驶向南半球的秘鲁进行测量。1737年8月，拉普兰探测队返回巴黎。莫培督不顾旅途劳累，立即向科学院报告了支持牛顿学说的观测结果。卡西尼二世及其同盟质疑莫培督测量结果的可靠性。他们指出，探测队使用的天顶角规来自英国，该仪器还未经受充分检验，同时怀疑莫培督在使用仪器时有可能犯下错误。此后两年多，天顶角规以及有关测量的问题成为双方争论的核心。到1737年，更多人愿意相信，要想在两大自然哲学体系之间做出判决，就必须从地球形状的问题入手。

在多重因素介入下，莫培督一方逐渐掌握了主动权。接下来的两年，莫培督在官方支持下确证了天文仪器的精度，修正了老卡西尼遗留的测量误差。海军大臣莫勒帕伯爵分管皇家科学院，是科学事业的重要赞助人和支持者。莫培督在地球形状问题上一度显得固执己见。1739年，莫培督在与卡西尼二世竞争关于测量方案的资助时，莫勒帕答应了后者的请求。但同年8月，莫培督获得了来自大臣的资助，并开始为辩护扁圆地球的理论准备新的论文。四个月后，他提交了关于巴黎和亚眠之间子午线的测量结果。不仅如此，莫培督从宫廷得知，他获得了丰厚的退休金，还在海军获得一个新职位。莫培督在写给伯努利的信中，对莫勒帕的安排感到满意（Terrall，2002）[150]。这些是对其行动、思想和成果的奖赏，同时也意味着来自官方的支持。

就在这次表彰半年之后，笛卡尔主义者在地球形状问题上做出了妥协。1740年春天，卡西尼三世宣布，新的测量结果证实了莫培督的结论是正确的。他承认，地球的确是扁圆球形，同时也强调正是通过他和其他皇家天文学家们可靠的经验证据积累，才最终使问题得以解决。虽然卡西尼三世勉力维护皇家天文学家在测量问题上的权威，但对于长期居住在皇家天文台的卡西尼家族来说，这无异于宣告对抗的失败。1743年，莫培督在写给约翰·伯努利的信中宣称，笛卡尔主义甚至在科学院自掘坟墓（Terrall，2002）[199]。1744年，远赴秘鲁的另一支皇家探测队也返回巴黎，公布的结果同样证实了牛顿理论的推论。至此，这场官方科学家群体内部的争论画上了句号。

在官方科学机构之外，公众的反应似乎有些不同。莫培督精心打造自己严谨科学家形象的同时，也积极营造自己的公众形象。莫培督将自己定位成官方科学机构中牛顿力学的护卫者，同时也给皇家科学院贴上盲目维护笛卡尔主义的标签。这种划分既不准确，也过度简单化。但在具体运用这一策略时，莫培督并没有遭遇什么异议。1738年正是论战的关键时刻，笛卡尔主义者的攻击使莫培督感到沮丧，他甚至逃离科学院一段时间。但即便在这段时间内，他也念念不忘有关地球形状的话题。在公众眼中，牛顿物理学和笛卡尔物理学之间正在开战，而莫培督作为牛顿的代言人，在公开挑战皇家科学院笛卡尔主义的狭隘偏见。在法国公共领域，谈论莫培督的工作一度成为一种时尚，而牛顿派和笛卡尔主义者之间的竞争甚至进入流行小说之中。①

从18世纪30年代开始，经历了近三十年的时间，笛卡尔主义在法国官方科学机构内部不可避免地走向了衰落。30年代之前，笛卡尔主义者占据皇家科学院的核心位置，统治着这个官方权威机构，代表人物包括丰特奈尔、德麦兰、卡西尼二世、雷奥米尔、莫里哀等。由于法国官方科学家和有教养的知识界之间界限模糊，那些笛卡尔主义者也处在法国知识和文化领域的中心。莫培督在职业生涯早期尽量回避争议，采取与对手接近的立场。他通过伦敦皇家学会阐发观点，通过科学院之外的渠道出版著作。1734年之后，他在皇家科学院内部努力建设同情牛顿主义的团体，并通过自己的社交活动，尝试使法国官方科学立场和大众意见对立起来。这些都为牛顿力学纲领在法国的传播创造了条件。随后，支持这两种研究纲领的人群展开竞争和论战。在皇家科学院支持牛顿研究纲领的团体中，年轻的达朗贝尔日渐活跃。他指出，这一时期的笛卡尔主义者们“力量减弱得非常厉害”。1758年，达朗贝尔已经成为科学院的高级成员。他宣称，“笛卡尔主义的团体几乎消失了”。至少对他来说，论战在法国官方科学体制内部已经结束。到18世纪中叶，法国官方科学很大程度上皈依了牛顿力学纲领（Shank，2008）[242—243]。

① 活跃在巴黎沙龙的圣皮埃尔（Saint-Pierre）公爵夫人对莫培督本人的评价是：“您（即莫培督）非常的时髦。”这种评价并不偶然。参见（Terrall，2002）[150]。狄德罗于1748年匿名出版的流行小说《轻率的小宝贝》谈及牛顿派和笛卡尔主义者之间的争论。在该小说第九章《邦扎科学院的状况》中，皇家科学院被改称为“邦扎科学院”，笛卡尔化身为“奥利伯雷”，牛顿的名字变成“希尔西诺”。参见（Diderot，1875a）[162—165]。

图2　牛顿与法国启蒙运动

该图为伏尔泰《牛顿哲学原理》（1738）扉页插图。绘制者为迪堡（Dubourg），雕刻者为福克马（Folkema）。在插图中，牛顿高坐空中，穿着古装，天球仪在身侧，夏特莱侯爵夫人化身女神，在半空中手持镜子，将一道光反射给正在人间伏案工作的伏尔泰。（来源：法国国家数字图书馆）

第二节 伏尔泰、《百科全书》与启蒙运动

伏尔泰在传播牛顿自然观的过程中，始终关注本国社会、政治等问题，并与同伴一起开启了法国启蒙运动。通过百科全书派的工作，启蒙运动继而转变成为一场泽被深远的社会运动，为现代国家熔炼新的意识形态资源。科学技术的革命性成果在欧洲大陆的传播，不仅间接启动了法国启蒙运动，也在该运动深入发展阶段扮演着重要角色。

一、伏尔泰与启蒙运动的开启

伏尔泰真名弗朗索瓦-马利·阿鲁埃（François-Marie Arouet），比莫培督大四岁。当后者在为进入皇家科学院做准备的时候，伏尔泰正忙于写作和出版事务，希望在文学和学术殿堂打开一片天地。他的作品广受欢迎，文风尖刻而风趣，这为他赢得了朋友和资助者，也给他招来了敌人。麻烦接踵而至，伏尔泰不止一次光顾巴士底狱。1724年，一场牢狱之灾结束后，他被迫流亡英格兰。

留居英国期间，伏尔泰通过不同路径接近牛顿自然哲学。在他重返法国前后，有关牛顿力学的争论日趋明确。他随后开始筹划让牛顿的观念走进公众视野，并准备发表《哲学通信》。伏尔泰在1734年之前已和夏特莱侯爵夫人结下亲密的友谊，并将后者在西雷的住所作为巴黎之外的基地。在那里，两人建立了实验室，合作撰写了一些重要

文献，参与并推动牛顿力学及其自然观在法国的传播。不少国内外的客人前去访问，其中就包括莫培督和克莱劳。莫培督的《论行星的不同形状》一出版，伏尔泰便将其视为经典。他多次写信给莫培督，寄去《哲学通信》的手稿，寻求后者的建议，并感谢这位院士为他解答有关牛顿科学的困惑。

1734年，《哲学通信》出版。该书以通信集的形式，创造了新的社会批判角色，支持新的意识形态。牛顿和英国的牛顿派自然哲学出现在《哲学通信》开始几封信中，挑战着法国的笛卡尔主义。有关立场在作品的后半部分进一步获得展开。

在该书中，伏尔泰把自己设定为一个土生土长的法国人，生动描述了在英、法两国流行的观念：

"一个法国人到了伦敦，……去的时候还觉得宇宙是充实的，而现在他发现宇宙虚空了。在巴黎，我们认为宇宙是由细微物质的旋涡构成的；在伦敦，人们却不这样看。在我们那儿，以为是月球的压力形成涨潮；在英国人那里，却以为是海水被月球吸引……在巴黎，（人们）把地球想象成一个西瓜；在伦敦，却以为它是在两极扁平的球体。"（伏尔泰，2005）[69]

这段对比向世人通俗地展现出近代科学知识的地域性特点，牛顿主义和笛卡尔主义分别在英、法两国占据主导。它们之间的差别不仅涉及科学方法论和认识论，比如对待数学和实验的不同态度，而且在自然观等方面也存在相当多分歧，比如天文学和化学中的吸引现象、虚空与充实、物质的本质、精神的理论，以及当时刚刚在法国成为焦点的有关地球形状的争论等。不过，对比两国流行的知识观念不是作品的目的，伏尔泰笔下的法国通信者与信仰牛顿世界观的英国人达成默契，意欲将拉芒什海峡对岸流行的自然观普适化；在谈论笛卡尔或马勒伯朗士时，作者借助不同策略批判法国的笛卡尔主义观念。比如，在他笔下，马勒伯朗仕仅仅拥有“卓越的幻想”，而不再是严谨的学者（伏尔泰，2005）[62]。

伏尔泰将英国人弗朗西斯·培根视为近代科学之父，强调他在科学和思想界占据着特殊地位，为推动实验科学和力学方法的系统化做出了重要贡献。[①]对于尊崇实验和牛顿力学的英国人来说，这种认识实属常识，但对于当时的法国来说，却未免有些离经叛道。丰特奈尔虽然赞颂科学的实用性，但他同时主张哲学推理要比力学实验更加重要。在这位笛卡尔主义的拥趸眼中，真正的英雄绝非牛顿，培根也与近代科学的起源无关（Fontenelle，2016）。而伏尔泰明确将实用的、实验的、力学的工作置于更重要的位置上，用力学思想和实验阐述近代科学的起源。这种观念与法国正统看法并不一致，但却产生了深远影响。

伏尔泰在为牛顿思想辩护的过程中，还吸收了其他英国近代思想家的工作，同时倡导新的公共知识分子形象。他欢迎英国思想家洛克具有唯物主义倾向的哲学思想。莱布尼茨在写给克拉克（Samuel Clarke，1675—1729）的信中已经挑明，洛克的唯物主义和牛顿力学之间关联紧密（莱布尼茨，1996）。伏尔泰在通信中强调洛克的哲学并非偶然。此外，他借助牛顿主义来理解思想家和知识分子，强调批判地、独立地探寻真理，推崇思想自由，由此创造出作为真理喉舌的哲学家的形象。日后推动启蒙运动发展的知识分子们，深受这一理念

① 伏尔泰在《哲学通信》的“第十二封信”中集中论述了培根的工作。参见（伏尔泰，2005）[56—60]。除此之外，他还在《牛顿哲学原理》（1738）第3章第3部分、《路易十四的时代》（1751）第34章、《关于百科全书的问题》（1770）等著述中讨论过有关培根的问题。

的影响，比如狄德罗。[①]

《哲学通信》在法国科学体制之外产生了直接的社会反响。伏尔泰坚持牛顿自然观及其相关思想，将英格兰美化为自由、繁荣、追求真理的地方，将更具现代性的思想观念作为评判旧制度的标尺，挑战法国传统的思想文化观念和社会政治秩序。它敦促法国人思考本国的宗教、政治和文化，反思流行的科学观和自然观，帮助法国在1734年之后开启一场真正的、公开的启蒙。不仅如此，在大革命头两年，孔多塞（Condorcet，1743—1794）指出，“这部作品让我们进入革命的时期”。（Condorcet，2015）在法国现代化道路上，这部著作及其开启的启蒙运动，指向了随后到来的政治大变革。

官方认定伏尔泰的言论对国内社会秩序和宗教构成威胁，并下令公开销毁他的著作。为此，伏尔泰请求莫培督挺身而出，因为这也是一场保卫牛顿的运动。不过，后者更愿意把精力用在皇家科学院和官方科学家群体内部，那些地方才是他发挥才智和权威之处，而伏尔泰已将这场运动引向了法国政治和社会领域。

1738年夏天，伏尔泰出版了《牛顿哲学原理》一书（Voltaire，1992）。其中，他花了一章篇幅来讨论地球的形状问题，并强调指出莫培督是从牛顿万有引力定律出发推论出地球形状的。他简化了官方科学家群体的内部争论，在他笔下，莫培督对卡西尼的胜利，意味着笛卡尔主义的落败，以及牛顿世界观的整体胜利。该书的出版确立了伏尔泰研究牛顿思想的专家身份。莫培督也在自己的作品中阐述有关

---

① 除在《哲学通信》第十四封信中谈论洛克之外，参见（伏尔泰，2005）[61—66]，伏尔泰还在自己不同时期的作品中分析过洛克的工作，比如《路易十四的时代》（1751）第34章，《回忆录》（1759）等。

地球形状之争的差异（Maupertuis，1738），但他避免使用伏尔泰的视角概括这场争论，至少在皇家科学院内是那么做的。伏尔泰日益将矛头指向传统伦理和宗教，对于当时的法国社会来说，异端思想已是其学说的有机组成部分。然而，就在《牛顿哲学原理》出版数月之后，莫培督开始主动接近伏尔泰，希望与这位朋友重建联系。

1738年前后，牛顿力学及其世界观的讨论已在皇家科学院内外展开，笛卡尔主义者一致反对牛顿派观点。虽然莫培督一度疏远过伏尔泰，但鉴于后者的公众影响力及其作品的广泛传播，他希望借此与更广泛的群体交换意见，与超出了他交际和影响范围的公众空间建立联系。对于伏尔泰和夏特莱夫人，莫培督的同情意味着皇家科学院高级成员的支持，而他们则一直徘徊在皇家科学院外部。①

18世纪40年代，围绕牛顿力学的争论如火如荼。笛卡尔主义和牛顿派观念之间的论战烽火从英格兰、荷兰，一直传递到法国。伏尔泰的工作帮助法国拒斥笛卡尔主义，接受并吸收牛顿世界观。置身其中，面对来自科学院内外的笛卡尔主义者们，他和夏特莱夫人一道对批评做出回应。地球形状之争获得圆满解决前后，莫培督在公开活动中日益与伏尔泰接近。在诸多力量的共同努力下，笛卡尔主义开始整

① 有人可能将他们的接触视为支持牛顿观点的人联合起来，共同对抗笛卡尔主义，这种观点在某种意义上是简单化的历史描述。笛卡尔主义奴役皇家科学院的说法，一定程度上源自某些论战参与者的宣传策略。它难以完全反映出官方科学机构内部的复杂情况，也无法解释科学院与外部交流活动。例如，1738年，伏尔泰和夏特莱夫人参加皇家科学院设立的大奖竞赛，并获得荣誉奖。科学院的笛卡尔主义者雷奥米尔随后安排出版他们的作品，而伏尔泰和夏特莱则向这位院士特别表达了敬意和友好。这一事件反映了社会交往的复杂性。

体衰落，最终被牛顿体系代替。①

就传播牛顿思想而言，莫培督和伏尔泰各自做出了重要贡献。前者是法国皇家科学院的高级成员，这一身份使莫培督传播牛顿理论时具有权威性，而伏尔泰始终无法做到这一点。1738年之后，情况发生了变化。牛顿思想已经和自由主义、新伦理观、无神论日益联系在一起，而笛卡尔主义者则与牛顿派积怨日深。伏尔泰的文字具有煽动性和震撼力，他通过长期不懈的努力，已在文学共和国和公共舆论空间树立起良好声誉。对莫培督来说，这种声誉已经变得更有价值。伏尔泰不仅依靠文学共和国的活动间接地帮助了莫培督，同时，他也塑造着自己的形象——一位具有独立思考能力和批判力的权威哲学家，对皇家科学院内坚持牛顿力学纲领的院士报以同情态度。二人从未真正建立起牢固的同盟，甚至在18世纪中期公开决裂，但他们联手为牛顿力学在法国本土的传播做出了贡献，与此同时，启蒙运动已在法国顺利展开。

二、狄德罗、《百科全书》与启蒙运动的发展

1749年之前，牛顿自然哲学作为一面旗帜，引导其信徒投身自由批判，这一度是法国启蒙运动初期发展阶段的标志。随后，推动启蒙运动全面前进的动力发生转变。狄德罗（Diderot，1715—1784）和达朗贝尔（d'Alembert，1717—1783）编撰的《百科全书》成为凝聚人们理想、推动启蒙运动全面前进的动力。这项启蒙运动的事业从1751年《百科全书》第一卷交付读者，到1772年狄德罗完成其负责的编辑

① 在其编辑的伏尔泰著作前言中，巴尔博（W. H. Barber）高度概述了这一过程，参见（Voltaire，1992）[6—7]。

任务，共出版17卷文字，11卷图版，整个过程历经20余年。[①]这部里程碑式的著作命运多舛，与之相关的历史反映了法国启蒙运动如何向一场社会运动转变，并揭示出近代科学革命与现代性之间的关联。在这一过程中，近代自然科学虽然不是指导力量，但继续将人们团结起来，在社会运动中扮演着重要角色。

1713年，狄德罗生于法国东部朗格勒的一个普通手工艺人家庭。他在耶稣会学校的学业非常优秀，这促使父母允许他到巴黎继续深造。上学期间，狄德罗阅读了许多数学科学前沿著作，牛顿自然哲学对其成长道路产生了重要影响。18世纪30年代，他甚至一度计划对牛顿的《原理》做法语评注。青年时期的狄德罗从事翻译和写作，靠手中的笔维持生计。1740年，他撰写了《对世界的天文学和物理学的描述》的手稿。1748年，狄德罗出版了《关于若干数学问题的论文》，该书记录了他在这一时期的科学工作（Diderot，1875b）。这些作品表明狄德罗熟悉分析的数学知识，也重视新的概率论知识。到40年代中期，狄德罗虽然独立探索科学奥秘，但能紧跟当时的学术前沿，特别是数学发展潮流。

狄德罗与法国文化学术界广泛交往，结识了许多重要的同伴。日内瓦人卢梭于1742年抵达巴黎后，直接会见了狄德罗。他们很快成为朋友，并结识了孔狄亚克（Condillac，1714—1780），达朗贝尔随后也加入他们的行列。到1746年，几个人已经每周在巴黎市内聚会。通过此类聚会，他们巩固了联系，逐渐成长为启蒙运动的核心人物

---

① 1871年之后，《百科全书》的生命并未结束。各类再版本、增补卷、改编本等继续出版发行。到法国大革命之前，各版本总印数高达24000部，堪称18世纪最畅销的著作。参见（达恩顿，2005）[32—36]（Darnton，2009）。

（Rousseau，2000）。

几个核心人物在40年代中期建立起的社会联系，主要以文学共和国的价值观、公共哲学家的理想为纽带。这些价值观是启蒙运动开启之时确立起来的。伏尔泰最初将来自英格兰、荷兰的哲学和政治理论与传统的自由主义、思想独立的理念相融合，主张在追求真理过程中，坚持批判、思想自由和公正的原则。上述价值观成为18世纪中期以后启蒙运动的核心内涵。而通过公开斗争，牛顿自然观与现代社会和政治理念紧密联系在一起。

1746年，狄德罗匿名出版《哲学沉思录》，开始阐述自己的思想。尽管狄德罗没有建立完整的哲学体系，但这并未削弱其作品中蕴藏的批判力量。就像帕斯卡的《沉思录》一样，狄德罗用格言的形式撰写这部作品。他以优雅隽永的文笔和咄咄逼人的气势，对抗学术暴政和教会权威，挑战既定的社会秩序，反对笛卡尔和马勒伯朗仕的自然哲学。尽管所涉内容令传统主流社会感到不安，且没有获得官方认可，但这本书却广泛流传。同年，巴黎最高法院下令销毁该书。在近代印刷技术和欧洲出版业逐渐走向成熟的18世纪，销毁令并不能禁止印刷书籍的发行和流通，反倒有可能刺激被禁书籍的传播。[①]

虽然该书是匿名出版，没有确凿证据表明狄德罗是其作者，但他的名字已出现在巴黎警方的文件中。禁书给狄德罗贴上了标签，使他

---

① 法国大革命之前的非法出版物和违禁文学作品数量庞大、主题繁多。畅销的违禁书中既包括通俗文学作品，也涵盖主题严肃的宗教、哲学、政治学著作。在某种意义上，这个领域“囊括了全部启蒙运动以及……法国大革命思想根源的作品”。而伏尔泰、霍尔巴赫、卢梭、拉美特利、狄德罗等人的作品在违禁图书市场具有很大影响力，有学者甚至尝试将违禁图书研究与法国大革命的起源问题联系起来，可参见（达恩顿，2012）。

成了道德上放荡不羁，认识论上充满怀疑，宗教信仰上离经叛道的自由思想者，甚至对那个时期保守知识分子的话语也产生了影响。随后一段时间，狄德罗受到亵渎宗教的控告。巴黎当局查禁他的作品，并监视其活动。

但是，这位哲学家并未停下脚步，继续非法出版小册子。在接下来的《怀疑论者的漫步》（1747）和《轻率的小宝贝》（1748）中，他让神圣的基督教思想和世俗的哲学观点同台竞技，阐述自由不羁的批判哲学，甚至也讽刺相互争论的牛顿派和笛卡尔主义者（Diderot，1875a；1875c）。如果将这一时期的作品罗列在一起，人们可能会发现狄德罗试图在学术研究和写作中，调和社会伦理、个人自由、社会生活等议题间的关系。

1749年，狄德罗的代表作《盲人书简》出版。他在其中描绘了一个盲人数学家的故事[①]，最终落脚到“上帝是否存在”的问题上。作者没有提供任何现成答案，仅仅对各种可能性进行开放式探讨（Diderot，1875d）。然而，联系到以往不良记录，狄德罗因这项工作遭到起诉并被判短暂入狱。为了减轻他的牢狱之苦，伏尔泰为其上下奔走。这一事件拉近了两人的距离，使他们开始并肩与迷信、宗教权威以及政治专制的旧制度作战（Wilson，1972）[103—116]。

18世纪40年代，未来《百科全书》的编辑和哲学家同伴们，从各自的社会立场出发，开始踏上一条现代思想的新航路。在十几年前，伏尔泰已为它标示出价值观的航标。牛顿力学及其自然观并不是将他们团结在一起的核心信条，但与之相关的思想立场却扮演了积极的角

① 《盲人书简》中的主角原型来自当时一位名叫桑德森（Saunderson，1682—1739）的英格兰盲人数学家，据称他发现了贝叶斯定理。

色。不仅如此，狄德罗等人通过《百科全书》的出版事业，将继续壮大和巩固启蒙运动的联盟。

1745年，由于钱伯斯（Chambers，1680—1740）的两卷本《百科全书》在英国十分畅销，负责出版狄德罗作品的出版商计划与他人联合推出该作品的法译本，并很快着手为这个富有商业前景的项目招聘编辑。由于绝大部分工作对科学技术素养的要求都很高，于是皇家科学院的成员便成为首选。1745年夏天，科学院几何学部的马尔维（Malves，1713—1785）受邀接手钱伯斯《百科全书》的翻译编辑工作（Wilson，1972）[75—78]。狄德罗和达朗贝尔随后也加入了这个计划。随着时间的推移，翻译钱伯斯《百科全书》的计划转变成一项庞大的出版工程。

马尔维因故退出之后，狄德罗和达朗贝尔开始共同肩负编辑《百科全书》的责任。此时的出版计划已不再仅仅局限于翻译英国人的作品了，新的目标是编撰一部涵盖科学、技术和产业领域知识成就的综合词典，或者说是一部彰显人类理性的“百科全书”。1750年发布的认购说明书收录了人类知识谱系，试图对全部认知活动进行分类，进而勾勒出知识世界的完整图景。其中，数学家将撰写数学条目，工程师完成工程技术词条，化学家负责化学内容的编撰。

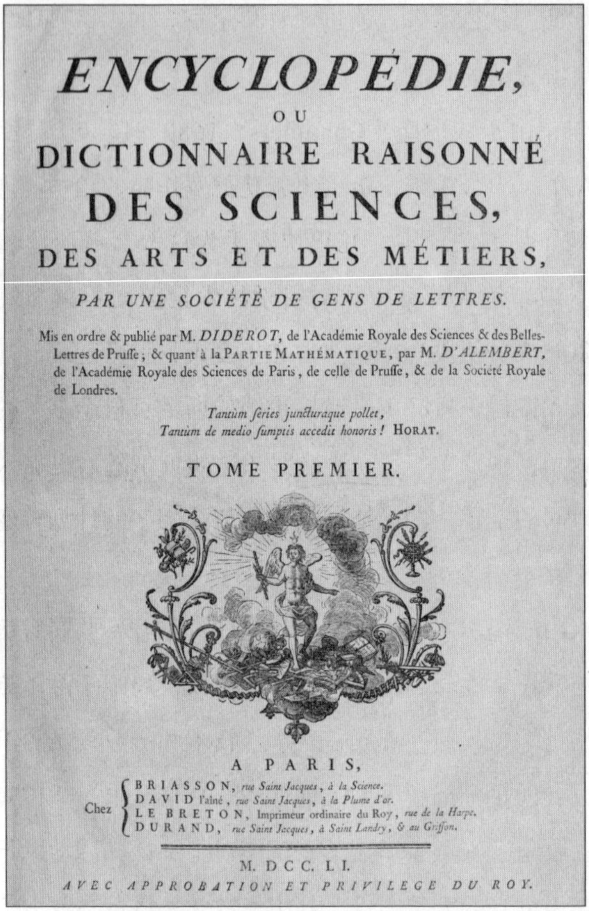

ENCYCLOPÉDIE,
OU
DICTIONNAIRE RAISONNÉ
DES SCIENCES,
DES ARTS ET DES MÉTIERS,
PAR UNE SOCIÉTÉ DE GENS DE LETTRES.

Mis en ordre & publié par M. DIDEROT, de l'Académie Royale des Sciences & des Belles-Lettres de Pruſſe ; & quant à la PARTIE MATHÉMATIQUE, par M. D'ALEMBERT, de l'Académie Royale des Sciences de Paris, de celle de Pruſſe, & de la Société Royale de Londres.

Tantùm ſeries juncturaque pollet,
Tantùm de medio ſumptis accedit honoris! HORAT.

TOME PREMIER.

A PARIS,

Chez BRIASSON, *rue Saint Jacques, à la Science.*
DAVID l'aîné, *rue Saint Jacques, à la Plume d'or.*
LE BRETON, Imprimeur ordinaire du Roy, *rue de la Harpe.*
DURAND, *rue Saint Jacques, à Saint Landry, & au Griffon.*

M. DCC. LI.
AVEC APPROBATION ET PRIVILEGE DU ROY.

图3 《百科全书》第一卷的标题页

图书标题之下的文字指出，该作品是由一个文人团体撰写的（par une société des gens des lettres）。

狄德罗和达朗贝尔邀请了几十位学者加入这项计划，共同为《百科全书》撰写词条。狄德罗强调，没有一个人能处理全部科学技术知识，也没有一个人能在有生之年获得全部经验。基于这种认识，为了推进编撰工作，《百科全书》需要分工协作来完成（Diderot,

1876a）。1751年6月，《百科全书》第一卷面世。两位主编为其撰写了大量词条，不过，该项工作主要是由编辑组织的一个学者和作家群体或哲学家团队完成的。伏尔泰、卢梭、孔狄亚克和孟德斯鸠等人均在作者之列。[①]达朗贝尔调动皇家科学院的成员们也参与进来。比如，博物学家布丰就被视为撰稿人之一，虽然他没有直接撰写词条，但其著作常被引用。参与撰稿的学者还包括18世纪的许多著名学者和作者，比如杜尔哥（Turgot，1727—1781）、霍尔巴赫（Holbach，1723—1789）、杜克洛（Duclos，1704—1772）、魁奈（Quesnay，1694—1774）等。他们受邀加入撰稿人行列，有效提升了合作者网络的权威性和影响力。作者来源不同，但他们都认同服务公众的理念。在描绘人类知识系统过程中，他们走在了一起，并获得了“百科全书派”的集体身份。[②]这个称呼被许多人视为荣耀，并日益和法国启蒙运动中涌现的思想家和哲学家形象交叠在一起。从某种角度看，百科全书派可被视为一个有机的联合体。他们具有批判力，思想充满哲理，广泛传播有价值的知识，积极参与公共事务。在法国传统社会不断蜕化为现代社会过程中，《百科全书》参与塑造了现代学者和知识分子的新形象，并引导法国启蒙运动进入了新的发展阶段。

并非所有百科全书派都同样热衷这项工作。可能由于工作环境日益恶化等原因，达朗贝尔辞去了编辑一职（李文靖，2009），狄德罗成了这一出版计划的关键人物，后者最终将其落实为名垂千古的事业。他在这个方面的努力很早就开始了，1751年2月，拜迪耶（Berthier，1704—1782）神父公开批评《百科全书》的发行说明

① 孟德斯鸠于1755年去世，并没有直接为《百科全书》撰写词条，但他的作品片段被收入其中。参见（达恩顿，2005）[10]。

② 《百科全书》研究权威普鲁斯特（Proust）强调，百科全书派是具有一定组织结构的独特群体。参见（Proust，1972）。

书，而狄德罗很快就回敬了一篇充满讽刺的批判文章（Diderot，1876b）。随着《百科全书》各卷的出版，来自耶稣会的批评越来越激烈。从那时起，狄德罗就开始为自己和所从事的事业不断斗争。在拜迪耶等批评者看来，百科全书派想推翻既定的传统社会秩序。这类公开的斗争使启蒙运动的观念更加清晰，与外界的论战使得撰稿人之间的矛盾得以缓和，也似乎让这个学者共同体肩负起某种社会职能。百科全书派在法国官方体制内没有正式地位，但从某个角度看，它就像其他机构或社团一样，是由独立的学者或作家个体组成的有组织的联合体，致力于传播科学技术知识和增进公共福祉。从某种角度看，它甚至与某些官方机构或社团形成了竞争，波旁王朝不会忽略对它的监管和控制。

王朝的官员免不了怀疑百科全书派及其工作。第一卷中对一些词条的解释没有标出作者，从内容看不符合传统意识形态，容易让人联想起伏尔泰阐述洛克和牛顿时采取的立场。狄德罗的文本总是渗透着批判的、自由主义的态度，难免激起争论。《百科全书》中运用了交叉引用体系，将读者从一个词条引向另外一个词条，类似于21世纪初出现在互联网阅读中的超级链接技术。这种方法意在帮助读者快速获得与原词条有关的信息，体现出作品博古通今的汇编性质，但内容的具体编排可能产生意想不到的效果。例如，“同类相食”词条，即吃人现象，借助交叉引用会指向“圣餐”等内容（Diderot，D'alembert，1751），从而可能产生诋毁天主教的效果。[①]狄德罗指出，在无法进行公开批评的情况下，类似方式可以暗

① 正文中的例子常被用以说明《百科全书》的编辑技术和传播效果，以及其背后隐藏的社会和宗教立场。但对于交叉引用是否产生了预期的效果，有学者持较为谨慎的态度，参见（Leca-Tsiomis，2015）。

中攻击、动摇甚至颠覆某些荒谬观点（Diderot，1755）[642A]。对一个天主教占据主导地位的传统社会来说，如果那是蓄意为之的结果，编者肯定就是试图颠覆国家秩序的自由思想家。

第一卷出版之后发生的“普拉德事件”给了《百科全书》重重一击。[①]对于某些批评者来说，《百科全书》显然出自无神论者和自由思想家之手，他们阴谋破坏宗教和道德的既定秩序。1752年2月，《百科全书》第二卷出版后，当局以破坏政治和道德秩序为由对其进行谴责，并查禁该书（Wilson，1972）[159—169]。不过，这项事业并没有在外界压迫下寿终正寝。在压制和批评声中，不同版本的《百科全书》将陆续出版发行，并最终成为泽被深远的著作。

在百科全书的出版计划中，科学革命取得的知识成就与现代自然观、知识论等交融在一起。《百科全书》各卷洋溢着牛顿自然哲学的气息。《百科全书》第一卷包含了诸多自然科学词条，比如“作用”“分析”“天文学”“引力”等。这些词条较充分地体现了牛顿力学的立场，标示出法国在此领域取得的共识。同时，在这些词条背后隐含的经验论、怀疑论、实验观等内容，透漏出近代科学成果与现代知识论和认识论之间的紧密关联，比如第二卷中的“计算”“动因”等词条。达朗贝尔在《绪论》中也强调了上述倾向（d'Alembert，1995）。《百科全书》通过相关词条，赞颂皇家科学院的精英学者在数学、科学和认识论方面的成就。牛顿力学及其自然

---

① 修道院院长普拉德（Prades，1720—1782）于1751年11月进行了博士论文答辩。当时《百科全书》第一卷已经发行，有人发现普拉德的很多观点在《百科全书》中都能找到。狄德罗和其他百科全书派成员抓住机会，将其作为官方神学伪善和不真诚的例证，而拜迪耶等人则控告百科全书派策划了一场阴谋，以期破坏大学和社会秩序，参见（Wilson，1972）[154—158]。

观、英国经验论与法国笛卡尔主义之间一度关系紧张。经过三十年的对抗与互动，知识界在18世纪中期达成新的共识。面对这一艰辛历程的结果，百科全书派对此做出了精彩的总结。

《百科全书》将过往达成的共识与启蒙运动链接在一起。在百科全书计划受到官方谴责之后，狄德罗发表了《百科全书》一文（Diderot，1755）[635A—648B]。他宣称，正在编撰的词典内容包罗万象，不仅是知识的纲要，还是改变思维方式的工具，并由此阐发了启蒙运动和近代科学和自然观的联系。在那篇文章中，他还指出，《百科全书》的工作是由文人和技艺家组成的分散的群体完成的，每个人都关心自己的领域，只是由于对人类一般利益和彼此善行的感悟，才走到一起。他强调参与编撰的百科全书作者群的重要性，并指出把百科全书派团结在一起的力量，是服务人类社会，着眼人类整体利益的理念，以及积极参与公共交往，友善而开放的态度。这种理念和态度刻画着现代人的内涵。《百科全书》绝非中立的信息汇编，这部现代知识大全塑造着人类知识，使其摆脱了宗教的束缚，并转交投身启蒙运动的现代知识人手中。随着19世纪教育的世俗化和现代学术规训的出现，这一策略最终获得胜利（Darnton，1999a）。

《百科全书》的文本体现了伏尔泰式的自由公开的批判风格。伏尔泰推动牛顿自然观在法国传播，继而发动了公共思想运动。他和其他人已开始将新型知识分子的人格与公开而自由的批判风格联系在一起。而《百科全书》以相似的姿态，挑战着传统社会的主流思维方式，继而引发批判和回击。争议在一定程度上是由于运用批判的、自由的思维方式导致的。牛顿自然观与自由批判哲学之间的盟友关系，通过狄德罗等人的工作得到了巩固。

作为启蒙运动的教科书，《百科全书》在法国担负着重要使命。

它有效地使近代科学革命的成就和现代社会理念得以彰显，同时也引导着批判的、自由的理智主义。为了落实这个使命，诸多学者和思想家受到激发并参与其中。他们为思想的自由进行辩护，尝试改变传统思维方式。随着《百科全书》的传播和启蒙运动的推进，新的观念和意识形态在法国逐渐确立起地位。

牛顿自然哲学在法国的深化和传播，与启蒙运动的开启之间具有深刻联系。牛顿力学纲领在法国的传播构成了启蒙运动的前提。对法国人而言，如果没有牛顿力学及其世界观对笛卡尔主义的深刻挑战，动摇后者在法国官方科学界的主导地位，伏尔泰的思想就不可能成功批判传统意识形态。从某种角度看，牛顿力学及其世界观在法国的传播，意味着科学革命在欧洲大陆的深化和扩散，也为法国启蒙运动创造了条件和机会。反过来，法国启蒙运动的开启，进一步营造了有利于牛顿力学的环境，推动着相关知识传统在法国知识阶层的传播。而《百科全书》的历史进一步昭示出，近代科学革命与法国启蒙运动之间存在着隐含但却难以割裂的联系。

第三节　多重与境下的活力论和催眠术

牛顿力学在法国的传播和启蒙运动的早期历史显示，17世纪科学革命的扩散与18世纪的思想运动具有关联。启蒙运动赞美和拥抱的科学主要是牛顿式的，以自然的数学化为基础，以观察和实验为手段，以发现永恒不变的自然定律为目标。同时启蒙运动科学作为推动社会进步的力量，具有世俗的和理性的特点。在这个认识框架下，那些与科学革命高度相关的知识纲领，会被视为启蒙运动的内在要素。

不过，启蒙运动具有广阔的包容性，启蒙运动科学也是丰富的和多维度的。这在有关生命和医学的研究领域体现得较为明显。一方面，在波旁王朝时期，医学和很多学科一样，并非一个高度职业化和专业化的活动领域；另一方面，启蒙思想家们虽然支持知识的普适性和统一性，但地方医学知识相伴繁荣发展。蒙彼利埃医学活力论主要并不关注牛顿和洛克，因此远离基于数学化和机械论传统的科学。在观察世界的诸多体系之中，催眠术或动物磁学与医学活力论有诸多相似之处。这些知识似乎不属于有关启蒙运动科学的经典类型，但它们并不站在启蒙运动的对立面。恰恰相反，医学活力论和催眠术是构成启蒙运动科学的诸多可能维度之一。

旧制度末期，与这两种理论相关的医学活动均受到巴黎官方医学机构的压制。由于医学活力论作为科学话语逐渐被边缘化，因此蒙彼利埃这一地方医学中心也不可挽回地走向衰落。而一些催眠术运动的支持者们走上了另一条道路，在大革命前夜散播激进的思想，他们的抗争逐渐演变为一场针对旧制度的战斗。

一、在旧制度与启蒙运动之间：医学活力论

活力论主张生命运动是由活力或生命力引起的，强调生物与非生物之间具有根本差别，前者无法用物理或化学定律进行解释，因此不同于有关生命的机械论和还原论阐释。相关认识原理可以追溯到古希腊时期。在近代，法国西南部城市蒙彼利埃的医学家们系统阐释了该理论，同时将其运用于医疗实践。18世纪40年代，通过国王花园的公

共化学课或霍尔巴赫的沙龙，狄德罗与来自蒙彼利埃的医生们相识，由此与活力论结缘（Williams，2003）[121]。地方医学家们通过为《百科全书》撰写词条，让活力论驶入了启蒙运动的主航道。它创造了一种体现地方智慧的科学。机械论科学主张知识的普遍性，追求统一性目标，而活力论代表了知识的多样化和地方性，强调医学的自主性。活力论者支持和推动他们称为“医学革命”的理论，并与巴黎科学精英展开对抗。它的历史表明，中心地带的思潮与地方知识传统之间存在张力，从而展现了启蒙运动本身的复杂性和多样性。

1. 地方医学中心蒙彼利埃

蒙彼利埃本地的医学和科学机构，确保了这座城市在医学界享有盛誉。其中，医学院和皇家科学学会闻名遐迩，也令当地人感到骄傲（达恩顿，2014；Darnton，1999b）。医学院坐落在该市雅各宾路，是未来的医生接受系统训练的场所，也是日后医学活力论得以发展的大本营。其植物园建于16世纪90年代，位于医学院西北方，以种植药用植物和一般植物为主。到18世纪时，该园已拥有几个园区，向公众开放，同时也受医学院管理。蒙彼利埃皇家科学学会属于综合性地方科学院，最初受当地贵族和卡西尼一世支持，经路易十四批准，于1706年建立。该机构虽与医学院并无太多正式联系，但医学家却在其中占据主导地位。医学院的图书馆在18世纪曾隶属当地大型医院，一度由疾病分类学家索瓦热（Sauvages，1706—1767）管理。这座城市中的机构及学者活动网络，帮助医学家与地方建立起一种特殊的联系。到18世纪，蒙彼利埃作为医学中心已有不短的历史。

作为当地一位重要的医学家，索瓦热通过教学影响着日后的活力论医学家们。笛卡尔的追随者们发展起机械论医学，支持身体与心灵二元对立的观念。17世纪70年代，通过雷吉斯的活动，笛卡尔主义被引入蒙彼利埃，并在当地知识界获得了影响力。到18世纪30年代，索瓦热已开始批判该知识传统。他认为身体和心灵存在紧密联系，探索疾病在激情方面的根源，并援引活跃于哈勒等地的医学家和化学家斯塔尔（Stahl，1659—1734）的观点。后者持万物有灵论立场，是近代欧洲医学活力论的一位先驱。1739年，一个斯塔尔派的学生团体已经在索瓦热周围出现。这意味着，蒙彼利埃与欧洲一些地区的医学家们分享新的理念，共同反对机械论医学，包括哈勒、日内瓦、伦敦和乌普萨拉等（Williams，2003）[80—81]。

18世纪40年代晚期到50年代，蒙彼利埃的医学家们前往巴黎，决心在当时的常规医学外部，发展一种名叫活力论的医学流派。来自行省的医学家们活跃在首都地区，通过《学者杂志》和《特雷乌杂志》发出自己的声音，与出版商建立交流渠道，在各类沙龙之中频频现身（Williams，2003）[124—132]。这一时期的代表人物包括博尔德（Bordeu，1722—1776）、韦内尔（Venel，1723—1775），以及巴尔泰（Barthez，1734—1806）。1746年冬，博尔德已从蒙彼利埃医学院毕业三年，决定动身前往巴黎。在首都地区，他致力于治疗贵族妇女疾病，将活力论话语塑造成医学实践的工具。韦内尔与博尔德几乎同时在蒙彼利埃求学，也一同赶赴巴黎。在首都地区的最初岁月，两人并肩奋斗。巴尔泰自觉将活力论视为科学理论模型，展现其与启蒙运动主流科学的差别。他的工作影响了蒙彼利埃医学家从实践医学向理论医学的转向。

2. 医学活力论与启蒙运动

18世纪40年代末，蒙彼利埃医学家们与百科全书派建立起了联系。他们挑战官方科学的正统性，对于医学机械论者持有的医学和生理学理论，博尔德大胆进行批判。这给百科全书派留下了深刻的印象，蒙彼利埃的医学家们与启蒙思想家们从那时起站在同一行列。

《百科全书》在18世纪50年代出版了前7卷，其中的医学内容覆盖了较广泛的立场和观点，接纳了来自地方的声音。主编狄德罗对医学素有兴趣，并持一种反还原论立场（Kaitaro，1997；Suratteau-Iberraken，1999）。他邀请了许多合作者撰写医学类词条，这些作者往往出自外省，或者身处首都医学体制的边缘地带，其中一些是来自蒙彼利埃的医学家，比如巴尔泰、博尔德、韦内尔、奥蒙（Aumont，1720—1800）等。[①]韦内尔作为最富成果的合作者之一，撰写了数百词条，主题涵盖化学、药学、营养学等。除了百科全书的词条之外，他几乎没有发表过其他作品。巴尔泰贡献的医学词条数量不少，而博尔德则撰写了“危象”词条。[②]蒙彼利埃医学家在撰写词条过程中，秉持了相对鲜明的活力论研究视角。（Williams，2003）[160—172]

18世纪60年代，随着《百科全书》其余各卷的出版，医学词条作者的构成有些调整。仅就来自蒙彼利埃的作者而言，博尔德不再参与其中，而巴尔泰仅负责一个短篇词条，且与医学无关。但是，其他活力论者们继续做出重要贡献，比如韦内尔，以及富凯（Fouquet，1727—1806）和梅尼雷（Menuret，1739—1815）等。18世纪50年代晚期，梅尼雷和富凯紧跟蒙彼利埃老师们的步伐，来到巴黎开阔视

---

① 一些历史学家已注意到医学家与《百科全书》、医学与百科全书主义的联系，参见（Laignel-Lavastine，1951；Astruc，1951；Rey，1992）。关于参与《百科全书》工作的蒙彼利埃医学家的情况，可参见（Kafker，1988；Proust，1968；Coleman，1974）。

② 相关工作有助于蒙彼利埃医学家们建立声望，推广他们的医学思想。某些为《百科全书》撰写的医学文献受到高度赞誉，比如，博尔德的“危象”（Bordeu，1754）。

野。在他们为《百科全书》各卷所做贡献当中，医学活力论作为实践医学的立场得以清晰地表达（Rey，2000）。有历史学家指出，通过这些医学家的工作，“活力论医学成为百科全书主义的重要维度，而百科全书反过来使活力论成为有关健康和疾病、心灵和身体、个体和群体——简言之，有关更广阔的启蒙运动的基本主题——的生气勃勃的科学话语的一部分（Williams，2003）[124]”。

蒙彼利埃的医学活力论从理论和实践两个维度对启蒙运动精神做出了贡献。作为一种理论知识，医学活力论彰显了启蒙运动科学的多样性或丰富性；作为一门实践技艺，它继承了启蒙运动对技术的肯定和赞誉。

与常规的启蒙运动科学观相比，医学活力论在理论上具有独特之处。譬如，传统的普遍主义信条主张人类在本质上都是相同或相近的，并将沿着相同轨迹进步；活力论医学话语则谈论生命的缺陷，强调由于地域、性别、种族等差异，人类的生命力必然不同。再譬如，狄德罗、霍尔巴赫、布丰等人相信自然科学的统一性，知识涵盖宇宙、地球和人类等领域；而活力论者则坚持人类的独特性，以及医学的自主性。蒙彼利埃医学活力论在某些方面与狄德罗等人保持距离，无疑丰富和扩展了启蒙运动科学的理论话语。

不仅如此，医学活力论还注重和赞扬有用的实践和技艺。蒙彼利埃的医生们强调，医学本身受抽象理论概念和思辨体系的损害，因此对形而上学问题持不可知论立场。在长期的医学实践中，他们十分注重观察，也尽量避免受理论偏见左右。他们为百科全书贡献的大量词条，内容涵盖的主题包括治疗方法等。事实上，医学实践的活动和立场既巩固了活力论的基本原则，也展现了启蒙运动重视技艺的维度。总体而言，医学活力论一方面与启蒙思想家所赞扬和支持的科学观共享着一些方法、原则、目标，另一方面也反映了蒙彼利埃地区的医学知识传统（Williams，2003）[147，215]。在某种意义上，它代表了一种不同类型的启蒙运动科学。

3. 蒙彼利埃和医学活力论的沉浮

蒙彼利埃医学家们与百科全书派的合作富有成果，两者的联系有助于活力论成长为一个重要医学流派。18世纪50年代，狄德罗的事业一度遭遇挫折并受到压制，活力论医学家们也相应感受到了压力。他们与旧制度的多重联系，使他们开始与百科全书派保持距离。在这些关系中，最重要的是蒙彼利埃医学院与宫廷的联系。

蒙彼利埃医生对王室的影响力，可追溯到波旁王朝建立初期，并一直延续到18世纪。16世纪90年代，亨利四世宣布放弃新教，进驻首都。他的内科医生主要是来自蒙彼利埃的胡格诺教徒，深受当地盛行的帕拉塞尔苏斯派医学影响（Trevor–Roper，1990）[85]。在宗教战争和路易十四执政前期，蒙彼利埃的影响力不断获得巩固，并成为御医的培养基地。据统计，从1693年到路易十六退位期间，有八位配备办公室的首席内科御医，其中四位曾在蒙彼利埃医学院求学，一位与当地有重要联系。18世纪20到40年代，一度是蒙彼利埃影响力最大的时期（Jones，1990）。此外，还有众多蒙彼利埃培养出的医生与王室及其旁支家族保持着不同程度的联系。

蒙彼利埃与宫廷的联系滋养着地方医学家的雄心壮志。比如，博尔德和韦内尔通过首席内科御医塞纳克（Sénac，1693—1770），获得了有关矿泉水的研究任务。不仅如此，塞纳克还通过不同途径帮助博尔德等人（Williams，2003）[134]。巴尔泰借助宫廷的力量影响南方的学术争论，并在1780年代重返巴黎，为奥尔良公爵服务。总体来说，蒙彼利埃医学界与宫廷的联系，沿袭了传统皇家资助模式，是维系地方医学发展的重要力量。

活力论医学家受惠于宫廷，但这并没有使他们与巴黎绝缘。对于蒙彼利埃医生来说，与几代奥尔良公爵家族的联系是非常重要的。诸多知名医生，包括活力论医学家，或长或短为奥尔良公爵家族服务过。在路易十四将活动重心转向凡尔赛时，奥尔良家族仍将巴黎作为主要活动场所。因此，与后者有联系的蒙彼利埃医学家，也将巴黎作为自己的活动舞台。他们的病患不仅有显贵，也包括巴黎的文人和学者，如狄德罗和达朗贝尔等。

蒙彼利埃医学界与皇家资助者的紧密联系，使得他们有可能与巴黎医学家团体抗衡。帕拉塞尔苏斯派医学和新教文化，一度在法国西南部势力强大，其影响力在17世纪的宫廷始终持续，并对巴黎地区的医生们形成压力。蒙彼利埃医学院甚至被看作是为国王、王子、高级神职人员服务的“御医的苗圃”（Williams，2003）[145]。以巴黎医学院等机构为后盾的首都医生团体，不仅敌视新医学理论，也怨恨来自蒙彼利埃的竞争对手，及其在宫廷的优势地位。他们希望从法律层面维护自己在首都地区的垄断权益，并于17世纪晚期制定有关巴黎行医的规定。到了18世纪，来自蒙彼利埃的医生要想在巴黎开始职业生涯，必须重复参加考试并交费，以获得行医资格。宫廷御医是唯一例外，他们拥有在王国全境行医的特权。除此而外，巴黎医学院也寻找各类机会攻击蒙彼利埃的医学家。两者相互竞争的关系一直持续到旧制度末期。

在18世纪80年代，蒙彼利埃医学中心开始走向边缘化。1770年塞纳克去世后，南方医学院培养首席御医的时代结束了。随着与皇家资助者的疏离，及其对宫廷影响力的下降，蒙彼利埃医学院开始越来越依赖地方资源，并受到旧制度官僚体系的限制，自此蒙彼利埃医学中心丧失了传统优势，越来越难以与巴黎抗衡。

随着巴黎医学机构地位的加强，医学活力论遭遇了更多偏见和不公正对待。1778年，皇家医学会建立，这是王朝对法国卫生和医学机构加强管控的一项重要举措。《医学杂志》在18世纪80年代积极报道该学会的工作和活动，赞美其体现了法国医学的科学维度。相关机构作为官方医学体制的重要组成部分，将自己装扮成启蒙运动医学的评判者和官方医学发言人。它们在旧制度末期轻视和抑制地方医学机构，批评医学活力论话语。比如，1762年到1776年间，《医学杂志》由奥古斯丁·鲁（Augustin Roux，1726—1776）担任主编。作为一位百科全书派，鲁经常参加霍尔巴赫的沙龙。他积极支持蒙彼利埃医学家的工作，一度盛赞活力论代表博尔德。在这位主编去世后，《医学杂志》开始敌视博尔德等活力论者，也贬低巴尔泰的著作（Williams，2003）[129]。启蒙运动晚期，在蒙彼利埃医学院逐渐步入边缘地带的同时，医学活力论也开始受到越来越多的压制。

在旧制度末期，随着传统皇家资助关系的变化，蒙彼利埃在医学世界中的地位相对下滑。首都医学机构面对来自地方的竞争者，将严格的科学概念作为工具，贬低后者的价值和声誉。在这个过程中，巴黎作为科学仲裁者和启蒙运动首都的地位获得加强。作为一种地方医学话语，活力论未能成功打开革新机械论生物学和医学的大门，其自身的科学身份也开始变得模糊起来。①与此同时，蒙彼利埃的地方保护氛围越来越浓厚，活力论日益成为凝聚当地医学家的有力手段。相关教学活动产生了持续的影响，延缓着地方医学中心的最终衰落。

---

① 19世纪上半叶，居维叶（Cuvier）认为，以电学为代表的物质科学的发展，使蒙彼利埃活力论难以适应，并为以生理学为代表的现代生命科学的进步开辟了道路。参见（Cuvier，1843）。活力论似乎已丧失了作为一门科学的资格。但近三十年来，有越来越多的学者质疑这种评价，沃尔夫（Wolfe）呼吁“避免从胜利者的角度去撰写医学史”。参见（Wolfe，2008）[462]。

二、从医学运动到革命思潮：催眠术运动

旧制度的最后十年，是法国现代化道路上的一段特殊时期。路易十六为解决财政困难而绞尽脑汁，政府对来势凶猛的工业革命给予了积极回应，相应的政治改革措施也已启动。《巴黎日报》作为当时法国唯一的日报，很少涉及真正紧迫的政治议题。有关土地税收等重要经济问题，难以在公开出版物中获得讨论。在这段时期，关系法国未来命运的重要话题，似乎没有获得公共舆论的广泛关注。

然而，激进的政治思想如何进入普通公众的头脑中？前述有关启蒙运动的章节分析了科学革命与政治现代化之间的某种历史关系。启蒙运动凝练出的政治理论不仅对大革命之后法国的政治构架，也对整个人类社会的现代化进程产生了深远影响。不过，它首先是发生在知识精英阶层的一场运动。相关理念如何被普通人接受，激进的社会因素如何在政治革命前发酵，如何转变为政治行动，这些问题涉及科学与政治现代化的另外一种重要关系。

法国人对待科学的态度在一定程度上反映着社会政治形势及其走向。大革命前的十年间，催眠术或动物磁学流行一时。最初，催眠术作为一种医学理论和医疗方法，与政治并没有直接关联。但随着王朝末年社会氛围风云变幻，催眠术和激进的思想不可避免地纠缠在一起，启蒙思想被转化为革命的宣传品。临近历史的转折点，这一医学运动在某种意义上被卷入政治洪流之中。

1. 王朝末年的科学时尚与社会变化

旧制度末期，科学知识的传播让大众了解周围存在一些神奇的力量。牛顿的万有引力曾经显得十分神秘，此时逐渐被普通人接受。巴黎各大博物馆和演讲厅，成为展示电现象的场所，避雷针也人尽皆

知。充满神奇气体的气球，在18世纪80年代首次升入天空，让法国人倍感兴奋。

1783年，约瑟夫·蒙戈尔菲耶（Joseph de Montgolfier，1740—1810）和埃蒂安·蒙戈尔菲耶（Étienne de Montgolfier，1745—1799）兄弟，以及皮拉特尔·德·罗齐耶（Pilâtre de Rozier，1754—1785）等人积极开展热气球试飞活动。当年9月，蒙戈尔菲耶兄弟在凡尔赛宫的飞行试验震动朝野，成功吸引了首都显贵们的目光；10月，德·罗齐耶在梅斯乘坐热气球升空，完成首次载人飞行。[①]工程师们撰写关于气球制造和操作的论文，参加科学院举办的各种竞赛；文人受同类事件的启发，谱写赞美气球从地面腾空的诗篇（Thébaud-Sorger，1999）。一些地方举办的气球飞行表演，观众人数可达10万。1783年底，在杜乐丽花园举行的一次载人飞行，甚至吸引了约40万人观看（Lynn，2006）[126]。科学家和发明家驾驭自然力量的能力让普通人感到惊奇，也令他们认识到科技的重要性。

在展示新发明的场合中，人们可以洞察到这个国家的某些深刻变化。1784年1月，蒙戈尔菲耶兄弟受邀在里昂进行气球飞行，计划搭载六名乘客，包括利涅王子（Ligne，1735—1814）和三位伯爵先生。就在气球即将升空时，一位名叫方丹（Fontaine）的平民及时跳了上去，加入乘客行列（de Saint-Fond，1784）。回到地面后，利涅王子邀请相关人士共进晚餐，唯独落下方丹（Gillispie，1983）[79]。当

① 德·罗齐耶一般被认为是第一个乘坐热气球升空的人。但通过查阅蒙戈尔菲耶家族原始通信，历史学家C. 吉利斯皮发现在德·罗齐耶乘坐气球升空之前，埃蒂安·蒙戈尔菲耶很可能已经进行了几次载人飞行试验。参见（Gillispie，1983）[45]。关于这一时期的试飞活动，参见（Gillispie，1983）[40—42，44—56]以及（Dollfus，1993）。

时一家刊物公开报道，面对一同乘坐气球的权贵们，第七位客人曾声言："在地面上，我尊敬你们，但在这儿，我们是平等的。"历史学家在记述此事时，将其视为平等的宣言书（Darnton，1968）[162]。

航空器升空时的插曲，不经意间透漏出法国社会正在经历的转变。从更长时段观察，随着中央集权的加强，各级领主的特权受到王权的侵蚀和打压。在托克维尔看来，相比英格兰和德国地区，法国比欧洲其他国家更远离封建领主制。这意味着劳工与平民更容易挑战和摆脱旧式贵族的权威和控制。在投入运营的新科技产品面前，传统社会的伦理规范显露出其不合时宜的一面。

科学技术的成就耀眼夺目，不仅让普通人着迷，也同样吸引着未来大革命的领导者。精英分子汇聚在皇家科学院，为拉瓦锡（Lavoisier，1743—1794）的实验欢欣鼓舞。普通劳工也有机会在周末花费十几里弗，乘热气球在巴黎上空畅游半小时。王朝末年，科学是法国人热情追逐的时尚，一些对法国未来道路具有重要影响的人物也加入进来。1783年，未来雅各宾派的领袖罗伯斯皮尔（Robespierre，1758—1794）通过一次法律诉讼的机会，为新出现的避雷针辩护，并宣扬自然科学，借此进入公众视野（Riskin，1999；Huet，1989）。另一位革命者马拉（Marat，1743—1793）最初钻研医学，在大革命前开展光、火、热、电等现象的物理研究，也关注热气球飞行（Conner，1998；Lemaire，1993）。王朝末年，大众科学与革命的精神多有契合之处（Lynn，2006）[148]，相关研究活动吸引着有志之士投身其中。

未来的革命者不仅希望在科技领域获得声誉，他们还通过报道和传播大众科学话题，将激进的社会和政治思想传递给普罗大众。就后一个方面来看，催眠术在大革命之前扮演了特殊的角色。

2. 梅斯梅尔与催眠术运动

18世纪80年代，梅斯梅尔（Mesmer，1734—1815）倡导的催眠术是一个重要社会话题。该学说认为，宇宙中弥漫着一种不可见的磁流体。它可能是万有引力的媒介，也存在于所有动物体内。人体类似一块磁石，一旦该流体在人体内的流动受到阻碍，就可能导致疾病。催眠术通过特定疗法，控制和改善该流体的流动，从而使人恢复健康。在公众眼中，与政治或财税改革话题相比，科技带来的新奇事物更能激发人们的兴趣，而催眠术甚至比热气球飞行的影响力更大。在三级议会重新召开之际，法国宣传册子对政治危机的报告篇幅，还不及催眠术相关内容的一半（Darnton，1968）[41]。

1766年，梅斯梅尔在维也纳获得医学博士学位。1778年，他来到巴黎开办诊所，并向外宣布自己发现动物体内存在一种极其细微的流体，并指出该发现可以用来治疗疾病。催眠术在巴黎很快就声名鹊起，成为街谈巷议的话题。梅斯梅尔身边聚集的追随者成立了普遍和谐社，该团体致力于推动催眠术发展，维护梅斯梅尔利益，应对政府和权威学术机构的压制和威胁（Darnton，1964a）。成员有来自斯特拉斯堡的银行家科尔曼（Guillaume Kornmann，1741—1793之后）和来自里昂的哲学家、律师贝尔加斯（Nicolas Bergasse，1750—1832）等。

催眠术在初期代表了启蒙运动的精神。一些人把催眠术当作一门科学和医疗技术，希望能借它恢复卢梭笔下所谓的原生的健康状态。更进一步来说，催眠术不仅可被用于医治个人，还能够为社会除旧布新，让国家获得新生，或者说回到“自然”的状态之中。历史学家使用“催眠术革命”一词描述这一医学运动，强调相关知识让自然法则发挥作用，铲除疾病与各类社会弊端，而旧秩序却对抗科学的力量，企图维护自身利益（Darnton，1968）[166]。虽然今天仍然难以判定催眠术的崛起是否称得上一场科学革命，[①]但它的命运和整个体制之间的张力，却为人们理解当时法国社会状况提供了线索。早期信仰催眠术的人们一边引用启蒙思想家的观点，一边庆祝人类"理性"的胜利，相信科学能改造社会。在王朝末年，医学运动通过这种途径与政治和社会现代化进程也建立了联系。

官方科学精英们并没有友好对待梅斯梅尔及其追随者。如果催眠术及其支持者站在启蒙运动一方，那么，他们应该与官方机构中支持启蒙运动的精英们同属一个阵营。不过，面对催眠术这个暴发户，官方知识精英的态度并不友善。皇家科学院的院士们漠视梅斯梅尔；[②]巴黎大学医学院的专家们拒绝了他的第一篇法语论文《论动物磁学》；从1779年开始，《医学杂志》和《健康报》等专业刊物上不断出现批评催眠术的文章；医学院的德隆（d'Eslon，1750—1786）作为催眠术在医学体制内的重要支持者，也受到巴黎医学家的质疑和排斥。

1784年，政府开始担心催眠术可能失控。巴黎警方的秘密报告指出，催眠术从表面看是一门科学，但内部已渗入激进的政治思想。两个皇家委员会先后组建以全面调查催眠术，其中一个委

---

① 有一种观点认为，催眠术是伪科学，或者属于反科学思潮。可参见（Young，1969；孙红霞，2010）。这种认识有待商榷。虽然催眠术理论没有得到最终确证，诊疗方法的效果没有得到证实，但不能就此将其定性为伪科学或非科学。要想真正理解催眠术，必须返回到具体的历史与境中，换言之，要将其置于法国当时的社会和知识环境之中。18世纪80年代，科学仍未达到很高的职业化和专业化程度，而对于当时的法国公众来说，梅斯梅尔的学说与其他流行的科学理论一样，并不令人费解。近年来，相关认识已取得积极的进展。参见（Williams，2003）[305—313]，以及（Belhoste & Edelman，2015；Riskin，2002）。

② 梅斯梅尔作为非官方的业余科学家在获得成功后，受邀到皇家科学院讲解他的理论，但没引起什么反响。

员会由巴黎医学院和皇家科学院的9位精英组成，包括富兰克林（Franklin，1705—1790）、拉瓦锡等人，另一个委员会由皇家医学会派出的5位代表组成，他们撰写了数份报告。①总体而言，这些报告得出了不利于催眠术的调查结果，比如，认定其治疗功效主要源自病人自身想象力的作用。

催眠术的支持者们开始在不同层面进行还击。面对皇家委员会的调查结果，他们宣称，那只是享有特权者对他们的侵害和偏见。梅斯梅尔积极向法院和医学院提出申诉，并且对马匹施加催眠，以作为动物磁学有效的证据。而在面向公众的宣传册子里，梅斯梅尔被描绘为充满救世情怀的医学家，他天真地向官方学术机构求助，但是皇家科学院、皇家医学会、医学院，以及由那些机构代表组成的皇家委员会，却在漠视、排挤和打压催眠术（Darnton，1968）[83—84]。就实质而言，梅斯梅尔的体系威胁到一个既得利益的职业群体，后者要与其他利益相关方联手，消除面前的威胁。②

以牛顿或伏尔泰为楷模的普通法国人，最初对国家满怀希望，但也意识到提升其社会地位的大门正在关闭。他们开始挣扎并诅咒这个体制。梅斯梅尔对公众的呼吁，在平民聚集的巴黎街巷中产生了回响，同时，一些激进思想进入了催眠术运动中。梅斯梅尔反抗官方学术机构，批评科学仲裁者，抨击制度运行的规则。他的工作激发了挑战社会秩序和官方机构的思想，并在布里索、卡拉和贝尔加斯等人的

① 这些报告包括用于公开发行，以及递交巴黎警方的秘密报告等多份文件。参见（Bailly，1784；Poissonnier et al，1784；Thouret，1785；Franklin et al，2002；Bailly，2002）。

② 关于梅斯梅尔和催眠术与精英科学家和官方医学机构的紧张关系，以及前者的沉浮，可参见（Lopez，1993；Sutton，1981；Lanska & Lanska，2007）。

宣传和行动中得到了充分体现。

3. 革命前夜的激进思潮

随着与官方权威机构的斗争，催眠术团体内部出现了分裂。1784年，以科恩曼为代表的一部分人员将催眠术运动与法国政治现代化诉求更紧密地联系在一起，立场相对较为激进（Darnton，1964b）[179–189]。在官方学术机构和政府的压制下，普遍和谐社的目标是要保证梅斯梅尔理论得以继续传播，而科恩曼等人则认为，应该将这场斗争升级为反抗政治专制的战役，而和缓的态度是背叛反抗学术专制的初衷。他们努力争取公众的同情和支持，在大革命前对政府和体制发起了猛烈的舆论攻势。在这个过程中，布里索（Brissot，1754—1793）、卡拉（Carre，1742—1793）、贝尔加斯等人起到了积极作用。

催眠术为体制外的文人提供了话语武器，以对抗巴黎官方科学体制。贝尔加斯是梅斯梅尔身边活跃的宣传者，也是科尔曼最好的朋友。他憎恶封闭的巴黎知识界，并在阐释催眠术理论时，融入了卢梭式的思想。他认为改善个人的身体状况，就是改善道德状况，而好的社会伦理会最终产生良好的政治效果。1787年到1789年间，贝尔加斯通过为科尔曼的民事诉讼案件辩护，发表了大量出版物，开始猛烈抨击权力的专断、政治的堕落，逐渐转变为激进的宣传家。布里索作为未来的革命者，同贝尔加斯一样同情卢梭，并将催眠术当作普通读者接触《社会契约论》的一个中介。

布里索家境普通，背负着沉重的日常经济负担，但却满怀理想，希望通过奋斗获得文人的声望（Darnton，1964b）[179—189]。皇家委员会发布调查报告时，他因身陷巴士底狱而无法参加催眠术团体的活动。①在屡受挫折之后，布里索逐渐意识到，社会下层的出身只会让自己在官方机构的精英面前不断遭遇尴尬，旧制度只会利用各种机构来控制公众舆论，压制科学和哲学真理。在他看来，由文人和学者组成的世界已堕落为王朝体制的一部分，而那些官方机构都是其专制的新支柱（Darnton，1968）[91]。这个认识有正确的成分，因为皇家科学院和其他国立科研组织机构与国家利益紧密连接在一起。数年之后，旧制度倾覆，诸多机构也随着革命的浪潮被关闭和改组。

卡拉希望成为一位重要哲学家，并为此不懈地努力。他发表过3部关于物理和化学的作品，6卷吉里斯（Gillies）古希腊史的译本。他设计了一个驾驶气球的新方案，但科学院对此并未做出积极回应。卡拉坚持认为，火不是由拉瓦锡所说的那些气体产生的，而是由马拉的火成流体与梅斯梅尔的磁流体之间的作用产生的，不过第戎科学院拒绝对此发表评论。梅斯梅尔和官方机构关系紧张时，卡拉自称牛顿的接班人，但实际上并未获得外界承认。同布里索、贝尔加斯一样，他也认为物理和伦理之间存在联系，因此肯定催眠术蕴含社会和政治的意义（Darnton，1964b）[45—46]。卡拉将催眠术理解成一项革命事业，并开始支持未来吉伦特派的领袖布里索。由此，他以政治家和记者的身份走进了大革命。

在旧制度的最后几年，催眠术的激进派不再局限在单纯的学术争议当中，并开始吸纳非催眠术成员，比如后来吉伦特派的领导人克拉维埃（Clavière，1735—1793）和戈尔萨斯（Gorsas，1752—1793）等。最初非政治性的医学运动发生了转变，逐渐聚集起一批具有激进

① 关于布里索在大革命前活动经历的评价仍存在争议，参见（Darnton，1982；Luna，1991；Burrows，2003）。

思想的人，并且使更多人看到旧制度已难以救治，一条革新法国的道路摆在面前。

催眠术运动的这段历史仅仅反映了科学和医学领域的一个侧面。王朝末期，社会下层青年提升社会地位的通道正在变窄甚至关闭。大革命前的巴黎，很多立志成为牛顿或伏尔泰的人士壮志难酬，他们在法国社会中的挫败经历使其更容易接受激进的政治观念。马拉是这些人当中的典型代表，他与布里索、卡拉等属于一代人，为了进入巴黎官方科学机构，成为局内人，已经奋斗多年。他虽不是学术名流，但也致力于自然科学研究。[①]18世纪70年代末，马拉就将自己的工作提交巴黎皇家科学院审核，但官方机构随后认为他自称超越牛顿，提出的理论和所用术语让人难以接受，开始逐渐疏远他。到1784年，科学院开始谴责梅斯梅尔时，马拉相信，皇家科学院也在迫害他。历史学家认为，马拉要向皇家科学院复仇，与阴谋者对抗，这成为他投身革命的主要动力（Darnton，1968）[92—99]。[②]布里索认同马拉关于学术机构的阴谋论，强烈谴责学术专制。他作为局外人对贵族和专业精英们把持的官方机构和沙龙满怀仇恨。大革命前的最后岁月，很多人与马拉、布里索的境况相似，他们在学术和文学上的志向难以实现，心中的怨恨促使其投身革命事业之中。到1789年，反抗学术寡头的人们，将融入一场旷古烁今的革命洪流之中。

---

① 在旧制度的最后10年，马拉做过数百项实验，出版了至少5种物理学著作（Marat，1780a；1780b；1782；1783；1784），匿名翻译了牛顿《光学》（Newton，1787）。

② 关于马拉的研究生涯和投身革命的关系，还可参见（Dauben，1968；Nockels，1994）。

第四节　对英国工业革命的回应

从17世纪晚期到18世纪中叶，英国逐渐向先进的工业大国转型。它的成功是由一系列关键环节促成的，其所依赖的技术系统将以煤炭和蒸汽机为核心。在技术系统更迭过程中，英国社会出现了鼓励创新的氛围，工匠的创造能力获得激发。先进的生产工具、高水平的技术人才，以及富有效率的劳动分工成为新技术系统运转的基础。这场工业革命使英国从一个技术进口国，转变成一个向欧洲各国输出新工艺、新机器的国家。不仅如此，技术和工业领域的变革驱动贸易、外交、军事等领域事务相应变化。英国的崛起深刻改变着欧洲地缘政治格局，一个以英帝国为首的世界格局将在19世纪形成。这意味着全球现代化进程进入了一个新的发展阶段。

法国是欧洲大陆上最强大的国家，也是英国的主要竞争对手。对整个国家而言，波旁王朝末年是一个机遇与危机并存的时期，人们很难准确预见即将到来的革命风暴。英国的进步不可避免地构成了直接挑战，法国人对这一强大对手的发展动态非常敏感，正是法国人发明了“工业革命”一词。1799年，一位被派往普鲁士的法国外交官奥托

（Otto，1754—1817）宣称，法国正走在这条道路上。[①]通过多种途径，法国的决策者们努力理解英国的情况，相信在这场国家间的竞争中能够有所作为，甚至战胜英国。王朝末年，法国如何了解海峡对岸的科技成就、工业化进程，以及对外贸易立场？又如何判断其中隐含的地缘政治意义，从而洞察欧洲和全球的未来发展趋势？

一、理解英国工业革命

18世纪中期开始，以纺织机械和蒸汽动力为代表的技术进步在英国如火如荼，相关信息源源不断传向欧洲大陆。18世纪80年代初，法国的决策者认为，英国的产业发展水平不见得比本国更高，但他们在行动上积极加入获取相关信息的行列。许多法国工匠或企业家为了商业利益进入英国境内，以了解技术创新，开拓相关业务。紧跟工商业界人士的脚步，法国政府也发现获取科学、技术、工程、军事情报的机会。科技专家公开造访英国，对法国来说具有特殊的价值。

随着美国独立战争的结束，英法两国进入短暂的和平期。法国政府于1783年到1790年间向英国派遣国家公务人员和学生进行科教考察和访问。外派公务人员包括经过系统训练的科技专家，其中，最重要的专家包括佩罗内、勒萨热（Lesage，1740—1810）、普罗尼（Prony，1755—1839）、加香（Cachin，1757—1848）、福尔费（Forfait，1752—1807）和莱斯卡利耶（Lescallier，1743—1824）。

---

① 一般认为，英国人不仅是工业革命的肇始者，也最先使用了“工业革命”这一术语（兰德斯，2007）[2]。但有可能英国的老对手对其变化更为敏感，奥托指出：“La révolution industrielle est commencée en France”，参见（Landes，1999）[128-129]。

这些专家跨过海峡，见证竞争对手在迅速工业化过程中所取得的进步。与访问学生相比，他们拥有更深厚的文化素养、扎实的知识贮备和准确的判断力；与为商业利益而获取信息的工商业界人士相比，他们自觉从国家利益出发，站在地缘竞争高度思考问题，视野更为开阔。返回祖国之后，他们往往写下翔实的报告，描述和评估有价值的信息。

1785年，普罗尼[①]和勒萨热等人组团前往英国考察。普罗尼是法国工程技术界的领袖之一，深受百科全书派影响，认同科学和技术的统一性。同时，他也与英国科技界保持着稳定联系。普罗尼本人虽对考察未留下太多资料，不过，同行的勒萨热撰写了报告。后者最初隶属于军事工程部队，后于1776年转入桥路团体。其报告对英国的基础设施、国防、农业、外贸等领域进行了有针对性的记述，并对两国的军事、政治、产业情况做了多方比较（Lesage，1999）。出于职业和学术背景的影响，他们特别关注英国在军事工程方面的发展动态，也详细描述了英国的政治制度。

海军工程师福尔费与和莱斯卡利耶于1789年造访英国。他们主要关注英国的海军、军工、工程技术等领域的情况。他们的报告不仅有细致的描述，随时将英国情况与本国进行比较，也提出有针对性的整改意见（Lescallier，1999）。报告指出，法英两国之间竞争的关键在于舰船。18世纪末，木材是舰船建造质量的主要制约因素之一，而英

① 他是综合理工学院学院最早受聘的教授之一，从1799年开始，长期担任桥路学院校长，直到1839年去世。1816年，他被推荐成为伦敦皇家学会会员，推荐人包括瓦特（J. Watt）、托马斯·杨（T. Young），威廉·海德·沃拉斯顿（W. H. Wollaston），以及查尔斯·巴贝奇（C. Babagge）等众多英国一流学者。按照公开记载，他的考察工作主要聚焦在天文学观测，尤其是与经度测量有关的内容。

国拥有大量高品质的橡木，这似乎使其占据优势。但报告强调，更深层的问题与煤炭有关，法国政府应该重视煤炭资源问题（Bradley，1999）。第一次工业革命中，煤炭及相关技术扮演着至关重要的角色，学者们自觉地将专业考察与国家科技进步、产业发展结合了起来。

法国科技专家的报告涉及邻国的道路、港口、产业、地理，以及军事等领域的内容。他们对英国的考察是如何帮助本国政府做出判断的？在随后两国陷入紧张关系时，又如何在抗衡英国时发挥效用？这些虽然难以准确评估，但可以肯定的是，18世纪晚期一些重要的产业状况、科技信息、军事情报已通过不同渠道跨越海峡，从英国传到了法国。

一些欧洲国家开始探索英国工业取得成功的秘诀，并开始从英国引入新技术，尤以法国和瑞典为首。从18世纪第二个十年开始，法国政府希望效仿英国的成功经验，支持从邻国引进技术和机器，促进本国技术发明，吸引熟练工匠。1710年到1800年间，在多方努力下，大约上千名英国工匠移民法国。18世纪出现的许多技术发明和革新，都源自工匠的经验积累和创新想法，并未建立在科学知识进步的基础上。熟练掌握特定技能的人才对18世纪产业发展具有特殊意义，他们的作用在某种意义上比技术和机器本身更加重要。英国从未漠视欧洲其他国家对其进行的模仿和学习。早在1719年，英国已开始禁止技工向外移民，1785年立法禁止机器出口。随着反对技术和商业信息外流等声音的出现，第一个旨在反商业和工业间谍的法案也相应出台（Harris，1998）。法国必须克服困难，去吸引英国顶级技术人才，同时培训大批本土工匠，以使其适应邻国的机器和制造方法。

二、从皇家特权到发明专利

英国的崛起使西方世界现代化进程迈入一个新的发展阶段。在技术快速变革的过程中，英国社会出现了鼓励发明和创新的氛围，专利制度也相伴发展并不断完善。1685年《南特敕令》废止后，法国新教徒向英格兰地区迁徙，他们为英国带去了技术，促进了贸易，也影响了当地专利体系的发展（Hilaire-Pérez，1991）[911]。在1675年到1700年间，31位法国移民提交专利申请，其中22人成功获得专利（MacLeod，2002）。一般认为，在英格兰，发明家受到专利制度的保护，同时国家并不过多干涉发明家的活动。而与其相比，法国政府明显对发明具有浓厚的兴趣，更积极地介入到有关技术发明的事务之中。

18世纪法国的发明家可以获得皇家特权，并通过垄断经营获利。旧制度时期的特权种类繁多，适用范围被限制在整个法国或某个地区。与发明家相关的特权涉及在行会之外工作的权利、免税的权利、开发和经营的排他性权利等。某些特权可追溯到中世纪，被授予旅行商人和手工艺人，发明家也同样有机会获得此类特权。在某种意义上，法国的皇家特权可视为现代发明专利的前身。

巴黎高等法院制定的相关规定要求，有关技术发明的特权在被正式授予之前，须以某种方式对外公开（Gillispie，1980）。这种做法最早可追溯到亨利二世时期。1551年，富隆（Foullon，1514—1563或1565）凭借所发明的测距仪，获得皇家颁发的为期10年的排他性特权。授予的皇家特权证书被称为委员会判决。1561年，该项发明通过文字和绘图向社会公开（Foullon，1561）。1762年之前，发明家手中的某些特权虽然有可能终身有效，但通常会受到有效期限制，时间从

5年到30年不等。通过支付特许使用权费的方式，特权可以继承或转让，未获得特权转让的仿冒行为将受到处罚。

行会与发明家之间的斗争促使发明审核制度建立起来。行会通常由拥有相同技术的工匠或制造商组成，维持着特定行业的稳定。新技术很可能导致产品价格波动，挑战相关行业的既定格局，这可能导致发明家和行会之间关系紧张。特权会起到禁止行会妨碍发明家活动的作用，而行会通常会反对发明家申请特权证书，有时会想方设法拖延发明特权的生效。这类情况促使巴黎高等法院建立委员会或任命专人在特权颁发之前对发明进行审核。

面对国家的特殊需求，皇家科学院承担起审核发明的任务。不仅高等法院希望皇家科学院给出技术方面的建议，中央政府在柯尔贝思想指导下，同样鼓励皇家科学院关注技术和产业领域，给出相关咨询建议。1699年，科学院接到指示，要求院士们参与审查所有向政府递交特权申请的技术发明，相关审核流程随后固定下来。

在18世纪的法国，商业局是受理发明家皇家特权申请，并给予相应财务支持的主要机构。它创建于1722年，主要负责分析发明家的申请书，在此基础上撰写报告和其他文件草案，并递交财政总监。商业局的组成人员较为复杂，除财政总监和政府顾问之外，商业监督官是该机构主要成员。后者负责收集不同行业的情报并上报商业局。监督官职能最初按照地区划分，从18世纪40年代开始则基本按主要行业划分。该机构的工作对法国产业发展和技术发明起到了积极的推动作用。

1730年之后，政府任命皇家科学院成员进入商业局，负责审核技术发明。此后，商业局和皇家科学院同时开展相似的审查工作，不过，两家机构的审核遵循不同原则。数学家、化学家范德蒙

（Vandermonde，1735—1796）有时在皇家科学院负责对技术发明进行审核，但同时也供职于商业局。他有机会在两个机构审核同一项发明，但可能给出不同的评价。院士深刻理解其中的差异：皇家科学院原则上鼓励新事物，对待技术发明的态度更为友好；而政府机构则必须考虑资源的公平分配。而发明家也清楚皇家科学院和商业局采用不同的标准（Hilaire-Pérez，1991）[918]。为了宣传自己的发明，他们一般会引用皇家科学院的评语。

技术发明政策在18世纪中期出现了一些变化。虽然狄德罗等人对发明的价值有自己的理解，并不推崇发明家拥有某种形式的知识产权（Hilaire–Pérez，2002），但法国政府仍然注重发明及相关权利问题。1762年12月，一项有关发明家排他性特权的皇家法令出台，具体内容涉及特权的转让、失效、期限等问题，明确了发明家的法律地位。皇家特权是对个人能力的承认，发明家可以凭借个人才能，而不是世袭地位和贵族身份，从制度层面获得国家的保护和社会的承认，并从中寻求商业机会。随着启蒙运动开始浸染专利制度的管理者，相关机构和制度虽然仍是旧制度的内在组成部分，但已经开始与贵族世袭制的运行逻辑渐行渐远。

18世纪中期，重商主义逐渐成为法国工业发展的阻碍，自由主义和重农主义的氛围日渐浓厚，并影响到决策者对政策的制定。重商主义的决策者和官员试图掌控科学、技术和工业，他们努力控制经济活动和产业发展，积极介入与科技发展和技术发明有关的事务，安排科技界精英人士参与到产业发展活动中。而信奉重农主义和自由主义的官员摒弃了这一做法，转而鼓励产业发展，充当科技进步的传播者。自由主义意味着国家保护个人不受地方领主、城市、行会，以及其他特权利益的侵害。18世纪中叶开始，无论是巴黎高等法院，还是财政总监们，都曾试图压制行会。随着新政策的实施，国家作为发明家的保护人，力量并未受到削弱。

政府越来越意识到科学院人才的实际价值，期待他们发挥才干，提供有实用价值的服务。科学院院士在商业局的职能也在转变。皇家科学院院士、化学家贝托莱（Berthollet，1748—1822）是化学革命的重要推动者人之一。1784年，他接替了另一位化学家马凯（Macquer，1718—1784）在商业局的位置。除审核发明的基本工作之外，财政总监卡洛纳（Calonne，1734—1802）还安排贝托莱撰写关于纺织染色的实用研究报告（Keyser，1990），该项任务的酬劳颇丰，似乎一度也成了他的主要工作。

在有条件的情况下，巴黎科学院的院士们能够履行科技顾问之外的职责。1783年，范德蒙在商业局为拉布勒尔（Labréaux）的无缝铅管特权申请撰写说明材料，同一时期，他也在科学院负责审核沙尔庞捷（Charpentier）提交的相似发明。这位院士决定出面协调，两位发明家最终与一家公司合作，共同获得了一份皇家特权（Hilaire-Pérez，1991）[926—927]。在此事例中，范德蒙的行为超越了发明审查员或科技专家的定位，近乎于履行行政官员的职责。

官方学术机构对政策和咨询事务的介入程度越来越深，精英科学家通过不同渠道对科技发明施加广泛影响。它们日益成为旧制度时期国家机器的一部分。王朝晚期，国家在技术发明领域加强管控的趋势并未改变。

法国人在技术发明问题上并不缺少进取精神。为了能够取得成功，他们和其他国家的发明家一样，愿意付出巨大努力，克服重重困难。但在申请皇家特权或知识产权过程中，发明家不仅需要寻求科学院的承认，也需要得到商业局的肯定。为此，发明家必须面对官僚机构对他们的审核。商业局与科学院一样，都会进行评判和给予奖励。然而，官方机构并不总是能够满足发明家的期望。到18世纪末，正如从事研究的业余爱好者认为官方机构漠视和压制他们一样，发明家同样认为科学家的态度不够友善。

对于旧制度时期的技术发明政策与制度，有两个相关问题需要澄清。首先需要明确的是皇家特权的性质，其次是预先审核制度的问题。旧制度时期，有关发明特权的政策法令起着和英国专利法规相似的功能，但皇家特权的性质与现代发明专利有着根本的区别。当时的政策制定者和发明家对此有深刻体会。某些发明家朴素地认为，发明的秘密属于自己。这蕴含着知识产权是一种自然权利的认识，或者说，思想是发明家的财产。不过，皇家特权意味着国王或国家的恩典，绝非一项自然权利。如果发明家接受某项发明的皇家特权，那就等于承认该发明从根本上并不属于他自己所有。作为1762年法令的起草人，布夫莱尔侯爵（Boufflers，1738—1815）相信，关于某项发明的思想成果属于创造者或发明家，没有人有权剥夺一位发明家对自己观念的占有（Hilaire-Pérez，1991）[930—931]。但只有在大革命当中，财产权被确立为是一项自然权利之后，发明特权的性质才可能出现转变。

预先审核制度意味着法国很大程度上并不依赖市场力量来评判发明。精英科学家在一定意义上握有预先评判发明的权力。毫无疑问，法国的决策层认为科学能更好地评判技术发明，同时，在日益强大的市场力量面前，科学可以确保客观性。如果将发明家视为创造者，知识产权被看作自然权利，就像私人财产一样，那么专利并不必然要求事先的审查。1791年1月颁布的法令规定，各行业的新发明或发现，都是其发明者或发现者的财富。同年5月的颁布的一项法令规定，发明专利可以仅向国王提出申请，专利局只负责注册，专利权的获得无须通过事先审核（Hilaire-Pérez，1991）[931]。

18世纪末，国家为了推动产业和经济发展，努力将科技创新和资本结合起来，保障发明家利益已成为行政动员的工具。大革命期间，在塑造现代专利权的过程中，皇家特权的传统观念被放弃了，国家在科技发明事务中的角色也相应发生转变，甚至陷入一种“尴尬的关系”中（Galvez-Behar，2009）。但国家积极介入科技发明的治理传统并未发生改变。

三、1786年法英贸易协定

美国独立战争之后，法英两国需要签订新的贸易协定，以取代1713年《乌得勒支条约》的安排。1786年9月26日，莱纳瓦尔（Rayneval，1736—1812）与伊登（Eden，1744—1814）分别代表法、英两国签署一项自由贸易协定。该协定规定法英两国相互承认对方最惠国地位，大幅降低双边关税，多数商品税率维持在10%~12%之间，但某些商品仍属禁止贸易范围。相关条款也处理了诸如走私、旅游签证、私掠、战时商业行为等问题。该协定于1787年5月10日生效。

传统评价认为，对于法国现代化进程而言，1786年法英贸易协定的签订是一次较严重的决策失误。该贸易协定使法国向英国开放本国市场。一方面，英国廉价纺织品等商品大量涌入，使法国本土产业遭受重创，加剧了法国的社会动荡和失业，加深了1786年到1789年的经济危机，并间接导致了法国大革命；另一方面，有助于英国扩大工业生产规模，稳固其在工业革命中的领先地位。法国支持与英国签订商业协定误导了国家，似乎证明法国在经济事务和产业发展的决策水平低下。然而，历史并非如此简单。

法英贸易协定是法国在旧制度末期的一次重要抉择，法国将外交政策、对外经贸关系与产业进步的考量结合起来。法英贸易协定促进法国与英国商贸往来和科技合作，这不仅可以缓解两国紧张的关系，而且可以为法国产业发展创造和平环境，最终有利于法国巩固其在欧洲大陆的主导地位。韦尔热纳伯爵（Vergennes，1717—1787）是该协定在法国的推动者之一，他希望来自英国的巨大压力将倒逼法国产业界采纳新型机器，改进制造工艺，提高生产效率（Henderson，1957）[112]。1786年贸易协定能够在一定程度上反映法国决策者对英国工业革命和现代化的理解。人们可以从法国的实际反应来评价大革命之前的国家抉择。

贸易协定在某种意义上与法国国内技术发展和产业布局关系密切。该协定的实施对法国的纺织业影响极大。由于英国棉纺产品的大量涌入，法国北部、东北和西北部很多地区的经济在1787到1789年之间遭受严重影响。纺织业较为发达的上诺曼底、皮卡迪等地区的棉纺织品产量减少了四分之一到三分之一。不过，法国纺织工业并没有遭遇灭顶之灾，因为该行业的很多部门都相当具有竞争力。比如，法国的高档精仿羊毛制品原本具有优势，主要集中在皮卡迪、洛代夫、贝济耶、上诺曼底的一些城市。在这个时期不仅继续发展，同时还开拓了国外市场。在1787年和1788年，法国亚麻布生产达到了产量的最高点，获得了长足发展，特别是埃纳省和曼恩-卢瓦尔省（Horn，2006）[75—76]。

除此之外，很多行业并未遭到冲击，甚至在王朝末年蓬勃发展。在协定实施后，法国红葡萄酒的关税仍然远远高于葡萄牙同类产品，但前者对英国的出口量大增。根据法方估算，协议签订之后三年，法国红葡萄酒出口量增长2倍，白兰地出口量增长3倍。①具有商业头脑的贵族除了关注矿产等行业之外，还投资法国占据优势的奢侈品行业。17世纪中叶，法国政府就已经开始鼓励奢侈品产业的发展，以增加国家财富。比如，法国蕾丝生产从那时开始就获得长足进步。贸易协定实施后，蕾丝成为法国出口英国的最大单笔纺织贸易产品。工业革命期间，法国人在重化工行业颇有建树，诸多化工产品的生产具有非常强的竞争力，较好地将产业技术进步和科学理论研究结合了起来。

法国试图通过引进英制机器，吸引专业人才，雇佣外国工人等途径，来应对来自海峡对岸的挑战。政府鼓励重要产业领域的技术人才到法国工作和移民，考虑引进的专业人才甚至包括瓦特和博尔顿这样的一流人物（Payen，1969），同时也放松外国人在法国境内兴办企业的限制。通过不同政策和手段，英国制造的各种工业机械进入法国境内。在1788—1789年之间，法国各地涌现出不少新的、先进的纺织机器，棉纺等行业的机械化程度有了相应提升（Landes，1999）[139]。法国产业界对协定中一些有针对性的条款感到不满，波旁政府的决策者们对此做出迅速回应。比如提高某些英国纺织品的税率，严格执行缉私措施。通过合法的行动消除贸易上的不公平，使这些措施转变为具有长效的政策。国家希望通过引进发明家、企业家以及技术工人等，以吸收他们的专业技能、技术发明，同时通过调整本国产业政策，加强中央政府财力，提升法国国际地位，建立

① 根据英国的统计数据，法国红葡萄酒的进口增长非常惊人。英国税收记录显示，在协议签订之前，法国红葡萄酒的进口量每年很少超过10万加仑，而1787年进口量飙升到近97万加仑（Henderson，1957）[111]。

有利国家发展的良好环境。这些政策和措施以对英国工业发展模式的理解为基础，旨在提升法国产业和商业竞争力，从而应对来自英国的挑战。

贸易协定使纺织等行业受到强烈冲击，但也给了敢于迎接挑战的地方政府、企业家以历史机遇。一些企业家从英国引进技术和人才，地方政府和个人提供配套资金，购买英国先进技术设备，配备给地方企业。地方机构采纳中央政府首先推行的政策，促进技术和科技知识在国内扩散，对于推动技术转移的英国企业家，法国地方政府将给予津贴。面对英国技术的挑战，法国地方精英表现活跃。亚眠商会主席摩根（Morgan）的努力具有代表性。从18世纪60年代中期开始，他就从英国购入珍妮纺纱机并雇佣技术工人。在英国技术工人的帮助下，他的工厂开始生产棉绒产品。80年代末，摩根又招收多批英国工人，帮助建造机器，培训法国技工。他的工厂在法国最早拥有骡机，产品质量可与英国货媲美，随后他又建造了水力飞梭。（Horn，2006）[83] 亚眠地方政府机构提供资金，推动技术共享，促进技能传播。来自皮卡迪地区的企业家向他们学习，有效推动了当地的纺织机械化。亚眠的情况构成了一个缩影，类似情况在法国其他地区也存在，比如上诺曼底地区的几座城市。

四、评价：国家的决策

法国政府在签订贸易协定之时，已意识到了可能出现的严重后果。法国作为欧洲大陆最强大的国家，英国必然将其视为强劲的竞争对手，并且努力维持力量上的平衡。主张法国可以与英国展开竞争的决策者并不盲目乐观。法国从引入技术人才和机器设备着手，中央和地方政府一起行动，通过商业、产业和科技界精英共同努力，积极回应英国工业革命带来的挑战。

1787年之后，随着协议的生效，法国和英国双方的贸易额都有大幅度提升。其中，法国1784年对英国出口额是2000万里弗，1787年到1789年虽有起伏，但总额都超过3000万里弗。其中，1789年达到3500万里弗。法国对英格兰贸易逆差也水涨船高，从1784年的近7万里弗，上升到1787年的1400万里弗，1789年继续扩大到2500万里弗（Henderson，1957）[110]。不过，贸易逆差主要并非由制造业产品造成，食品和矿产品占有举足轻重的分量。1789年法国遭受农业歉收之苦，从英国进口的粮食达到了1800万里弗。食品进口需考虑当时农业生产的特殊境况。从英国进口的矿产品包括煤炭、铁、铜等，这些原料品质优良，价格相对低廉，都是法国工业发展急需的物资（Garçon，1998）。总体而言，伴随着英国商品的大量涌入，法国表现出的应变能力值得肯定，采取的进口策略并无不妥。

但是，法国的纺织行业和冶金行业没有达到英国整体的技术水平。而同一时期，法国国内经济陷入萧条，王朝遭遇严重危机。不久之后，旧制度在大革命的风暴中崩溃。1790年，英国有约2万台珍妮机，而法国境内的珍妮机总数仅为900台（兰德斯，2007）[139]。某些发展较快的行业暂时无法接近英国的机械化程度。

协定的实施对法国的产业发展、对外贸易等领域具有多重效应。就对外贸易而言，协定的生效意味着法国必须面对英国商品对本土纺织、冶金、机械等市场的冲击，同时意味着某些法国优势行业在一定程度上扩大海外市场。就对法国国家发展战略和产业政策而言，一方面，法国以英国的工业化发展道路为榜样，通过促进科技进步，推进本国工业化进程。贸易协定迫使法国必须更具竞争力，在重点行业与英国直接竞争，这实际上是希望模仿英国工业化发展道路。另一方面，贸易协定可能通过扩大法国在某些传统非机械化行业产品的海外市场，强化自身的行业主导地位和优势，这符合一种差异化发展战略思维。法国一旦确立红葡萄酒、白兰地、高级成衣制作及其他奢侈品行业的优势，将长期稳定占据相关产业链的顶端。

英国也做出了相应反应，并制定了具体策略，这在一定程度上反映出法国产业发展的可能道路。在英国国内，一般来说，新兴产业支持贸易协定的签署，如棉纺、冶铁和制陶；但传统产业则反对它，后者往往更依赖手工技能，难以实现规模化、机械化生产。贸易协定规定某些商品的关税征收与既定税率挂钩，如法国的红葡萄酒和亚麻布，或者禁止某些商品的贸易，如丝绸。通过这些特定条款，法国产品被限制进入英国市场，或扩大在英国的市场份额。更进一步，就其对法国国内产业的间接影响来说，这些条款可理解为英国试图限制法国优势产业的发展。不仅如此，商业协定还禁止机器与图纸的出口。考虑到英国在新兴行业具有的整体技术优势，这一内容在客观上将遏制法国相关产业的技术升级。通过分析贸易协定的条款，英国政府似乎一方面试图阻止法国优势产业的产品进入英国市场，另一方面也限制法国获取实现工业化和机械化的基本资源。

法英贸易协定是工业革命初期法、英两国博弈的一个精彩片段。此前，高关税和贸易壁垒是国家通向繁荣的必经之路。贸易协定的实施，意味着英国的实业家和商人打开了法国市场的大门，反过来，英国也将消费更多的法国红葡萄酒。在工业革命初期，法国尝试不同的发展战略，但贸易协定仅仅维持了5年半的时间，并没有充分地显现其对国内产业的效应，伴随大革命而来的紧张地缘政治局势打断了它。1802年，英法两国签订《亚眠和约》，进入短暂的和平状态，时任法国内政部长的夏普塔尔（Chaptal，1756—1832）才开始考虑与英国签订新贸易协定的可能性。不过由于1786年贸易协定的实施，现代化已经成为法国继续生存的唯一选择（兰德斯，2007）[139]。

第三章

法国道路与科技体制的进化

科技是国家现代化的发动机，科技革命对新兴产业的崛起有着巨大的推动作用。不仅如此，两者之间的互动在历史长河中不断演化。启蒙思想赞扬科学技术对人类文明的正面价值，受启蒙思想影响的官方精英也从国家战略和民族利益高度肯定其中的关联。正是在第一次产业革命期间，科技革命与产业崛起开始建立起常规联系。

大革命将法国送入了新的发展阶段。国家利用这一历史机遇，摒弃了旧制度时期的诸多机构和运行逻辑，重建了本国的科技体系。一些新建机构及其运行原则成为现代社会的重要遗产。面对动荡的社会政治局面和紧张的欧洲地缘政治局势，法国科技专家热情迸发，投身到社会改造和政治变革的洪流之中。人才培养的丰厚积淀，以及科技教育制度的优势迸发，使法国科学在18世纪末到19世纪上半叶繁荣发展，但重建的体系仍然继承了旧体制的中央集权化等特点。

第一节　化学革命与化工产业的互动

优秀的科技专家和具有前瞻视野的企业家受启蒙精神熏陶，洞察到新的理论知识成果对国家现代化建设，尤其是产业发展具有实际价值。他们通过应用研究和企业经营活动，将理想化的启蒙精神带入技术应用和企业经营的实践世界之中。本节聚焦工业科学家和企业家夏普塔尔在18世纪晚期兴办化工企业的活动，及其与拉瓦锡的化学革命之间的关联，以此案例说明这一时期科学革命与产业革命之间的互动关系。

18世纪晚期，新化学理论开始涌现，与此同时，现代化学工业也开始确立为一个重要的产业部门。化学革命、化工产业兴起和法国社会之间存在多重互动，这为人们考察科技革命与国家现代化之间的关系提供了历史样本。比如，18世纪晚期，诸多化学家和化工专家共同参与推进化学革命，形成了专业交流网络，参与者包括拉瓦锡、贝托莱、德莫沃（de Morveau，1737—1816）、蒙日、卡诺（Carnot，1753—1823）、富克鲁瓦（Fourcroy，1755—1809）、夏普塔尔等人。科技专家们尝试将此类网络与研究和生产活动结合起来，推动和促进火药和硝石制备、火箭设计和燃烧弹测试、鞣革技术和苏打生产等。大革命时期，学者动员的方式被运用到国家防卫和建设急需的研究领域。它以权力和知识之间不够稳定的联系为基础，一度是临时的和非常规的做法，但却构成了非常时期一种基本而有效的科研组织模式。进入拿破仑时期后，一些临时做法开始转变成了法国技术官僚的常规活动和应用研究的标准规范（Bret，2002）。这意味着在政治和军事因素的驱动下，国家开启了对应用研究的控制，同时也意味着科技的理性主义传统向生产管理领域渗透。

一、法国化学和化工产业的一般情况

法国的化学研究在18世纪晚期进入了繁荣发展期。身处巴黎的拉瓦锡及其同伴建立了新的化学理论框架，成功反对燃素学说。法国在化学方面的成就使巴黎成为欧洲化学研究的中心，各国的研究者纷纷慕名前往。无论在巴黎还是行省，公众对新的化学课程和公开讲座都兴趣盎然。法国在化学方面所取得的成就备受关注。

大约在同一时期，法国化工产业经历了从无到有的发展阶段。18世纪六七十年代，法国化学工业以分散的小型工场或作坊为基本生产单位。到19世纪初，这一行业已获得长足发展，变为分工细致的新兴产业部门。法国的硫酸、漂白剂、苏打制造在这一时期发展迅速，明矾、绿矾、硝酸等化学产品的生产也有实质进步（Smith，1979）。相关应用研究和生产技术构成了19世纪重化工业的基础。工业革命时期，化学家德克鲁瓦齐耶（Descroizilles，1751—1825）在鲁昂建立了生产硫酸的新工厂，勒布朗（Leblanc，1742—1806）在圣丹尼建立苏打生产厂，贝托莱发明漂白法，并与地方纺织企业联合，建立了氯漂白剂工厂，而夏普塔尔也于18世纪80年代在蒙彼利埃走上了相似的发展道路。

法国当时不仅是化学学科发展的中心，而且也有力推动了化工产业的进步。新化学知识体系的确立和化工产业兴起之间积极互动，为19世纪的工业发展提供了有益的借鉴。

二、夏普塔尔及其化工实践活动

夏普塔尔是法国化学工业早期发展史上的重要人物。他以蒙彼利埃为基地，成功创办化工企业，并赢得业界声誉。同时，夏普塔尔也是最早的工业科学家之一。他一方面对当时最新的化学理论和实践了如指掌，另一方面善于改进生产工艺流程。18世纪晚期，法国的化学进入了一个繁荣发展期。在拉瓦锡提出新的化学理论之后，夏普塔尔是其早期支持者之一。他在1790年出版的教科书很快成了传播新理论的载体。夏普塔尔以化学家和企业家的身份进入政界，并深受拿破仑信任，于19世纪初担任内政部长，将其在科技界和产业界的思考落实为教育和产业发展政策。

法国南部的朗格多地区是夏普塔尔职业生涯的出发点。蒙彼利埃市是该地区思想文化和经济重镇。夏普塔尔于1776年在蒙彼利埃的医学院完成答辩，次年，他加入蒙彼利埃皇家科学学会。该学会作为一家重要的地方科学院，不仅是医学家的园地，也重视科学技术的应用价值和现实意义（Le Grand，1982）。在此地，夏普塔尔决定选择化学作为研究方向。

他并没让自己的脚步局限在法国南部地区。大学毕业之后，夏普塔尔游学巴黎。期间，他与化学家贝托莱相识并建立起长期友谊，同时参加了比凯（Bucquet，1746—1780）和萨热（Sage，1740—1824）等学者开设的化学课程。通过了解消化新的信息，他重建自己的知识体系。不仅如此，他学到的新知识很快就有了用武之地。

1780年，朗格多地区设立化学讲席。夏普塔尔从巴黎返回蒙彼利埃，并顺利获得了该位置。他强调自然科学的实用性，力图弥补机构中的研究者与业余爱好者之间的分歧。公开讲授的课程取得很大成功，听众能达到三四百人。在当地学会，他着力主张将化学用于蒙彼利埃和周边地区工农业生产和经济建设。这种观点得到了学会成员的赞同（Le Grand，1984）[32]。在随后10年间，这一想法直接影响着他在应用化学研究方向的选题。

夏普塔尔的早期努力并没有局限在课堂和实验室。为了向本地提供化工产品，帮助生产商摆脱对英国、荷兰以及法国北部地区产品的依赖，他计划在法国南部建立一家化工厂。他与本地区最主要的纺织生产和贸易商拉雅尔（Lajard）交往密切。1781年，他娶后者的女儿

图4　夏普塔尔肖像

油画，法国画家格罗（Antoine-Jean Gros）绘制于1824年，现藏美国克利夫兰艺术博物馆。在第一次工业革命时期，夏普塔尔致力于推动法国工业、技术和制造业的发展。

为妻。妻子的嫁妆以及叔叔赠予的丰厚结婚礼金成为夏普塔尔开办化工企业的启动资金，同时他与法国南部商贸和产业界的联系也获得扩展和巩固。1782年，化工厂在蒙彼利埃西南方的拉拜耶落成，夏普塔尔由此投入方兴未艾的化工产业。

夏普塔尔最初对拉瓦锡新化学的态度并不很清晰。他是如何远离燃素论化学，又是什么时候转而相信拉瓦锡的新化学理论的呢？

三、对新化学理论的皈依：法国化学革命进行时

1783年，夏普塔尔的化学教科书《化学课程分析表》出版（Chaptal，1783）。此前，他受萨热的影响，信奉燃素理论，对拉瓦锡新理论的态度并不明确。在教科书中，夏普塔尔吸收了拉瓦锡化学理论的诸多要素，不过，燃素理论在他的化学教科书中仍然占据重要位置，他继续沿用燃素概念解释氧化和燃烧现象。

在随后几年，夏普塔尔深切感受到了燃素理论遭遇的危机。从1784年开始，他与拉瓦锡往来通信，①欢迎后者提出的新理论，吸收其中的要素。但他没有抛弃陷入危机的燃素论，同时对新化学理论的态度还有些摇摆不定。直到1787年，夏普塔尔才与燃素说公开决裂，完全接受了新的化学理论（Le Grand，1984）[39]。他从接受拉瓦锡的部分成果到完全摒弃燃素理论，期间经历了数年过渡时期。在氧化学说兴起的早期阶段，持有相似立场的还有富克鲁瓦、德莫沃、贝托莱等人。这些科学家一方面同情拉瓦锡的立场，另一方面继续使用燃素学说。

① 没有证据表明两人之间有直接接触，但他们之间的通信联系一直持续到1790年。

1790年，夏普塔尔出版了化学教科书修订版。在该书《前言》中，作者肯定了拉瓦锡化学的优越性，同时谈到了自己从燃素学说到氧化论的过渡。他批评盲目坚持旧理论的立场，也批评匆忙接纳新理论的态度（Bensaude-Vincent，1990）。不仅如此，他还在自传中指出：

“在我开始教授化学的时候，新的学说还不存在，旧的（理论）正开始被动摇：各种气体的发现、空气的分解、金属氧化理论，都来自拉瓦锡有关锡和汞的氧化物论文，所有这些都向我们表明化学的辉煌时代即将来临。但燃素还没被驱逐，它被用于解释新的事实，而我最早开设的课程就是关于这个学说的……我的辛勤研究使我认识到燃素没有用处，到了第二年，我就从课程中剔除了燃素说，而富克鲁瓦和居顿却继续在他们的课堂上为其辩护。”（Chaptal，2014）

在上述记述中，夏普塔尔试图表明自己很早就认识到燃素说并非真理，在1783年左右便从课程中摒弃了该理论。他甚至暗示自己对拉瓦锡的态度和同时期其他化学家不同，为此还点名批评两位著名化学家对旧理论太过执着。夏普塔尔公开授课伊始，拉瓦锡的新理论的确尚未诞生。夏普塔尔在巴黎求学期间，了解各类气体的发现、空气构成、金属煅烧理论等工作，不仅感受到人们对拉瓦锡工作的漠视、拒斥、批判，也察觉到新化学理论在巴黎呼之欲出的氛围。夏普塔尔在1787年教授化学课程时，已将与拉瓦锡学说异质的要素剔除。但回溯历史，人们难以确定夏普塔尔从什么时候开始正式放弃了旧的理论。

一个与科学革命相关的问题是：夏普塔尔改变其对科学理论的信仰，是通过一个激进的格式塔转换，还是经历了一个渐进过程？科学史家勒格兰德（Le Grand）指出，他可能是逐渐转向，并在最后完全放弃燃素说，其中并没有经历所谓判决性实验，因为1787年之前，没有太多证据指出夏普塔尔已接受了新的理论（Le Grand，1984）。约克大学的佩林（Perrin）倾向于认为，夏普塔尔皈依新理论很可能是一个逐渐转变的过程，而不是瞬间的格式塔转化（Perrin，1986）。夏普塔尔还是学生的时候，已接触到拉瓦锡的某些早期发现和观点，他像巴黎一些重要的化学家一样，[①]将拉瓦锡的成果融入旧的理论框架之中。在接下来的几年中，他逐渐转向拉瓦锡的理论，迅速接受充满争议的新术语表。将某人或某个群体接受理论整体，或接受该理论一部分，确定为皈依新知识体系的标准，很大程度上满足了抽象理论的需要。通过历史学考察，很难确定存在那样一个分水岭。能够肯定的是，夏普塔尔最晚在1787年开始公开反对燃素说，完全接受了拉瓦锡或其他反燃素理论家的工作。

包括夏普塔尔在内的科学家们皈依新化学理论的经历，标示了18世纪末科学革命发生的轨迹——新理论知识如何取代燃素说的过程。夏普塔尔逐渐拒斥后者，以及对新理论的皈依，不仅仅是个人行为，他的抉择也构成了18世纪末化学革命一个环节，并折射出新兴化工行业对化学革命的某种影响力。

1784—1790年之间，夏普塔尔和拉瓦锡之间保持通信往来。他们的联系和互动，象征着科学知识和工业实践之间的互动，构成了18世纪晚期化学和化工领域鼓舞人心的一章。夏普塔尔通过自己的早期出版物以及这些通信，向人们解释他如何疏离燃素学说，转而相信拉瓦锡的新化学理论。毫无疑问，他的公开声明有利于18世纪化学革命在法国的推进。

夏普塔尔作为拉瓦锡学说最初的支持者之一，他的皈依对18世

---

① 如比凯（Bucquet）、马凯（Macquer）、贝托莱（Berthollet）和富克鲁瓦（Fourcroy）等人。

纪末化学革命具有特殊意义。拉瓦锡提出新的理论，是化学革命的必要条件，但如果没有相关领域的支持者和应用者，那么新的理论还无法替代旧的学说，化学革命也无从谈起。拉瓦锡通过与夏普塔尔的联系，促进了法国南部的转变。1787年，爱尔兰化学家柯万（Kirwan，1733—1812）以夏普塔尔的教科书为依据，认为他是当时支持化学变革的11位科学家之一。[①]同年，拉瓦锡推出新命名法，夏普塔尔是首都之外第一批接受它的人之一。拉瓦锡的夫人也相信夏普塔尔对新学说的支持。毫无疑问，第一批支持者对新化学理论的支持、应用和推广，构成了化学革命不可或缺的环节。夏普塔尔作为法国化工产业的重要推动者，他的态度很大程度上植根于成功的企业经营活动和高效的应用研究。与启蒙时代的理论家和思想家相比，他的声明是来自产业界的号召，有助于化学革命的地方化。他的转向本身构成了法国化学革命的一个环节。

夏普塔尔为什么转向新化学理论？或者说什么因素促使夏普塔尔接受新化学理论，促使他公开转投新化学理论家的阵营？从化学理论或化学教育的角度，我们可以发现某些原因。比如虽没有判决性实验的启示，但夏普塔尔仍然可以通过对比，发现燃素说和氧化说对物质与流程说明的差别，从而判断燃素说的不足，以及氧化学说的优势。但更多的理由可以从新化学理论和18世纪化工产业的互动当中找到。可以说，18世纪的重化工产业以某种方式影响着化学革命的进程。

夏普塔尔与拉瓦锡的通信，对其化工事业来说具有积极的正面

---

① 柯万最初是燃素说的支持者，并曾与拉瓦锡展开论战。在他看来，新的学说支持燃素是一种易燃气体的观点。他以夏普塔尔的教科书为判断依据，认为后者是支持新观点的“哲学家”之一。关于柯万与拉瓦锡的争论，参见（Akeroyd，2003）。

意义。一方面，他可以借此向巴黎介绍自己的工作，另一方面也是为了解决实际生产中遇到的一些问题。拉瓦锡自1775年开始负责国内火药和硝石的生产管理工作，①身在南方的夏普塔尔为了工业用酸的问题，曾请求拉瓦锡放松对硝石的价格控制。这反映出精英科学家已进入国家行政体制，帮助管理重要战略物资，他们对法国产业的发展具有潜在影响力。

促使夏普塔尔皈依新化学理论的真正原因，应该植根在他的化工产业和应用研究当中。比如，拉瓦锡对发酵现象给出了定量解释，并与其他理论说明关联起来，而燃素说并没有给出量化解释（Le Grand，1984）[45]。拉瓦锡对量化研究的强调符合夏普塔尔对应用研究的内在要求。不仅如此，拉瓦锡的化学似乎不仅能够更好处理纯理论问题，也更具实用性。新理论对实际操作过程的解释具有良好表现，这或许是促使夏普塔尔接受拉瓦锡化学理论的一个重要因素。可以说，新化学理论对夏普塔尔应用研究和化工实业的价值，是促使其转投新化学理论阵营的主要原因。

总体而言，由于新化学理论对其化工产业研究的实际价值，促使他放弃旧的学说，转而接受了新的理论。夏普塔尔强调新化学理论对其化学工业的应用研究、技术改进等方面具有实际价值。他的立场生动地诠释了18世纪晚期，在优秀的工业科学家和企业家看来，理论创新对产业发展产生的实际价值。这种价值促使夏普塔尔采纳了新的理论，也间接地影响了18世纪化学革命进程。

① 拉瓦锡从1775年开始是火药与硝石管理局的负责人之一。维护火药的生产秩序以及国家对相关资源的管控，是该机构的主要职责。参见（Scheler，1973）。

反过来，化学革命对18世纪新兴化工产业的发展产生了哪些影响？第一次工业革命极大地推动了西方主要国家的现代化进程。随着工业革命的号角之声，现代化工产业在18世纪晚期破茧而出。在这一特定阶段，新化学知识对化工产业兴起产生了什么作用？具体来说，拉瓦锡的理论对夏普塔尔的早期化工技术和生产产生了何种影响？对生活在21世纪初的人们来说，从科技革命中寻找经济、产业发展的动力是件寻常之事，但在第一次工业革命期间，重大的技术创新和发明并不必然植根于科学进步。拉瓦锡与夏普塔尔的交流让法国人看到了科学革命对工业革命的作用和影响，因而具有象征意义。

四、理论层面的解释：科学革命与工业革命

工业革命时期，科学对技术创新和产业变革做出了何种贡献？对此问题存在两种认识：一种强调用“科学”一词解释18世纪的技术和产业变革，或用于阐发变革者的创新思维，这肯定了科学思想的作用，但很大程度上局限于对历史事件的事后诠释；另一种认识强调，革命性的理论知识是技术创新的前提条件，创新者是通过挖掘理论知识的实际应用价值进行技术创新的。①

那么，从更具体的层面考虑，18世纪工业革命期间的化学理论知识对化工行业的成就产生了什么影响？对于夏普塔尔来说，拉瓦锡的新化学理论最具有说服力的地方，很可能是它不仅能够说明纯粹化学理论研究中出现的问题，而且能够解释化工产业中实际存在的现象。

---

① 关于18世纪法国的科学和产业之间的关系，霍尔（Hall）和吉利斯皮（Gillispie）的观点较为经典（Hall，1974；Gillispie，1957）。霍尔在研究英国工业革命时，已注意到英国和法国在追求应用科学时的社会环境有明显差别，不过他似乎仍将自己的讨论套用在这两个国家之上。

吉利斯皮曾指出，衡量一个产业的科学发展程度，在某种意义上与是否应用新理论没有关系，而是与能否从理论上解释该行业的现象有关（Gillispie，1957）[405]。夏普塔尔在化工实践和氧化学说革命之间，似乎具有紧密关联。新的氧化学说直接为他的应用研究指明了方向，为其在工业界的成功做出了贡献。更重要的是，夏普塔尔自觉意识到了其中的关联。

夏普塔尔在拉拜耶建立的化工厂无论是生产规模还是产品种类的丰富性，在当时都出类拔萃。他的企业在当时取得成功，某种意义上归功于其生产摆脱了传统工匠传统，不再主要依赖经验积累和摸索来改良技艺，转而依靠应用科学知识，尤其是新的理论成果。1790年，他指出：

> “我已在蒙彼利埃建立起生产化学产品的大型企业。这家企业令我去跟踪该学说的发展，并观察其与各类工序所呈现的全部事实的相符情况；正是它（该学说）本身，让我简化了大部分流程，使得一些流程变得完善，并矫正了我的全部观点。”（Chaptal，1790）

拉瓦锡新理论的面世与夏普塔尔早期为规模量产进行的实验在时间上大体重叠。虽然产品和流程上一些小的进步和革新，可能源自经验积累，或者源自对当时先进技术的改造，但夏普塔尔本人强调，科学理论和思想对技术创新具有价值。拉瓦锡的学说给予夏普塔尔改进技术的理论框架，使后者简化生产工艺，可以提升技术专家的认识水平，避免产业科学家进入思想误区，最终推进化工事业的发展。如果说位于南方的朗格多地区给了夏普塔尔创新的舞台和机遇，那么巴黎的新理论知识就是其创新的思想源泉。对于夏普塔尔来说，科学革命和新兴产业之间具有关联：新理论促进了化工领域的技术进步。

夏普塔尔的早期生涯似乎表明，科学理论应用于技术，或更具体来说，化学知识应用于化工技术，产生了积极影响。科学对当时的产业发展已经具有明确的影响力。不过，似乎并没有确切的实例来支持这一观点。夏普塔尔对拉瓦锡工作的赞誉是回溯性的和不确切的。

在第一次工业革命的初期阶段，化学理论知识和新兴产业之间的关系并不明晰。夏普塔尔在化工行业早期的成功和所取得的声望不是因为他受到了化学革命的影响。工业家和化工专家在工厂和实验室当中获得经验和实验，新的化学理论可以提供新的、合理的说明，从而修正他的认识，但并不能够令他们发明新的工艺流程，或提升老的流程（Le Grand，1984）[31]。也就是说，夏普塔尔在拉拜耶工厂中开展细致的应用研究，拉瓦锡的学说可以给予多种反应以合理解释，提供令人满意的特设性说明，比如酸的反应过程。这可能促使夏普塔尔逐渐认可并最终接受了新的化学理论。此外，很难证明新知识是否的确有助于简化工艺流程，提升技术水平，在这个意义上，化学理论的创新在当时对化学工业的意义似乎并没有想象的那么大，但反过来，其所从事的实用化工研究却可能促使他最终接受新的化学理论（Le Grand，1984）[44—45]。夏普塔尔的工业成就和理论立场之间的关系是：他的理论立场很大程度上是由于其在产业界的实际经验决定的，因此，他的工业成就并没有受到理论太大的影响。换言之，化学革命对化学工业的影响似乎并没有想象的那么深刻。夏普塔尔的案例，也体现着18世纪末科学和产业之间的一般关系。

化学理论，或具体说拉瓦锡的化学理论，对夏普塔尔在化工领域的早期工作产生了何种实质性影响？显然，有很多产业界先驱都受过化学教育，他们的工场经验仍然非常重要，但他们能够从理论知识中获益，从他们所熟知的分析或其他实验技术中获益（Smith，1979）[312]。即便他们在实际工作中主要依靠经验，其经验也渗透了理论知识，已不再是传统工匠们在日复一日的生产中积累起来的经验。化学史家通过对夏普塔尔早期著作的分析，重点分析其中的关联。

总体来说，夏普塔尔的化学知识对其工业研究具有三重意义。首先，他非常熟悉化学物质和理论，熟悉最新的化学文献，这要归功于他在化学方面接受的训练和实践。这种训练使他广泛了解信息，能够发现隐藏的联系和机会。他制造的化学产品种类非常多样，一定程度上可以反映出其化学知识的广博程度。其次，夏普塔尔在很多工业研究中使用的实验方法和技术，也很大程度上归功于他所接受的化学训练。比如制备磷酸，他尝试多种方法，努力控制相关变量。18世纪的化学很大程度上是描述性的经验科学，理论化程度较低。在他看来，化学研究和工业研究之间的界限微乎其微。第三，也是最难确定的问题，那就是化学对于夏普塔尔的价值到底有多大，或者说理论在其工业研究中到底扮演了何种角色。夏普塔尔的一些早期研究，强调理论和实践紧密互动。他不仅从经验出发对既定流程做出调整，还利用理论分析并检测和制造流程相关的预设前提。虽然夏普塔尔基于新的理论，并未做出重大技术突破，但必须承认的是，他自觉地依靠理论知识提高工业生产效率，系统地挖掘科学思想的使用价值（Perrin，1986）[541—542]。

考察夏普塔尔早期工作，人们可能认为抽象的化学理论并没有直接引发化工技术创新。夏普塔尔一度在酸的制备上取得成功，这不能简单归结为采用了拉瓦锡关于酸的理论。理论知识与技术创新之间不存在因果关系，化工产业的兴起很大程度上是技术进化的产物，是经济领域规模生产的再组织，并不能视为化学革命带来的成果。

但是，化学理论以间接的方式对化学工业的发展产生了影响。化学革命意味着该学科知识进入快速发展阶段，理论问题的刻画将变得越来越准确。化学学科自身的发展以及社会对化学实用性的认可，将促使化学教育不断发展，从而培养出未来的产业家及专业科技人才。而通过人才和知识的扩散和流动，以及实际的生产活动，又将进一步促进化工产业的发展。

第二节　科学技术体制的重建

在风起云涌的大革命期间，法国重建了本国的科学技术体制。一些历史悠久的科研机构得以延续，高等教育部门经历重大变革。19世纪初期，拿破仑重组了法国高教机构，进一步巩固了中央集权的科技体制。帝国大学对各地学院实行扁平式管理，而大学校体系则呈现出金字塔的等级结构。总体而言，“一系列大机构承担着明确的教育目标，同时接受监管部门的严格控制”（Thépot，1983）[84]。在19世纪绝大多数时间内，法国的科技体制总体上秩序井然。

一、专业机构、学会、组织

经历了大革命的洗礼，传统学术机构在功能和特征上都有很大变化。法国科学的发展模式与英国不同。从路易十六时期开始，科学就日益成为一项国家支持的事业，而不再局限为个人出于兴趣而投身其中的私人活动。传统学术机构数量虽然不多，但却具有光荣传统。一些重要的专业机构可以追溯到旧制度时期，如法兰西学院、巴黎天文台等。虽然在大学校、理学院和医学院拥有教席的教师们在研究和出版方面非常活跃，但由于体制的原因，学术研究是专业学术机构，而非教学机构的基本职能。

在大革命的洪流中，传统学术机构及其价值和传统遭到质疑。皇家科学院作为旧制度的遗产，被视为贵族化和精英主义的官方机构。1793年，国民公会宣布关闭包括皇家科学院在内的学术机构和团体。1795年，科学院作为国家科学与艺术研究院下属的机构重新开放（Hahn，1971）[226—312]。在波旁王朝复辟时期，科学院一度恢复旧制度时期的名称，即便如此，它已无法回到18世纪鼎盛时期的地位。科学院通过会议、汇报，以及有奖征答等措施和途径鼓励学术研究。旧制度时期，科学院的奖赏来自皇家资助，而在大革命期间，拿破仑设置了大量奖品，推动了科技奖励体系的发展。随后，企业家也加入其中，成为了科技事业的重要资助者。在资助主体逐渐变迁的过程中，科学基金作为一种新的资助形式出现了（Crawford，1980）（Crosland，1992）[270—278]。

法兰西学院的历史比科学院更为悠久。它由弗朗索瓦一世（François Ier，1494—1547）兴建于1530年，最初名叫皇家学院。自奠基之日起，学院就涵盖了自然科学和人文科学各个学科。教授通过公共演讲传播知识，同时开展自己的研究工作。1795年，学院重新开放，继续开设公共讲座课程，听众无须注册或参加入学考试。在19世纪，各学科教席数量的分配并不稳定，这一定程度上与学科体系的演化有关。1870年，教授数量上升到40位。学院为19世纪某些最杰出的研究提供了体制环境。

巴黎天文台在旧制度时期隶属于皇家科学院。1795年，它在行政上划归当时刚刚建立的经度局管理，后者负责研究和认知物理观测领域的管理规律，关注科技活动中出现的实际问题。在随后的半个世纪中，供职于经度局的天文学家、物理学家阿拉果（Arago，1786—1853）成为该机构最具影响力的领导人（Schiavon，2016）。1854年，天文台与经度局脱离关系。天文学家和数学家勒维耶（Le Verrier，1811—1877）被拿破仑三世任命为台长。为了让天文台摆脱前主管机构遗留的影响，勒维耶努力转变天文台工作模式，并调整主要工作方向（Locher，2007）。不过，经度局继续出版法国标准历书，具有悠久历史的日历《时间知识》，以及流行坊间的年鉴，并在某种程度上扮演咨询机构的角色。各地的天文和气象观测台在第三共和国时期大幅度扩张。1878年，中央气象局建立。它们很快就成长为较为活跃的研究中心，向社会提供具有实用价值的服务。

国王花园于1793年6月更名为自然历史博物馆。作为一座现代博物馆，它不仅肩负着科学传播的任务，也是教育培训基地和涵盖多个学科的研究中心，尤其关注动物学、植物学和矿物等领域的研究。博物馆最初的12位教授中，包括博物学家圣伊莱尔（Saint-Hilaire，1772—1844）、拉马克（Lamarck，1744—1829），以及解剖学家和古生物学家居维叶（Cuvier，1769—1832）。博物馆的建立和相应的改革体现了雅各宾派和社会环境的影响（Gillispie，1969）（Spary，2000）[193—194]。在行政制度方面，该机构接受教授自治委员会的管理。委员会中教授们的地位原则上是平等的，他们拥有实际权力，并共同选举馆长。馆长任期最初是一年，数年后改为两年。1863年行政改革规定，馆长任期延长至5年。由于拥有高水平研究力量和丰富的资源，它在19世纪上半期进入黄金发展期（Limoges，1980）。

就地方学会和地方科学院来说，其中一些机构和组织源自旧制度时期，但大多数是在大革命之后创建的。到20世纪初期，此类地方机构数量达到几百个。其成员主要由非职业化学者构成，难以在高度专业化的学科领域做出原创贡献，比如数学和物理学。但在另外一些领域，比如博物学，一些学者以田野调查等方式推动地方性知识发展，取得了优秀的成绩。从七月王朝开始，公共教育部在形式上开始接管地方科学社团，但中央行政部门和地方各省的学术社团之间存在张力。前者注重秩序，后者充满生气。在19世纪中叶，两者之间的紧张关系在一定程度上反映了法国多种政治派别的对立，同时也体现了现代国家中央集权化与地方发展利益之间的碰撞。进入19世纪80年代，地方科学开始表现出独特的发展活力，虽然还无法对首都的权威机构形成挑战，但有助于巴黎以外的一些地区在20世纪发展成为科学重镇（Fox，1980a）（Nye，1986）。

随着科学技术专业化程度的提高，以学科为着眼点的全国性专业学会逐渐进入人们的视野。皇家巴黎农业学会初创于1761年，在大革命期间更名为法国农业学会。①它是最早成立的全国性专业学会之一。随后，覆盖各个学科的全国性专业学术组织陆续建立，比较均匀地分布在19世纪各个时期。其中，法国化学学会和法国物理学会是非常活跃的全国性专业学会组织，它们主要通过学术出版工作，有力地支持了19世纪后半叶的学术职业发展。专业学会的发展壮大，表明现代科学技术体系在19世纪稳步分科发展。

① 该学会在1789年到1790年的名称是法国皇家农业学会，1790年到1793年期间称为法国农业学会，并在19世纪多次改组和更名。1915年，该机构改称法国农业科学院。

表3　1789—1914年法国全国性专业学会组织[①]

学会组织	法文名称	成立时间
巴黎博物学会[②]	Société d'histoire naturelle de Paris	1790年
巴黎药学学会[③]	Société de pharmacie de Paris	1803年
地理学会[④]	Société de géographie	1821年
法国国家园艺学会	Sociéte nationale d'horticulture de France	1827年
法国地质学会	Société géologique de France	1830年
法国昆虫学会	Société entomologique de France	1832年
国家外科学会[⑤]	Société nationale de chirurgie	1843年
法国土木工程师学会[⑥]	Société des ingénieurs civils de France	1848年
生物学会	Société de biologie	1848年
法国气象学会	Société météorologique de France	1852年

① 研究19世纪法国近代史的学者有时将视野回溯到1789年，向后顺延至第一次世界大战。本统计涉及该时间段部分法国全国性专业学会组织。表格制作参考了（Fox，1980b）。

② 巴黎博物学会于1821年重组，其前身可追溯至1787年成立的巴黎林耐学会。

③ 该学会在1946年更名为药学科学院，1979年更名为国家药学科学院，并沿用至今。它与国家医学科学院并立而存在，后者起源可追溯到1731年。

④ 地理学会的创建可追溯至1785年，并于1821年重组。

⑤ 外科学会脱胎于1831年建立的皇家外科学院。1935年，该学会更名为外科学院。1997年更名为国家外科学院，并沿用至今。

⑥ 该学会在成立之初名称为中央民用（土木）工程师学会。1860年，它更名为法国民用（土木）工程师学会。

续表

学会组织	法文名称	成立时间
驯化动物学会①	Société zoologique d'acclimatation	1854年
法国植物学会	Société botanique de France	1854年
巴黎化学学会②	Société chimique de Paris	1857年
巴黎统计学会	Société de statistique de Paris	1860年
法国数学学会	Société mathématique de France	1872年
法国物理学会	Sociéte française de physique	1873年
法国动物学会	Société zoologique de France	1876年
法国矿物和晶体学会	Société française de minéralogie et de cristallographie	1878年
法国电工学会③	Société française des électriciens	1883年
法国真菌学会	Société mycologique de France	1884年
法国天文学会	Société astronomique de France	1887年
法国海洋学会	Société d'océanographie de France	1897年
法国神经学学会④	Société française de neurologie	1899年
法国心理学学会	Société française de psychologie	1901年
法国放射学会	Société française de radiologie	1908年

① 几经合并、改组之后，该学会现已转变为全国自然保护学会。

② 1906年之后，巴黎化学学会更名为法国化学学会。

③ 1883—1886年间，该学会名称为国际电工学会。

④ 1949年之前，该学会名称为巴黎神经学学会。

续表

学会组织	法文名称	成立时间
法国水利学会	Société hydrotechnique de France	1912年
植物病理和农业昆虫学会①	Société de pathologie végétale et d'entomologie agricole	1914年
生物化学学会	Société de chimie biologique	1914年

随着19世纪政体的频繁更迭，专业学会的名称也可能相应变更。仅以法国国家园艺学会为例，该组织最初名称是巴黎园艺学会，1835年更名为皇家园艺学会，1841年改称国家塞纳园艺学会，1854年变为帝国中央园艺学会等。名称中“皇家”“国立”“帝国”等字样的变迁折射出同期法国政局的动荡。但在名称变化和机构重组的背后，学术组织强劲地延续着自己的生命力，各门学科的专业化程度不断提升。

第二帝国晚期，在教育部部长迪吕伊（Duruy，1811—1894）倡导下，高等研究实践学院于1868年建立。该机构主要目标是继承老巴黎大学的创新精神（Revel，1996），通过实验室和讨论班等手段，开展学术研究，加强学术训练，推动本国的知识创造。它似乎被设定为既有科技教育体系的补充机构，虽然没有学位授予权，但在实践层面成为法国培养研究生的一次实验，为训练科学家和研究者做出了很大贡献（Ben-David，1970）[174—175]。其研究涵盖整个自然科学和人文学科谱系。相对于普通科研机构而言，它涉及的一系列研究主题可能

① 1971年，该学会更名为法国植物病理学会。

过于深奥，但却开辟出一条渠道，向各学科提供研究和出版基金。显然，创建者们希望这所新学院能够适应新的科研教育模式，担当起继往开来的责任。

二、大学体制

从大革命到拿破仑时期，法国高等教育在一定程度上经历了重建。虽然中世纪和旧制度时期的某些特征依然延续，但在19世纪上半叶，法国高教体制与欧洲其他国家相比仍然表现得相当独特（Charle & Verger，1994）。在各类从事科学教育的机构中，规模最大的是理学院、医学院和药学院。这些学院均隶属于帝国大学。1793年，法国境内大学关停。1808年，在富克鲁瓦的推动下，拿破仑下令对既有教育资源进行整合，建立了一所帝国大学。这是法国高等教育体制经历的一次重要改革。

帝国大学的建立似乎意味着大学的重建，用以接续在大革命中被关停的传统高等教育机构，但事实绝非如此简单。新建机构与旧制度时期的大学差别较大。它作为国家机构，不仅管理着巴黎和各省高等教育层次的专业学院，包括神学院、法学院、医学院、文学院和理学院，而且管理着法国境内的高级中学等教育机构。帝国大学按地域在全国划分出26个学院，后于1870年缩减为17个。每个学院通常覆盖相邻几个省的教育行政工作，范围大致与上诉法院负责的地理区域对应。首任行政领导由丰塔纳（Fontanes，1757—1821）担任。帝国大学委员会在学校管理中发挥着积极作用。拿破仑之后，该委员会一度被称为公共教育委员会（1815—1820）和皇家公共教育委员会（1820—1822）（Léon & Roche，2003），在第二共和国时期又更名为公共教育高级委员会。各学院设有院长职位和学术委员会，管辖本地区高等和中等教育机构。学生要想获得学位以及职业资格，需要通过相应的国家考试，学院为这些考试安排考官，并负责授予学位（Fox & Weisz，1980a）[20]。

波旁王朝复辟后，帝国大学更名为法兰西大学。此时，相当一部分专业学院已经开始运行。专业学院的教授需要为学生和普通公众开设课程，进行公开演讲，也向政府和产业界提供专业咨询。除此而外，他们还在较大城市开展应用研究，投身地方学术社团，为社会提供基本的技术培训。就学生而言，到19世纪下半叶，理学院的入学人数与文学院大体相当，但比法学院、医学院、药学院等专业学院的入学人数少很多。

复辟时期的决策者们一度打算废止帝国大学，但最终决定对其进行改造。一些教师和管理者被视为波旁王朝的批评者，并因此被迫离开工作岗位，比如库赞（Cousin，1792—1867）和基佐（Guizot，1787—1874）。在复辟时期的最后几年，政治压制才有所缓和。此外，政府在教育预算上并不大方。七月王朝时期，在基佐和库赞等人的推动下，政府对教育的重视程度有所提升，大学的发展较为顺利，科研活动获得重视，预算相应增加（Fox & Weisz，1980b）[29]。

不过，在第二帝国初年，各地的学院在政治上再次受到压制。教师群体经历整顿，学术自由遭受侵害。与复辟王朝相比，第二帝国在预算上尤显吝啬。1863年，拿破仑三世试图赢得自由派人士的支持，任命迪吕伊为公共教育部部长，情况有所好转。但在普法战争前夕，大学的实验室条件总体较差（Pasteur，1868）。第三共和国时期，决策者视科学技术为社会秩序的基石，相信高等教育必须成为培养新一代社会精英的基础，学术研究是推进科学进步的保障。随着学术活动受到重视，政府给予法兰西大学以更多财政支持。大学在教育和科研中扮演着日益重要的角色。（Fox & Weisz，1980b）[30]（Charle，2011）

经历了大革命以及拿破仑时期的改革，提供高等教育服务的学院已经世俗化了。旧制度时期的传统大学深受天主教影响，神学院在其中占据重要地位。在19世纪的法兰西大学，神学院并未消失，天主教势力在某些时候甚至尝试收复其在高等教育领域丢失的疆土，但学院早已被深入整合进世俗的社会和教育秩序之中。

法兰西大学呈现为单一的中央集权体系，其下设立分支并覆盖法国全境。在某种意义上，它不只是高等教育机构，也承担着全国教育行政管理事务，在功能上类似于中央政府的教育主管部门。它的人事任命制度较为严格，比如，机构建立之初，最高行政领导由拿破仑皇帝本人亲自任免，而学院领导、中央和地方的督学、教师等则由大学行政领导任命，学院教授均为国家公务人员。这一时期的教育体制反映了法国政治秩序的面貌。

在19世纪大部分时间内，法兰西大学系统中的科学部门虽然规模不小，但并未在科学研究上做出相称的贡献。一方面，科技体制中的机构各自承担着不同功能，科学研究并非大学的主要职责。专业学院一定程度上仅被视为研究机构的补充，而非学术研究中心。另一方面，大革命之后的动荡政局，极大地限制了其发展。不同时期的政治气氛不尽相同。复辟王朝和第二帝国时期的政治氛围较为保守，而温和的自由主义与共和主义思想则散布在19世纪的学院。不仅如此，科学研究需要批判精神和独立思想，而政府需要的只是能够按部就班阐释教学大纲的教师。在国家政治相对保守的时期，上述因素很可能对主流意识形态形成冲击。法兰西大学因此不被信任，甚至遭到敌视。

在中央集权化的教育体制中，机构间的竞争依然非常激烈。任何一个专业学院要想提高自己在体制中的地位，加强获取资源的能力，就必须保证其毕业生的就业竞争力。一旦能够确保合格的生源，机构就会试图通过提高招生、教学和考试各环节的标准，以提升教学质量和机构声望，最终帮助毕业生占据某些特定行业岗位的比率。这种竞争在医学院和法学院表现得相对明显。在第三共和国时期，教学机构在技术培训和商业教育上同样努力革新。

法兰西大学建立之后，力主变革的声音就不曾消失。专业学院的教授们将自身利益和更为基础的高等教育改革联系在一起。为了获得更好的生活待遇、更多的学术自由、更高的社会声望，他们赞同对大学相关制度的改革。院长从机构利益和职业竞争的角度出发，希望从法兰西大学内部推动变革，而不同时期的政治决策者则从教育体制外部思考改革。19世纪上半叶，法国政体变动不居。政府对教育机构管控力度在各个时期虽然不同，但主管教育的官员总是希望通过推动教育体制改革，扩展自身的权力。19世纪下半叶，高等教育和研究模式不断演化，各国在相关领域的竞争日趋激烈。教育制度改革逐渐成为一种趋势。19世纪60年代，决策者和改革家们特别关注各国在高等教育和科研领域所取得的进步。化学家孚兹（Wurtz，1817—1884）、生理学家贝尔纳（Bernard，1813—1878）等疾呼，法国应该向正在快速崛起的德国学习。微生物学家、化学家巴斯德（Pasteur，1822—1895）和同时代其他人一道推动以研究为基础的职业模式。随着1870年色当战败，法国的精英们深感忧虑：拿破仑高教改革之后，本国大学发展艰难，与此同时，德国大学则表现良好。在这个意义上，德国暂时取得的优势难道与其高等教育无关吗？[①]多种因素促逼法国进行教育改革。到19世纪晚期，法、德两国在科学教育和组织结构方面的差异开始缩小（Lundgreen，1980）。1896年7月，在主管高等教育的官员利亚尔（Liard，1846—1917）的推动下，通过各地专业学院的重组，法兰西大学分解为15所独立的大学。第三共和国的高教改革使大学获得了更多自由，在更大程度上满足地方的经济和产业发展需求，并使大学的理学院有可能与大学校和专业研究机构展开竞争。[②]

法兰西大学和大学校体制之间既相互交流，也相互竞争。学者的教学活动可以跨越大学校和学院的边界，比如数学家阿歇特（Hachette，1769—1834）、泊松（Poisson，1781—1840）、柯西（Cauchy，1789—1857）等既是综合理工学院的教师，同时也在巴黎的理学院授课。不过，学院和大学校教育培养目标不同。理学院和文学院的教育理念可追溯到百科全书传统，也体现在孔多塞关于公共教育的报告之中，其中渗透着启蒙思想的进步观（Badinter，1988；巴丹特尔，1995）。虽然蒙日为综合理工学院设计的课程计划也彰显了启蒙思想，但前者原则上倾向于通识教育，崇尚理智主义和沉思，而后者明确支持专才教育，强调效率和实干。与大学校体制相比，法兰西大学

① 克里斯托夫·夏尔（Christopher Charle）在研究第三共和国时期大学危机和改革时，使用了大量一手文献以比较法德两国的情况，参见（Charle，1994）。他认为，法国高教领域的特征之一是：决策者和改革家们为了论证和推动必要的改革，往往指向外国模式，先是德国，然后是美国模式。

② 学界对于1896年改革也有不同评价。教育史家普鲁斯特（Prost）指出，“法国高等教育长期停滞”，并认为1896年法案导致法国的大学得以重建，但并没有建立起英国、美国或德国意义上的大学，而仅仅是将15个城市中分散而孤立的研究机构组织成松散的行政单位。1896年之后，“大学仍然彼此孤立，巴黎依旧占据主导（Prost，1968）”。一些研究法国地方大学史的作品继承了普鲁斯特的悲观论调，参见（Craig，1984；Burney，1988）。

的专业学院并非一流，后者在资源获取、招生质量、教师薪水，及其与政府部门关系紧密程度等诸多方面，均不占据优势。大学缺乏培训职业人才的社会声望，而雇主们认为大学毕业生实践动手能力不足，这种根深蒂固的偏见在一定程度上也折射出两类机构的总体差距。理学院一直试图打破大学校毕业生对国家工程师团体的垄断，但在这场体制内部的竞争中基本处于下风，难以撼动大学校的主导地位。

三、大学校或高等职业学校系统

历史学家傅勒（Furet）指出，法国教育体制中有一个令人惊讶的现象："在当代法国，大学校与大学和谐共存；着眼未来，大学校还将会继续存在下去；不仅如此，最好的中学生都进入了大学校，而不是大学。"（Furet，1980）

法国高等专业教育部门，即所谓的大学校，是其现代教育体制中颇具特色的组成部分。法国大革命时期，动荡的国内政治和社会状况、紧张的外部地缘政治局势，以及英国工业革命的冲击等，使得法国急需高级工程技术人才。国家通过改造旧机构和建立新学校，确立了以工程技术教育为核心的大学校体制，该体制将培养国家急需的科技专家置于优先地位，每一所学校都有着明确的定位，并受到国家相关部门监管。从一开始，大学校就在法国科教体制中获得了极其重要的地位。

在大学校体制内部，综合理工学院及其众多应用学校组成的"综合理工体系"居于核心地位。综合理工学院建立于1794年。它为现代法国的自然科学和工程科学发展奠定了基础，是最负盛名和权势的教育机构。该校在不同时期受内政部和战争部管理。学生在综合理工学院学习基础科学，包括数学、理论力学、物理学和化学，合格后进入某一所应用学校继续专业学习，专攻相应的工程学科。可供综合理工毕业生选择的应用学校，包括培养民用工程师和军事工程师的桥路学校、矿业学校、火炮与工程学校等。应用学校同样接受一到两家政府部门的监管。例如，桥路学院和矿业学校一度由内政部管理，从19世纪30年代开始接受商业部和公共事务部管理。从综合理工学院及其应用学校毕业的学生通常会成为一名国家工程师，在随后的职业生涯中，一部分人将会走上行政管理岗位。

地位稍低的是中央工艺制造学校，即后来的巴黎中央理工学院。该校由拉瓦雷（Lavallée，1797—1873）在1829年创建，最初是一所民办教育机构。19世纪30年代，其办学模式传播到了比利时和瑞士等国家。1848年，该校毕业生组建了全国性的民用工程师学会，将国家体制之外的产业工程师组织了起来。在运行将近三十年之后，拉瓦雷于1857年将该校移交给了法国政府，由商业部接管。中央工艺制造学校为新兴产业部门培养工程师，更具体地说，是为私营部门培养民用工程师，同时积极推动“产业科学”的发展，挖掘科学理论成果的实用价值。

巴黎高等师范学院创建于1794年，并在次年1月正式开课。它最初被构想为整个国民教育体系的核心。1808年3月，拿破仑下令在帝国大学的框架内重建该校。①波旁王朝复辟时期，该校被视为自由思想汇聚之所在，并一度被迫关闭。19世纪三四十年代，学校声誉不断提升，并进入稳定发展期。19世纪后半叶，在巴斯德等人的有力推动

① 1808年3月17日，关于建立帝国大学的法令发布。该法令提到在巴黎建立一所寄宿制师范学校，以训练学生们在未来教授文、理科知识的技艺。这一般被视为拿破仑重建巴黎高等师范学院的文件。19世纪的巴黎高等师范学院在某种意义上也可被划归到帝国大学体系中。

下，巴黎高等师范学院逐渐走向学术研究前沿，成为法国自然科学和人文社会科学的研究中心。该校的直接目标虽然是培养中等教育界的精英教师，但绝大多数毕业生最终成长为科研人员和大学教授。不仅如此，在第三共和国时期，饶勒斯（Jean Jaurès，1859—1914）等巴黎高等师范学院毕业生在政界取得成功，为母校带来了社会声望和政治影响力（Smith，1982）。纵观19世纪，借助中等教育部门的快速扩张，自然科学教育重要性的不断提升，以及不断向产业部门及官僚系统输送优秀人才，巴黎高等师范学院对法国社会和自然科学领域的影响力日益扩大（Zwerling，1980；Zwerling，1990）。

随着工业时代的降临，创办面向产业界的理工科高等教育机构已变得势在必行。1857年，里昂中央理工学院建立，它是一所以中央理工学院为蓝本的私立教育机构。市政理化工学院创建于1882年，接受巴黎市管理。电力高等学校创建于1894年，接受国际电气工程师学会管理。该学会的目的是推进与电力产业相关的应用研究。各工艺职业学校建立则极大地丰富和扩展了技术教育。此外还兴建了大量较低级别的商业学校，其中绝大多数隶属于商业部。

进入19世纪，欧洲大学开始日益强调学术研究的重要性，实践着创造知识的新方法。19世纪60年代，出现了一股将教育培训和学术研究相结合的风潮。一些国家的高等教育机构顺应潮流，通过建设实验室，创立博士生计划，提升现代科研能力，新的科技知识生产机制迅速改变。这是一场发生在国家科学技术和教育体制层面的重要运动。在19世纪大多数时间内，法国工业发展较为稳定，一系列工程师学校应运而生，大学校形成了一个组织紧密的独立世界。但是，综合理工学院及相关工程师学校并没有及时加入这场运动。相反，从19世纪70年代开始，综合理工学院开始逐渐放弃了在科学探索方面的使命，将学术中心的位置让与巴黎高等师范学院。这所法国最古老的工科院校很大程度上催生了现代工程科学教育，并维护了法国工程师的崇高形象和身份。但在发展过程中，它逐渐侧重面向公共行政和产业部门，并为其培养高层次人才和管理精英，同时继续维持不大的招生规模。法国的工程技术专业人才逐渐转变成为管理者和技术官僚，他们虽仍然继续站在科学和理性的立场上，但却越来越脱离生产领域（Chatzis & Ribeill，2005）。

四、19世纪科技体制的特征

19世纪科技体制不仅源于大革命的政治风暴，也体现了历史发展的连续性。它继承了18世纪启蒙运动精神。蒙日为综合理工学院制订的课程计划，强调学生们应首先掌握具有普遍意义的学科知识和通用的数学工具，并在此基础上深入到不同应用领域。这反映了启蒙思想所倡导的人类知识的统一性，即不同学科和领域的知识拥有相同的认知根源，或者说建立在共享的平台之上。而大学校体系的设立，则使不同专业学校对应不同工程技术和产业领域。它反映了对人类知识分化发展的认识，并呈现为不同学科门类，学科体系呈现出知识树的样貌，从某个侧面表现了人类知识体系的完整性和严格性。

这一时期的科教体制也是适应中央集权政治秩序的产物。直到19世纪相当晚的时候，法国的科学技术教育和研究系统总体上依然秩序井然，内部各部门功能相对明确。相比同一时期的其他国家，法国科学技术与高等教育体制内在逻辑相对清晰，总体呈现出中央集权化的特点。[①]这种特点可以追溯到旧制度时期，并在体制重建过程中继承了下来，典型地体现了法国政治和社会秩序历史发展的连续性。该体制也不可避免地具有某些弊端。随着时间推移，法国科学技术和教育的发展将深受其害。

科技教育体制内部的科学活动很大程度上被归结为教学和文化传统的传承问题，而不是对未知领域的探索和对新知识的追求。人们一般认为，任何一个机构中的教授都有自由进行研究的权利。例如，综合理工学院在其早期发展阶段就获得了学术上极高的声誉，然而，在该体制之中，科研工作并未占据重要而稳固的地位。19世纪中叶以后，在科技和高等教育界出现一股将教学和科研相结合的潮流。面对这一趋势和挑战，综合理工学院在某种意义上没有做出正面回应。直到19世纪下半叶，在改革潮流的裹挟下，科研才成为法国学术职业的首要职责之一，特别是大学教师的首要职责（Fox，1990）。

机构间有着清晰的逻辑关系和功能区分，这可能会导致体制整体缺乏灵活性。科技体制内各机构在研究领域之间的区分是明显的，这种功能分割的情况可能会造成整个体制内部出现裂隙，抑制相似机构之间形成健康竞争的局面。某些学者随着自身学术地位和荣誉的不断积累，努力克服上述问题带给个人的负面影响，但却无法缩小整个体制内部的裂隙。学科知识体系并非停滞不前，一旦出现大的变动，比如面对产业革命或科技革命的冲击，上述体制如何应对新的科技发展

---

① 本-戴维（Ben-David）、福克斯（Fox）、吉尔平（Gilpin）等学者强调中央集权和功能分裂的概念，用以概括法国19世纪科教体制的特点。这些特征也相应带给法国科技体制一些负面因素。强有力的中央集权可能产生抑制原创的、独立的思想的效果，而功能分割的情况可能从根本上抑制了相似机构之间出现健康的竞争。

境况？对法国人来说，既定体系的基本结构一旦确立，便难以撼动，也就是说，体制的变革不能依靠改变现存机构而实现。只有通过建立新机构，才有可能缓慢地推进变革。无论何时，一旦社会需要某类新型专家，就需要通过建立新的大学校来满足这一社会需求，这似乎成了时代的特点。

第三节　综合理工学院

波旁王朝时期建立起的工程技术体制，构成了综合理工学院的基础。旧制度对于法国科学技术体制是一个非常重要的时期。波旁王朝数代君王和大臣们重视近代科技革命中诞生的新生事物，通过创建巴黎皇家科学院、各类学院和专业机构，王国的决策者和管理者努力将近代科学逐步纳入国家机器之中，并挖掘能够带给国家的潜在益处。而工程技术体制从一开始就与王朝紧密结合在一起。军事工程和民用工程团体构成国家工程技术体制的主体。附属于各工程技术团体的学校和机构在旧制度时期逐步建立起来，包括桥路学校、工程学校、矿业学校等。正是建立在这些已有的机构上，工程技术及其教育体制经历了深刻转变。

一、综合理工学院建立的基础和背景

在大革命开启的混沌局面下，王朝时期的科学和工程技术体制

受到巨大冲击，面临一系列亟待解决的问题。首先，从贵族当中招录国家工程师的制度无法维系。从大革命开启到1793年雅各宾专政，政治气氛日趋紧张。1792年之后，很多军事工程师由于其贵族身份等原因，或出国避祸，或返回乡间家园。这些专家在工程建设中起着重要作用，他们脱离工程团体，造成了人员流逝，出现的职位空缺急需人员补充（Grattan-Guinness，2005）[233]。就当时的环境来看，从贵族中录用工程师的旧制度已经无法维系。革命政府决定把那些职位向普罗大众开放。

其次，军事主导的工程技术体制发生了转变。在旧制度时期，属于军队的工程团体和属于民用的桥路团体泾渭分明。随着大革命的降临，位于梅济耶尔的工程学校人员短缺，同时难以吸收通过考试的贵族学员。该校于1792年末难以继续运转。公安委员会发布命令，于1794年2月正式关闭这所具有传统的军事工程师学校。考试制度是区分军事工程师和民用工程师团体的一个传统标志。如果工程团体的入学考试无法维系，该标准就会在很大程度上失去意义。不仅如此，桥路学院的职能此时相应得到扩张，也肩负起了向军队输送专业技术人才的职责（Gillispie，2008）（Gillispie，2004）[520]。在大革命的冲突和动荡中，两类团体之间的差别缩小了，工程师学校的角色需要重新定位。

第三，国家在特定时期的社会经济状况对工程技术领域提出了紧迫要求。国内交通基础设施在王朝末期没有受到应有重视，需要及时护养和建设，而在动荡的政治和社会环境里，军事防御工程建设也亟待加强。上述领域涉及道路、运河、海路、港口、堡垒等各类工程设施。不仅如此，第一次工业革命方兴未艾，产业结构和职业分布也经历了大幅度调整。一些传统产业受到挤压，而冶铁、采矿、棉纺等行业则快速发展。在18世纪末期，法国的产业链已开始受到影响。面对相关工程技术领域的挑战，国家需要本国专业工程技术人员，能够适应正在变化的产业环境和社会需求，应对工业化带来的问题。这种状况要求，一方面在尽可能短的时间内训练出合格的工程师，另一方面，让他们掌握具有广泛适用性的知识、工具和方法，以利于应对不同产业领域快速涌现的实际问题。

第四，诸多学术研究和高等教育机构在1793年关闭，包括巴黎皇家科学院、巴黎大学等，相关领域出现的空白地带，需要新机构填补。工程师学校很快再度开门，它们的角色需要重新评价。1794年9月，在向国民公会递交的法令草案中，公安委员会成员富克鲁瓦描绘了未来机构的新定位。在他看来，“由于大革命造成的危机，有关精密科学的教育受到抑制”，而新的高等工科学校不仅应该“为了共和国的需要”，承担起培养工程师的任务，而且也注定要为“重建科学教育”做出贡献（Convention nationale，1987）[210]。三年后，一份涉及教育改革的报告提到，工程师学校“注定成为维持有关科学教育和技艺教育的宝库”（Fourcy，1987）[122—123]。在产业革命和政治革命的双重影响下，为了填补科学教育机构关停之后留下的空档，决策者们必须将自然科学的教育问题考虑其中。由此，活跃在大革命政治浪潮中的科学家们积极参与新教育机构的建立，虽与共和国的工程师们摩擦不断（Langins，1991），但双方共同推进法国工程技术教育体制的重建。

1793年，法国的工程技术科学教育领域出现了一些棘手的问题。一方面，国家急需众多工程师参与防御工事的建设和武器制造，另一方面，军事工程师学校培养出的工程师却大量流失。人们期待某些工程学校能够同时开展民用工程师和军事工程师的训练，也希望有机构不仅传授一般工程实践知识，也能够提供真正的数学和科学理论教育

（Gillispie，2004）[522]（Picon，1992）。路桥学院一度有望承担起这一重任，但危机的积累促使国民公会决定在巴黎创办一所新学校。1794年末，综合理工学院在巴黎成立，并迅速成为新体制的核心和领导者。

二、综合理工学院的创建

1794年3月的一项法令首次提及中央公共工程学院的名称。1794年9月28日，国民公会通过了有关建立中央公共工程学院的法令（Convention nationale，1987），具体确定了这所新教育机构的启动方案、行政管理、招生录取等诸多事务（Belhoste，1989）。

这所学校聚焦高等工科教育，它不再隶属于某个军事和民用工程师团体，并专门为其培养和输送工程师。学校在很大程度上为国民教育体制建立了一个范例，不仅服务公共工程建设，还要首先针对学生，其次是更大人群，提升其普通科学素养（Gillispie，2004）[523]。学校的教学强调理论应该落实到实践，实践应该佐证理论，而教师应该自觉将理论与实践相结合。

1794年12月21日，中央公共工程学院正式开放。学校最初坐落在波旁宫。通过招生官员的高效工作，391名学生很快入学（Fourcy，1987）[59]。1795年2月18日，该校制订出完整的理工科高等教育计划（Langins，1987）[126—198]。①文件标题中出现的“polytechnique”或“综合理工”一词，传递了工程技术的多样性或多元性观念。课程计划涵盖的学科门类非常广泛，同时强调数学和科学理论学习。历史学家强调，这种设计或许也是为了应对如下情况：由于皇家科学院受到

① 文件由国民公会发布，标题为“中央公共工程学院综合理工教育计划”。

压制，众多科学家失去支持，在紧迫的政治局势下，全面开设课程计划中的课程，可以保证科学家的生活，确保制度的连续性。该定位最终影响到了学校名称。1795年9月1日，中央公共工程学院正式更名为综合理工学院。

1795年10月，综合理工学院和其他工程师学校形成了稳定而独特的关系。朗布拉迪（Lamblardie，1747—1797）出任首任校长。他原是桥路学院的校长，也愿意将那所拥有光荣历史的工程师学校视为新机构的摇篮。在朗布拉迪的努力下，综合理工学院的角色发生转变，成为学生进入其他工程师学校继续接受专业训练的预备机构。而相关工程师学校只招收来自综合理工学院的毕业生，并被称为该校的应用学校，具体包括桥路学校、矿业学校、工程学校、火炮学校[①]、地理学校，以及数所海军工程学校等。众多应用学校既涉及原有的民用工程师学校，也包括军事工程师学校，它们不仅坐落在巴黎，而且分布在行省。综合理工学院的毕业生通过应用学校，拥有进入各工程师团体的权利。一个以综合理工学院为核心的理工科高等教育体系形成了。

三、综合理工学院的制度和运行

因为要同时满足军事和民用需求，政府决定由战争部和内政部同时管理该校。为综合理工学院授课的教师包括当时最优秀的科学家和工程师。[②]比如，拉格朗日（Lagrange，1736—1813）作为欧洲顶级

---

① 位于梅斯的火炮学校和梅济耶尔的工程学校于1794年合并。新的火炮和工程应用学校位于梅斯。

② 在综合理工学院早期发展阶段，授课教师还包括拉格朗日（Lagrange），富克鲁瓦（Fourcroy）、阿歇特（Hachette）、德莫沃（de Morveau）、沃克兰（Vauquelin）、贝托莱（Berthollet）、夏普塔尔（Chaptal）、佩尔蒂埃（Pelletier）、普罗尼（de Prony）、蒙日（Monge）等。

数学家，在建校伊始担任了分析和力学教授。普罗尼是一位卓越的工程师，他负责教授力学。画法几何和微分几何则由颇负盛名的数学家蒙日负责。在大革命之前，蒙日曾执教于梅济耶尔皇家工程学校，着力在工科教育中把理论与实践有机地结合起来。

作为“综合理工的奠基人”之一，蒙日的教育理念对初创时期的综合理工学院影响至深（Arago，1846；Pairault，2000）。眼光长远的学者洞察时代精神，也特别关注教育改革。蒙日从1764年起在梅济耶尔任教，长期担任数学教师，从1783年10月开始在海军担任主考官（Julia，1990）。他对旧制度下的技术体制及其弊端有深刻洞察，也对工科教育有一套自成体系的想法。他站在雅各宾派的立场上，认为旧制度时期的工程师团体是特权组织，并相信新型技术专家应该取代王朝的国家工程师，新机构的录用程序同样应该更加民主。不仅如此，他批评工程领域过度专业化的现象，指出通过加强科学方法的教育，完全有可能训练出适应面更宽的技术专家。蒙日参与了综合理工学院的最初设计和筹建，并两度担任校长。在他看来，新建立的机构应该成为反对陈旧工程技术体制的武器，并引领教育体制的重建（Chatzis，2009）。

蒙日希望将自己在梅济耶尔的经验放大投射到新建机构，虽然他的理想从来没有完全实现，但综合理工学院最初的课程计划深受其影响。学校教育最终面向工程实践领域，课程计划的形式渗透着百科全书的精神，表现为水平不断增长的知识树形式（Gillispie，2004）[524]。课程计划的两个主干包括数学科学和物理学，课程学习将持续三年时间，没有完成的学生还可延长一年。蒙日以在梅济耶尔的授课经验为基础，为综合理工设计了画法几何学课程，并希望这门课程成为有关工程技术高等教育的基础，成为不同专业领域的工程师们都可以掌握的通用工具。双投影法在不同学年，可被分别应用于材料切割、公共工程和建筑、要塞和海港设计等科目。同样的原理也体现在其他课程上。微积分在不同学习阶段，可被应用于几何学、固体力学、水力学。普通化学原理则可用于盐、有机物以及矿物等课程。上述计划体现了科学原则的普遍适用性，以及理论知识和应用实践之间的紧密联系。

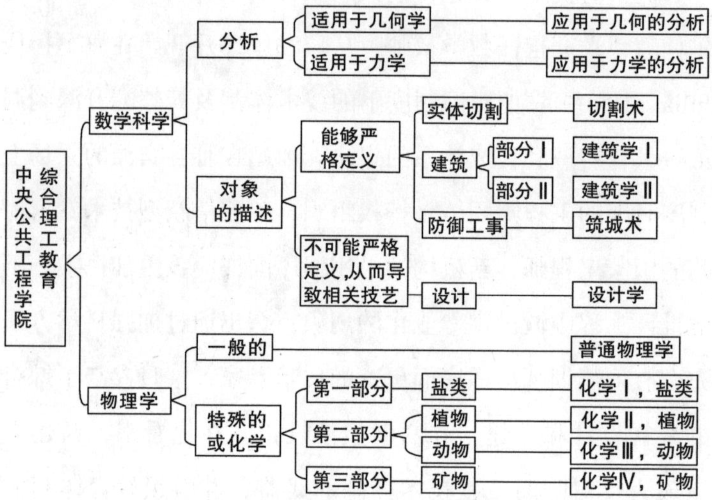

图5　综合理工教育计划的联系和次序

该图说明了实践活动和对象、知识、课程教育之间的关联和结构。各类工程技术工作建立在一个共享的平台上。这个平台由数学、物理学，以及通用的方法构成。来源：《中央公共工程学校综合理工教育计划》，参见（Langins，1987）[128—129]。

招生录取制度对学校的成功来说非常重要。最初几年，综合理工学院的入学人数并不稳定。除首届招生较多外，随后十几年降到年均招收100余人的水平，总体规模由各应用学校计划招生人数的总和决定。1796年，拉普拉斯向校方建议，地方考官主要依赖个人的判断，而招生遴选的权力应该集中，学校内部需建立一个由三到五人组成的专门招生小组，从统一标准出发，评判全国各地的候选人。各地适龄男性青年要想进入综合理工学院，须参加全国范围的竞争性考试。考试在巴黎及21个省会城市举行，数学科目是考查重点，因为只有数学能力可以获得相对精确的测量。考官以数学家居多，其中一些凭借所撰教科书知名，候选者们经常将其作为考试参考书。

由于严格的招生制度，投考者能否获得入学资格，在一定程度上与家庭社会地位和财富无关。学生们会获得一笔奖学金以支持他们的生活，家在外省的学生寄宿在学校附近可靠的居民家中，他们需要在校学习三年时间。学院的管理制度在建校初期并不十分稳定，但仍然为少数坚定的学生指明了未来方向。①1799年，综合理工学院的课程从三年缩短到两年，学生被要求生活在严格管理的、军事化的校园环境之中。综合理工毕业生被称为“综合理工人”，拥有进入各类应用学校的特权，一些社会评论将此视为反民主的现象。面对批评，校方明确回应，在分配教育资源过程中，该机构将会真正保障平民权利，反对权力的滥用，反对富人的特权。至少在声明中，新建学院与贵族

① 他们不仅取得了卓越的学术成就，也将个人经历与国家命运紧密相连。其中的优秀分子包括毕奥（Biot）、马吕（Malus）、潘索（Poinsot）、若利奥（Jollois）、若马尔（Jomard），以及朗克雷（Lancret）等，后三位是拿破仑埃及远征军的重要参与者。1798年到1801年间，大约50名综合理工学院的学生和十多位教职人员随拿破仑远征埃及。

占据主体的旧工程体制泾渭分明。事实证明，19世纪上半叶，出生在贵族和高级官员家庭的学生人数比例稳步下降。综合理工学院以能力水平为标准，招录素质最好的学生，同时，它也按照学生在校学业完成情况，向应用学校输送毕业生，进行下一阶段的专业训练。

综合理工学院在教育上实行教学和考试的二元制。为了确保教育的客观和平等原则，教师和考官形成了两个不同的团队。他们薪酬相同，同样代表了学校利益。其中，两名数学科目的考试官拥有终身职位，而其他科目的考官需要每年任命一次（Grattan-Guinness，2005）[234]。体制结构的特点反映到了学生的学习态度上。和准备入学考试时一样，学生们在准备结课考试时主要聚焦在数学科目。由于考试内容客观性较强，考试结果的等级评定很少受到质疑，公平的竞争和客观的评价获得了考生和社会的认可。不过，考试的重要性似乎有超过课堂教学本身的趋势。

现代社会熟悉的高等教育议题，在综合理工创建初期都已有所涉及。比如，开展专才教育还是通才教育，以培养精英为目标，还是侧重训练普通合格毕业生。学生们在分析力学课堂上的整体表现欠佳，这迫使任课教师重点教授初等微积分。学校管理层意识到，对于一所面向国家公共服务事业的教育机构来说，如何有效训练多数学生，要比培养少数天才更加重要，这种认识导致微积分等课时数相应增加。科技革命的出现仰赖少数天才，但为了满足社会和普通教育需求，教育机构有可能使他们失去磨砺自己锋芒的机会。

学校官方刊物于1795年开始出版，创刊号名叫《综合理工杂志》，次年定名为《综合理工学院杂志》。它最初是为了满足出版讲座或课程讲义的需求而创办的，后来逐渐注重刊登研究论文，并成为数学和自然科学领域负有盛名的期刊，印数达到千份以上。1804年，蒙日的学生阿歇特筹办了《综合理工学院通讯》，主要刊登篇幅简短而偏重教学的文章，以及学校的相关新闻。1816年，《综合理工学院通讯》已出版三卷，但主编阿歇特却在没有获得退休金的情况下离职。[①]同一时期，他的老师蒙日与他一样命运多舛（de Launay，1933）。他们的遭遇仅是拿破仑下台之后政局变幻的某种反映。

四、综合理工学院的改革和调整

1799年雾月十八日政变之后，拿破仑建立执政府，随后拉普拉斯被任命为内政大臣。[②]数学家的这次从政时间虽然只有6个星期，但他很快着手修订综合理工学院的制度，并于当年12月对其进行了改革。

学校原设有负责教学事务的教育委员会和负责行政事务的管理委员会。在拉普拉斯提议下，发展委员会得以创建。这个新的管理机构类似学校董事会，有助于协调与各应用学校课程计划之间的衔接问题。拉普拉斯借此对学校施加影响。蒙日所倡导的画法几何在课程计划中的地位受到削弱，不再被列在数学科目之下，同时授课时间也大幅度缩减，不断遭受数学分析课程蚕食。这一变化体现了拉普拉斯和蒙日在教育理念上的分歧。后者的着眼点不仅是纯粹数学，他将画法几何体系化，创新虽少，但却向化学、物理学、工程技术等诸多领域开放。而前者则希望学校相应减少相关课程的讲授，并将其转移到应用学校去。1796到1797年间，微积分和分析力学几乎占据了全部教学时间的三分之一，已是蒙日最初构想的数倍。部分教师的立场与蒙日一致，许多学生也不喜欢抽象的高等数学，一时间怨声载道。军队似乎也不欣赏综合理工学院的变化，积分学无法直接帮助炮兵指挥官提

① 该杂志在1830年代中期再次出版。

② 关于拉普拉斯，参见（Hahn，2004；Hahn，2005）。

升部队火炮命中率。这所学校围绕课程计划和教育原则展开的争论还将继续下去。

在大革命时期，综合理工学院的学生一度纪律松散，课堂出勤率无法保证。寄宿制导致学生们分散居住在城市中，他们一旦走出课堂就无法控制，在公共场合行为粗野，参与政治纷争。拿破仑钦佩蒙日和拉普拉斯等学者，对综合理工学院怀有浓厚兴趣。但国家和军队需要人才，而年轻人的表现不能令人满意。

图6　位于万神殿附近笛卡尔街（Rue Descartes）的综合理工学院

版画，德卡里（Albert Decaris,1901–1988）创作于1965年，现藏综合理工学院。

1804年7月16日，拿破仑颁布法令，对综合理工学院进行重组，将其置于军队系统之中。当时的很多改变都影响深远（Bradley，1975）。校长不再由学者轮流担任，而是转变成固定职位，由拉屈埃（Lacuée，1752—1841）将军接替。学生按军队建制编为一个营，进而分为四个连，每个连队都接受军官指挥。在课堂学习时间以外，学校设立军事训练，以加强纪律。学生们身穿军官制服，着佩剑，戴双锥体帽子，这些都展示了军人的精神风貌。1805年，学校搬迁到紧邻万神殿的地方，[①]学生开始住在宿舍，吃在食堂，与班级共进退。奖学金制度被取消，入校学生需每年缴纳800法郎学费。学校招生不仅择优录取，同时也需要他们的家庭能够负担学费。一旦开始缴费，有天分但家境贫寒的学生比例就相应下降了（Dhombres，1987）。

旧制度时期工程师团体在教育领域留下的某些印迹，在综合理工学院早期发展阶段依然可辨。比如，高强度的竞争性考试、对数学的强调、工程技术教育和军事教育紧密结合等，这些都曾是法国传统工科教育的鲜明特征。在大革命之前，进入火炮学校和军事工程学校的竞争已非常激烈，拥有贵族血统并不能保证投考者被顺利录取。数学在高难度的入学竞争考试中占据重要位置，考试由皇家科学院富有声望的数学家们负责把关。数学教育被视为军事工程教育的有机组成部分，对于军事技术团体之外的国家工程师来说也同样如此。在大革命中建立的新学校，试图与旧体制决裂，但在教育、招生录取等诸多方面都继承了传统。从更长时段进行观察，历史发展的连续性变得明显起来。新机构符合中央集权化和统一化的发展趋势，与现代国家更紧密地结合在一起，与法国社会在更广泛的意义上实现互动（Langins，1990）。

波旁王朝复辟时期的一项工作就是尽可能重建旧制度，让国家恢复到革命前的状况。综合理工学院是大革命结出的硕果，其存废一度成为问题。不过，如果取消这所学院，就必须建立一个类似机构，以

① 经过长时间的讨论和规划，综合理工学院于1976年再次从巴黎市区搬到了郊外。大约在同一时期，国家行政学院也搬离巴黎，迁往斯特拉斯堡。校址搬迁反映了法国技术官僚教育去中心化的发展趋势，避免巴黎对教育研究资源的独占。

支撑各应用学校，确保工程师的连续培养。

面对此危局，1816年3月，发展委员会在拉普拉斯的领导下起草报告，论证了该校存在的必要性。提供公共服务仍是学院的主要任务，除此之外，教育方法也更倾向“发展那些极少数个人的能力，那些人的品位和天赋召唤他们深入进行科学研究”。同时，教育委员会对学校课程计划进行调整。柯西和安培在起草所负责的教学计划时，试图强化分析和力学课程的地位。他们的倾向令人思索，建立学校是为了培养数学家和科学家，并以推动数学和自然科学的进步为目标，还是“为了训练工程师和推进工程科学的发展”（Belhoste，1991）[63]。此外，学校的军事化不再被强调，相关的军事技艺课程被取消，年度招生缩减到75人。经过一系列调整，学校得以继续运行。

拉普拉斯对学校课程体系设置的设想一时占据优势，但相关争论在综合理工人当中并未消失。19世纪30年代中期，老综合理工毕业生、炮兵将军尚布雷（Chambray，1783—1848）公开反对母校。而辩护者则称，综合理工人追求学术生涯的成功，并已然获得了卓越的研究成绩。1840年，供职于综合理工学院的科里奥利（Coriolis，1792—1843）在一份关于学校政策的报告中，希望在课程计划中增加几何学和力学的分量，增加更多有关机械原理等技术门类课程，并要求评估不同应用学校所教授课程之间的关系。

勒维耶活跃于19世纪中期，以通过数学计算发现海王星而知名。1850年，他主持的一个委员会用半年时间撰写了一份有关综合理工学院的报告。拉普拉斯和柯西等人的政策在当时已经主导学校太长时间。针对这种教育立场，勒维耶引用普罗尼的相关批评，倾向于回归蒙日的立场，强调面向应用力学，及其和机械原理的紧密关系。他的建议获得批准之后，推崇纯粹数学教育的学者们再次明确提出反对意见。[①]

五、综合理工学院的影响和意义

巴黎综合理工学院建立之后，随即成为现代工科学院和理工大学的典范。为了摆脱对欧洲科技顾问的依赖，美国建立了以工程教育为核心的西点军校。1815年，军事工程师赛耶（Thayer，1785—1872）横渡大西洋访问欧洲，重点考察了综合理工学院。1817年，他被任命为西点军校校长。在对军校进行大刀阔斧改革的过程中，赛耶将巴黎的影响带入校园，从教科书、管理模式，到用人制度，力图效仿一所“真正的工科学校”，即综合理工学院（Molloy，1975）。1824年，位于纽约州的伦塞勒尔综合理工学院开始招生，这标志着北美高等理工科教育的一个新发展。18世纪40年代，美国地理学家和教育家罗杰斯（Rogers，1804—1880）提出在波士顿地区建立一所“综合理工学院”的计划（Rogers，1896）。经过不懈努力，罗杰斯的构想开花结果，麻省理工学院于1861年正式建立。综合理工学院的影响力不仅限于北美地区，有历史学家指出，“在随后的一个世纪，综合理工成了整个欧洲工程师学校的典范”。（Weiss，1982）德意志地区紧随法国人之后，相继建成一批高等技术学院，[②]这些机构在今天仍然发挥

---

① 综合理工学院内部关于办学方针的争论内容非常复杂，一定程度上包含着工程师和科学家（或工程技术与自然科学）的冲突和摩擦、科学教育与军事训练之间的对抗。从正面的意义来看，前一种冲突说明，在18世纪末到19世纪初，数学-自然科学与工程技术已在高等教育体制中建立起了联系；后一种张力说明，一如旧制度时期决策者的认识，近代科学技术与军事防务等国家事务的关联对于现代法国依然重要。

② 如卡尔斯鲁厄技术学校（1825）、达姆施塔特技术学校（1826）、慕尼黑技术学校（1827）等。不过，德意志地区的工科高等教育在19世纪具有自身的发展脉落和特点。

着重要影响。尚未统一的亚平宁半岛稍晚也建立了若干综合理工学院，如都灵综合理工学院（1859）、米兰综合理工学院（1863）。[①]这些学校在不同程度上受到法国工科教育体制的影响，主要开展工科教育和实践导向的科学训练。巴黎综合理工学院确立了以理论科学为基础的工程技术科学教育计划，为现代高等教育开拓了方向。

对近代国家来说，科学技术是其基本社会建制，科学技术最初的职业化对国家现代化具有重要的意义。法国在工业革命和政治革命的双重压力下，确立了以综合理工学院为核心的工科专业高等教育体制，这一教育体制的确立具有多重意义。

通过这个新系统，自然科学、数学和工程技术在不同层面建立起稳固联系。旧制度时期，虽然以皇家科学院为核心的自然科学建制关注技术或技艺，以军事技术团体为核心的工程技术体制重视数学和自然科学在培训工程师中的作用，但是，无论是机构组织抑或学科教育等层面，自然科学和工程技术体制基本是相互分离的。同时，科学研究也没有成为法国社会一类常规职业。而在现代工程技术教育体制确立过程中，课程计划和教学理念起到了一种凝聚作用。在学科层面上，新设立的课程自觉地在自然科学和工程科学间寻求联系。不过需要注意的是，这种思路在18世纪末的工程师学校中已现端倪。自然科学和工程技术在同一个教育体制中建立起联系，这种体制上的创新，顺应了近代科学技术的发展，回应了工业革命向法国发出的召唤。

新的体制极大地促进了科学技术的职业化。旧制度时期，皇家科学院院士等职位数量稀少，难以支撑一类社会职业。在大学中，自然科学很大程度上仍冠以自然哲学之名，并隶属于哲学学科，不可能

---

① 该校原名高等技术学院。

配备太多岗位。天主教对大学具有强大的影响力，教会奉托马斯·阿奎那主义为正统学说，并受亚里士多德主义支持。近代科学革命的出现，首先意味着自然科学家放弃了亚里士多德主义的基本信条。而教会对教育和思想活动的垄断，必定妨碍科学家在大学中获得稳定的教职（本–戴维，1988）[161，182]。正是在教育体制重建的过程中，法国建立了以工程师教育为主的大学校体制，这些学院提供了一批教师职位，并向科学家和数学家开放。由此，自然科学家在法国社会职业谱系中拥有了稳定位置。①以综合理工学院为核心的大学校体制建立之后，一系列伟大科学家的名字与之联系在一起，他们或执教与此，或在其中接受教育。综合理工学院体系的建立，构成了近代法国自然科学职业化的重要一环。

以综合理工学院及其应用学校为基础，工程技术教育体制实现了转变。在这个过程中，一些传统得以延续，新的体制不再建立在贵族血统和社会地位的基础上，也免受宗教因素影响，但其精英主义并未受到削弱。通过强调数学和自然科学的重要性，比如解析几何、微积分、力学、物理学和化学等，个人能力和成就受到重视，唯才是用的原则逐渐扩大影响。

新机构明显继承了启蒙运动的理想。启蒙运动的遗产之一是在物质进步和道德进步之间建立了联系。进步不仅仅被理解为是物质上的，还具有非常强的伦理指向，这个体制培养出的工程师们确信，技术的确为法国的公共福祉做出了贡献。在启蒙运动的影响下，国家工

① 18世纪中叶以前，法国的科学家们主要从事与科学技术研究以及教育无关的传统职业，研究工作是他们的业余爱好。1770年到1789年，越来越多的研究者占据教师、研究工作以及与教育相关的文质官员职位。换言之，科学家的职业化在王朝末年已经开始。参见（本-戴维，1988）[189]。

程师们开始将自己视为公共事业和进步的推动者。科技专家通过技术官僚的身份侵入不同部门，技术控制的理念也开始在法国社会扩大影响。这种认识出现在大革命时期孔多塞关于科学城的思考中，成长于19世纪30年代圣西门主义的乌托邦运动中，更落实在法国技术官僚的行动中。比如，现代土地和城市规划已在19世纪上半叶出现。在路桥工程师们看来，整个国家就是一个大型花园，而他们的工作就是为之设计并建造巧妙的通途与河道。法国在通向现代化的道路之上，技术官僚借助科学和技术的美妙观念和现实手段，努力将法兰西建设成一个高度组织化的现代国家。

第四节　法国作为科学中心的衰落

18世纪末到19世纪上半叶，法国一度是世界科学中心。然而，大约在19世纪中叶，法国科学出现了衰落迹象。历史的天平开始向日耳曼人倾斜，德国科学逐渐走到世界前列。毫无疑问，科学中心向德国的转移更加反衬出法国的衰落。困惑当代史学家的一个问题是，19世纪的法国出现了什么问题，最终导致其科学发展在19世纪中期以后出现滑坡。为了回应这个问题，本节将在历史阐释中加入更多分析的维度。

一、19世纪法国科学的兴衰

法国科学从18世纪末到19世纪上半叶取得了辉煌的成绩。根据已有的统计，在热学、光学、磁学和电学领域，与英国和德国相比，法国在1815年到1830年之间，以及1841年至1850年之间处于领先地位。在生理学领域，以每5年原创贡献数量为评估单位，1824年之前的5个5年期中，法国在3个5年期中居于世界领先地位。在医学领域的科学研究中，法国从1800年到1829年间亦居于领先地位（Ben-David，1970）[160]。①就整体科学发展水平而言，法国从18世纪晚期到19世纪上半叶居于世界科学中心的地位。一些科技史和科学计量学学者关注世界科学中心转移现象，他们的成果基本都支持这一主张。利用《科技编年表》中记载的科技成果数和人物传记辞典中编选的科学家资料，日本科技史家汤浅光朝经过统计，得出科学活动中心转移的规律。根据他的统计结果，法国在1770年到1830年之间处于世界科学活动中心的地位（Yuasa，1962）。随着《科学家传记辞典》和《科学时间表》等的出版，学者们有了更为全面的数据资料。基于这些数据库，科技史家和计量学家能够重新对世界科学中心转移现象进行计量研究。无论如何，在18世纪晚期至19世纪三四十年代，法国作为世界科学中心，处于科学活动的活跃期，这个命题依然成立（袁江洋，2005）。法国社会在大革命中剧烈动荡，但科学在大革命期间达到了顶峰，在拿破仑时期过后仍然维持了相当长时间科学中心的地位。

然而，发展高峰过后，面对其他国家的前进步伐，法国科学开始显得有些故步自封。进化论是19世纪伟大的科学成就之一，虽然法国博物学家拉马克是该理论的先行者，但进化论的创立者却是

① 对某个国家的科学家在特定时期内的科学成就进行恰当的计量和评价，是非常困难的。英国科技史家克劳斯兰德（Crosland）曾对科学史和科学计量学的方法论基础进行过反思。在他看来，在进行相关评价时，“发现”的概念非常重要，但将一个科学发现贴上标签，指出它属于某个确定的个人或者国家，却是荒谬的。他指出，这不是说发现往往是几个共同合作的人联合做出的，而是因为为发现奠定基础的观念和研究的发展是复杂的，参见（Crosland，1970）[453–454]。

来自英国的达尔文（Darwin，1809—1882）。[①]电磁学的创立同样是19世纪一项重大科学成就。法国科学家安培（Ampère，1775—1836）、库伦（Coulomb，1736—1806）、泊松等已为它打下了良好基础，做出过重要贡献。法国人有理由相信一个综合性的电磁学理论应该首先由他们提出，但是电磁学却常常与英国人麦克斯韦（Maxwell，1831—1879）的名字联系在一起。在接受电磁学的过程中，法国人再次表现出迟疑，甚至批评的态度。[②]热力学以及气体分子运动理论是19世纪后半期理论物理学领域的两个主要成就。尽管法国在热力学领域有卡诺（Carnot，1796—1832）等人的出色工作，本国数学家在概率论领域的成果也被用于描述气体分子运动，但从19世纪中叶开始，与汤姆逊（Thomson，1824—1907）和克劳修斯（Clausius，1822—1888）的工作相比，法国在这些领域出现了“急剧的衰落”（Herivel，1966）[115]。1885年的一项调查显示，法国各学院的科学仪器几乎和1847年的一样（Zeldin，1967）。总体来看，19世纪30至40年代之间，法国科学的活跃期开始逐渐结束。从19世纪后半叶开始，法国人似乎开始沉溺于回忆先辈们的科学成就。事实表明，19世纪下半叶，法国科学整体发展处于一种衰退的趋势中。

二、法国科学衰落的问题

要想正确理解法国科学在19世纪后半叶的衰落，需要澄清几个问

① 法国人对此怏怏不乐，而且很不情愿接受达尔文的理论。有学者指出，在19世纪后半期，法国的科学共同体相当漠视达尔文，参见（Conry，1974）。另有学者关注达尔文主义在法国传播时天主教会的反应，并相信达尔文主义对法国毫无影响，是由于对达尔文主义过窄的界定造成的，参见（Paul，1979）。关于达尔文主义对法国流行文化的影响，可参见（Gordon，2009）。

② 比如，物理学家、科学史家皮埃尔·迪昂在其《物理学理论的目的与结构》一书中，就曾表达了这种情感。参见（Duhem，1954）[78—79]。

题。首先，法国的衰落是一种相对的衰落。法国科技在19世纪下半叶并没有停滞不前。古尔拉克（Guerlac）是较早踏足法国科技衰落问题的科技史家之一。他指出，“法国的科学成就不再引领世界，但仍然在世界科学进步中扮演了重要的角色（Guerlac，1964）”。比如，在19世纪末到20世纪初，现代原子物理学领域涌现了法国杰出科学家的名字。进一步而言，法国科学技术的相对衰落，与德国科技兴起，英国科学继续保持强劲发展势头有关。19世纪下半叶，西方世界调整内部秩序，大国间的竞争开始加剧。科学技术的竞争是国家竞争的一个重要方面。法国、德国科技实力此消彼长正是这种国际竞争的一个外在表现。

其次，所谓的衰落仅仅意味着法国作为19世纪世界科学中心地位的丧失。科技史家和科技计量学家们利用各类资料数据库，对各国科学家及科技成果数据进行统计，并在此基础上对科学中心转移现象做出刻画。基于不同数据库获得的统计结果虽略有差异，但都肯定19世纪40年代之后，法国科学活动不再处于最活跃的发展阶段。同时，德国强势崛起，科学创新逐步达到非常高的水平。在这一历史进程中，法国失去了科学中心的地位。

第三，法国科学在19世纪中后期的衰落是由复杂的社会历史原因造成的，其中牵涉了诸多因素。要想超越历史，在知识的前沿领域做出重要贡献，就有必要从长时段视野出发对法国的缺陷进行分析。吉尔平（Gilpin）曾经考察过19世纪下半叶制约法国学科发展的因素，他所处理的主题涵盖了法国科学的社会环境、科研组织、科研的职业化、研究培训、人才供给和使用、政府对科学的控制，以及国际比较等诸多方面（Gilpin，1968）。正如科技史家克劳斯兰德所指出的那样，法国科学相对衰落是一个“牵扯诸多因素的复杂现象”

（Crosland，1967）。

有一种观点认为，天主教文化传统遏制了法国科技的发展。自韦伯和默顿以来，人们逐渐接受了新教的确立与近代自然科学的发展之间具有一种内在关联。而天主教势力似乎并不像新教那样，对自然科学抱一种友好态度。法国作为天主教国家，在大革命时期教育改革的主要敌人就是由天主教会控制的大学。法国的宗教环境似乎制约着本国科学的发展，并在特定时期导致其衰落。

这一论点看似合理，实则有待进一步考察。第二帝国时，虔诚的教徒受到褒奖，在第三共和国时，宣扬天主教就可能不再合时宜（Paul，1972）[426]。就此而言，并不存在一个既定不变的宗教环境。进一步而言，人们很难就天主教对法国科学的影响做出精确评估。①

另外一种观点认为，法国科学家过多介入本国的政治和社会事务，是导致本国科技衰落的一个原因。他们并不与政治保持距离，相反倒热情地投身其中。吉尔平明确指出，从综合理工学院和其他大学校毕业的具有天份的毕业生离开研究领域而转向政务，是法国19世纪科学技术衰落的主要原因之一（Gilpin，1968）[111]。这样的案例数不胜数。比如，在光学、电学和磁学领域颇有造诣的阿拉果曾出任法国海军和陆军部长等职，而化学家、物理学家盖-吕萨克

① 法国的宗教环境和本国作为科学中心的衰落之间是否具有因果关联？如果不做进一步的考证和阐释，这一命题将不过是一个假设，因为它仅仅将两个现象强行关联起来。一个相关的问题是，近代科学革命是如何在天主教法国传播的？一般而言，新教徒和自由思想者支持近代力学世界观和帕拉塞尔苏斯主义，那些思想在新教国家中更易传播。1685年法国废除南特敕令之后，法国本土精英当中就找不到另类了，然而，在18世纪转折处，机械论和力学世界观还是以某种方式在法国取得了优势地位。对此，历史学家布洛克里斯（Brockliss）曾特别指出，这一情况“令人困惑”，参见（Brockliss，1992）[76, 87—88]。

（Gay–Lussac，1778—1850）则担任过下议院和上议院的议员。对德国和英国的科学家来说，这种情况相对较少发生。而杰出的法国科学家往往身陷政务和产业领域，这必然使本国原创科学研究遭受损失（Herivel，1966）[113—114]。

认识如果仅仅停留在这一层面，即便不是似是而非，也至少没有抓住问题的本质。法国知识分子具有入世传统。优秀的科技专家不是社会的冷静旁观者，反而会积极投身到社会运动中，主动介入行政事务和工商业发展。人们可以从第二次世界大战中投身抵抗运动的知识分子身上观察到，从1968年巴黎街头教师学生的游行队伍中感受到，也会在法国技术官僚严谨而务实的工作态度中体察到。这种传统可以追溯到王朝时期，在大革命和拿破仑时期未曾中断。18世纪末到19世纪初，蒙日、卡诺、傅里叶（Fourier，1768—1830）、拉普拉斯等众多一流科技专家，以实际行动展现出了深沉的入世情怀。①在1798年远赴埃及的拿破仑行军队伍中，成就斐然的资深学者和英气勃发的青年才俊随军同行，继续推进启蒙主义的事业，谱写出令世人难忘的科技乐章（Gillispie，1989；Bret，1999）。而法国恰恰是在王朝的飘摇和大革命的浪潮中，在拿破仑对内改革和对外征战中，构建起了科学的帝国，展现了法兰西的辉煌（Gillispie，2004；Sartori，2003）。从这个角度看，科学家卷入政治的传统并不必然造成法国科学衰落。

科学家绝非居住在世外桃源，他们肯定与政治、社会、宗教等环境有着或多或少的联系，但需要注意的是，这种环境只是影响科技发

---

① 譬如，蒙日在1792年到1793年担任海军大臣；老卡诺在大革命期间始终非常活跃，深入参与了众多改革和事件；傅里叶积极参加大革命并短暂入狱，并以科学顾问的身份参加了拿破仑的埃及远征；拉普拉斯1799年曾任拿破仑的内政大臣。也可参见（Herivel，1966）[113]。

展的外部因素。为了更深入理解法国科学衰落的问题，我们不能仅仅满足于宣称外部环境对科技发展造成了负面影响，停留在描述历史现象的阶段，还需要探究现象背后的深层历史原因。

只有从更深层面考虑问题，变动不居的现象才可能具有确定的史学价值。在某种意义上，法国科学家关注政治、转入行政，是一种较为典型的社会现象，但该现象不能成为解释法国科学衰落的直接原因。一方面，有很多科学家并未投身政界；另一方面，假设进入政界的科学家们继续从事研究工作，也有可能难以做出重要贡献。在吉利斯皮看来，拉瓦锡被处死很大程度上是个人悲剧（Gillispie，1959）。在成为大革命的牺牲品之前，这位化学家已做出了真正的科学贡献，并从一个具有高度创造力的科学家转变为一个公共政治人物。在这个层面上，科学家个人际遇甚至悲剧，与法国科学整体衰落之间并无必然关联。科学家投身政务作为一种现象，要赋予其真正的意义，需将其放在19世纪社会历史背景中加以理解。偶然的历史事件和现象毫无疑问会影响历史的面貌甚至走向，但如果我们关心在19世纪后半叶科学中心衰落的必然原因，某些科学家的具体行为和遭遇就不能够满足我们的旨趣，而追问具体行为背后的体制安排，或许可以提供我们需要的答案。从更深层面出发，人们可以将科学家投身政界和产业界视为法国社会体制问题的一个外部表象。

如何从体制层面解释科学家们投身政治的现象呢？因为通向社会上层的道路是行政，而不是研究，所以科学家们转入行政领域的行为就具有了某种合理性。换言之，社会体制和结构对科学技术的定位和安排，已在很大程度上决定了科学家们投身政务的走向。在这个意义上，与其说“有希望的科学家的研究生涯受到了干扰”，不如说“他们直接选择了行政”（Gilpin，1968）[110—112]。可以想象，投入大量时间申请政府基金、写官样文章等问题同样困扰着科学家们，因为行政因素已渗透到研究当中。他们陷入整日整理文件的境地，最终成为机械的管理者或技术官僚。一旦如此，他们很可能难以保持创造力，甚至难以及时把握各自专业领域最前沿的动态（Paul，1972）[439]。

科技体制内部的行政化仅仅是整个社会体制结构的一个缩影。反过来，只有从社会体制的视角看问题，人们才能更好地把握法国科学家投身政务的现象，更好地理解法国科学衰落的问题。

从体制的视角，对法国科学发展有关问题展开分析，涉及的主题包括教育研究体制的结构特征、资源分配状况、科学家的研究模式、未来研究人员的培养，以及科学家职业生涯的发展等等。如果科学不仅意味着知识和理论成就，那么，这些领域出现的问题就不单是造成科学衰落的原因，它们本身也是法国科学陷入困境的表现。

三、中央集权对研究和教育的影响

法国官僚体制的突出特征是中央集权化。19世纪的法国史可被视为革命与王朝复辟之间的斗争史，经历了1815年拿破仑退出政治舞台、1830年革命、1848年革命、1851年政变、1870年普法战争、1871年巴黎公社、1877年5月16日危机等历史插曲。只是到了第三共和国初年，共和派才最终确认了大革命的胜利（傅勒，2005）[8]。然而，无论哪种派别和立场在19世纪的政坛取得优势，法国官僚都不曾放弃对社会生活各领域的控制权。

法国官僚体制深刻地塑造着本国科学和教育机构。政府对包括科学家在内的学者，以及学术交流活动具有重要的影响力，甚至可以说，法国政府很大程度上控制着科学和学术共同体（Heffernan，1994）。有学者曾指出，法国科学的衰落源于体制的中央集权化，而非通常受批评的组织的特征（Ben–David & Zloczower，1962）。不过，需要强调的是，法国科学机构和组织的具体特征同样深受中央集权制的塑造。比如说，政府往往从特定且具体的目标出发组建学校和机构。无论如何，随着近代科学和相关学科体系的不断演化，一个机构在19世纪初满足当时的科学发展模式和学科发展状况，但到了世纪中叶，可能会跟不上时代步伐。机构要想充分支撑科学发展，就应该不断地适应新情况。但是，法国科学机构具有明确而具体的目标和功能，在中央集权体制下，即便对事务现状进行相对微小的改变，也可能会在管理或政治上造成意想不到的后果。在这种条件下，与其改变现有机构，不如创建新的机构。出于便利的原因，也为了避免与既得利益形成冲突，随后出现的机构必然是针对特定目标和功能的机构（Ben–David，1970）[174]。在这个意义上，法国科研体系和教育组织深受官僚体制的影响。

19世纪后半叶，中央集权的科技体制导致内部缺乏竞争性。①拿破仑执政时期，法国科技在集中资助的体制下得以发展和壮大，这种体制避免了机构之间出现高强度竞争。19世纪70年代中期之后，法国天主教重新进入高等教育领域。在政教分离的原则下，这一事件在一定程度上意味着新机构的建立和资助渠道的多元化。相对来说，后来居上的德意志拥有非中央集权的教育体制，鼓励大学之间展开竞争。比较而言，法国教育研究体制的非竞争性和垄断特征较为明显

① 希纳（Shinn）在研究19世纪末到20世纪上半叶法国工业研究时，指出法国如果没有中央集权体制，科学将陷入严重的危机，同时，他也同意本-戴维和普鲁斯特对综合理工学院以及工科大学校的批评，即科学体制内部缺乏竞争，同时法国过分强调考试，而忽视研究的情况。参见（Shinn，1980b；Shinn，1989），也参见（Day，1992）。

（Paul，1972）[445]。

在缺乏竞争的情况下，各类资源不可避免地向巴黎集中。对于大革命和拿破仑时期的法国而言，中央集权的体制使机构、人员、资金汇集到一处，有效地支持了法国科技的发展。随着时代变迁，在科技发展内在逻辑的推动下，这种缺乏竞争性的体制也应相应改变，但实际情况却不能令人满意。行省的各个机构具有提升自身地位的强烈意愿，如果它们的力量得到持续加强，将有助于最终打破巴黎对各类资源的垄断，形成多元竞争的格局。衡量机构综合实力的一个标志是，该机构聘用的学者获得足够的声誉和显耀的学术地位，并最终被召唤到首都（Paul，1972）[445]。但很显然，在这个过程中，巴黎的中心地位非但没有受损，反而得到了加强。在第二帝国时期，政府已经意识到问题的严重性，主管官员开始强调外省机构的重要性。福图尔（Fortoul，1811—1856）于1851年开始主政公共教育部，出于某些原因曾将一些青年人才送至巴黎以外地区发展。但即便如此，也有人不愿离开科技资源集中的中心。①

在这种情况下，一旦巴黎出现混乱，就意味着整个国家的科学发展将受到干扰。中央集权的体制造成了资源配置在空间上的极度不均衡。虽然一些著名科学家在首都以外的地区从事科研活动，一些重要科研院所也驻扎在各行省的城市，但科技资源仍然高度集中在巴黎。这种不均衡的格局造成的某些不良后果，在恶劣的政治环境下可能会被放大。大革命和拿破仑时代留下的遗产是阶级的分裂和政党的对抗，随即出现了一系列革命、政变、危机、共和派和君主派之间的

① 比如，福图尔在与法国化学家P. 贝托莱（Berthelot，1827—1907）面谈之后，后者仍然拒绝离开巴黎。

长期斗争，且在德雷福斯事件中达到顶峰。从1814到1851年，法国科学家很难避免政治事件的干扰。加斯帕·蒙日死于贫困，拉扎尔·卡诺和奥古斯丁·柯西选择流亡。虽然1848年革命和1851年政变并没有迫使任何一位杰出科学家流亡，但仍对巴黎市民的正常生活造成了巨大干扰，这其中也包括科学家在内。19世纪后半期，法国的政治事件几乎都集中出现在首都，这同样意味着本国科学很难避免受到冲击。法国科学在19世纪发展的环境与英国、德国明显不同，后者有着大量高水平的、相对较少受到社会环境影响的科学中心。在不平衡的资源配置体制下，动荡的政治环境推动法国科学走向衰落之路（Herivel，1966）[112—113]。

四、教育科研体制的原因

通过大革命以及拿破仑时期的教育改革，众多优秀的科学家占据了教师岗位，法国科学的职业化通过这种方式得以推进。如果说巴黎皇家科学院的成立标志着职业科学家的出现，那么，18世纪末到19世纪初则是科学家进入成规模职业化的阶段。在19世纪体制重建过程中，法国改造和兴建了诸多机构，并将教师和部分政府文官职位留给了科学家和学者，使他们拥有了相对固定的职业领域。盖-吕萨克和阿拉果那一代学者是职业化的受益者，而上一代人则缺少这样的机会（Crosland，1970）[454]。

然而，令人遗憾的是，教师职业却限制了科学家们从事研究活动。有学者曾指出，那个时期的科学家仍然保持着18世纪的工作模式（本-戴维，1988）[183—186]，教师职业的设定决定了研究不是他们的分内职责。吉尔平提醒人们注意，虽然日常教学可以培养学生对科学的兴趣，并使其树立从事研究的志向，获得最初的科研经验，但是，法国人并不把科学研究视为教授的真正职责。执教者的身份是政府公职人员，他们的职责是传承文化，让学生通过会考，对学生进行职业培训，并使其能够演讲（Gilpin，1968）[96]。教师职业的设定已经预先决定了研究不可能成为工作重心。

在某些具体的环境中，教学活动并非不能对研究产生促进作用。物理学家迪昂（Duhem，1861—1916）在里尔教书时从事研究工作。他回忆那段时光：里尔理学院的听众中是有精英的，我们有福在他们面前讲课。他们的批判力总是很活跃，不时要求澄清，并指出授课时被忽视的矛盾……对于教科书中有关热力学原理的部分，学生们并不满意流行的阐释，有几个学生要我们为他们编辑一个精简的论述……在他们的迫切要求和持续推动下，我们提出了与时下差别明显的物理学概念。（Duhem，1954）[277-278]这段经历说明，教学活动可以让教师兴趣集中到研究上。换言之，教学和研究在某些情况下并不一定发生冲突（Paul，1972）[422]。

但从教育体制层面看，研究工作继续独立在教师职责之外，而非职业化的研究模式仍然普遍存在。身处高等教育系统内部的科学家，作为公共教育部的雇员，都被要求提交年度常规报告，报告的结构和内容显示了教师职业对研究工作的极度忽视。科学研究没有成为职业的内在要求，科学家们在完成教学任务之后，仍然利用业余时间从事科研活动。这种情况与18世纪科学家在赚取了足够的生活费用之后，在业余时间从事研究活动的情况没有根本差别。科学研究某种意义上仍然是个人活动，教师的职位同样可以看作是为了赚取生活费。这样说来，其他可以提供生活保障和闲暇时间的职业仍在科学家考虑范围之内，这与同期的德国形成了鲜明对照。在德国，教授需要做出原创性贡献。相比较而言，法国科学家虽然占据了教师职位，但即使进入20世纪初期，整个教育研究体制仍然继续忽视对科学的追求，研究是不合规范的。①

教师职业的设定难免会对研究的整体发展状况造成影响，体制中的顶尖科学家一定程度上可以超越教育行政机构的限制。但是，就总体制度安排而言，获得强调的职业素质是博学而不是深入的学术研究。

有一种观点认为，法国科学中心止于科学家年龄老化。②衰老与生命周期有关。对于一位杰出科学家来说，随着年龄的增长，其创造力可能出现衰退并最终退出历史舞台；而对一个国家来说，一旦杰出科学家群体老龄化，就会影响该国科技的进一步发展。上述看法是有道理的，不过，我们还需要对这一社会现象做进一步分析和解释。在其背后，是一个更值得探讨的问题：同样优秀的青年科学家群体，为什么没有在该社会中顺利成长起来？就本节来说，我们需要聚焦法国青年科学家的培养问题，并从19世纪的教育研究体制中寻找答案。

在很大程度上，法国教育研究体制各部门并未很好地完成培养青年科学家的职责。大学校的目标、教授的职责，以及考试制度虽然具

---

① 虽然科学相对衰落，但法国科技和高教部门仍然有效地回应了第二次工业革命的挑战。尽管到第一次世界大战前，法国工业生产落后于英国、德国和美国，但法国工业生产值从1870年到1914年仍然翻了三倍。很多生产部门有效运行，稳定增长。这离不开同一时期法国科学技术教育和应用科学的发展。法国技术教育的发展在这一时期取得了重要成就。比如，国家工艺职业学校和其他中等技术学校，为法国工业训练出高质量的工程技术人才。参见（Day，1987），尤其第10、11章。

② 中国学者赵红州等主张，“如果某国杰出科学家的平均年龄超过50岁，那么该国科学将会衰落”，并以法国为例说明之。19世纪初，法国著名科学家的平均年龄超过了50岁，这正是法国科学由盛而衰的转折点。到1840年，该国科学完全跌出了兴隆期。参见（Zhao & Jiang，1985）[65—66]，也参见（Yuasa，1962）。

有内在张力，但改革的起点和长期的发展也使得它们形成某种动态平衡，相互啮合在一起。在很长一段时间内，巴黎的大学校及其课程计划都支配着法国理工科高等教育，而教育目标重点聚焦在传承文化，塑造精英，帮助学生通过国家考试。让青年人受到必要而良好的学术训练并非大学校的目的和教授们的职责。即使到了20世纪初期，整个体制仍然很大程度上忽视对科研的追求（Gilpin，1968）[96]（Paul，1972）[421]。教育改革中新建立的学校也主要是教育和培训场所，而非研究机构。在这样的环境下，培养和训练未来的科学家会遭遇一些难以克服的困难。

19世纪的年轻人要想走上科学家职业生涯，竞争性的教师资格考试是一道必经的关卡。甚至进入20世纪，仍然有人将其理解为一门高等教育或大学校预备班的招聘考试。一旦考试结果能够影响未来科学家的职业生涯，该制度就可能会制约课堂教学的内容和形式。它一方面限制了教师的教学内容，另一方面则引导着学生的兴趣和方向。

这一考试制度在一定程度上误导了法国理工科高等教育。对科学职业生涯而言，获得博士学位作为重要环节，意味着完成一项原创性的科研工作。教师资格考试制度则意味着踏上科研生涯的人应该通过一门考试，而不是投身高水平的研究。本-戴维甚至宣称，这一现象是法国学术生涯最反常的特征之一（Ben-David，1970）[175]。绝大多数关于这一考试的讨论都与学术研究无关。考试的形式表明，确立该制度的官僚体制并不关心受雇人员的学术活动和水平。考试本身不能带给科学天才太多益处，准备考试反而占用了他们太多本应用于科研的宝贵时间。甚至到20世纪后半叶，科学家们仍不愿以考试成绩为标准来招募助手，他们认为竞争性考试与科研活动本身关系不大。这一制度的存在从一个侧面说明，训练未来的科研人员不是高等院校的目标，有意走科研道路的年轻人不可能从中获得足够的训练（Paul，1972）[433—434]。

有一种观点认为，新的机构可被用于训练学生，但由于缺乏支持力度，此类训练是不充分的。以教师为职业的科学家，为了辅助教学，常常需要开展相应的研究工作，学生们在这种环境下可以体验到何为科学研究。比如，物理学家迪昂曾记述自己求学时的经历：老师教会他如何去鉴赏科学理论，启发他树立崇高理想，推动物理学进步。在巴黎高师学习时，迪昂在老师的指导下，开始尝试建立物理学理论模型。然而，新的公共机构对未来研究人员的训练明显不够重视。虽然法国青年人在正规学校教育中也能感受整个科研过程和规范，但从体制的层面上看，教师的科学研究并不属于本职工作范围，而学生想参与教师的研究活动也较为困难。在这种情况下，年轻人走上科研道路主要并非受到学校教育的引导，而往往是因为他们或者家学渊源，或者具有超高的天赋和强烈的使命感。那些年轻人常常需要依靠自身力量到理学院、法兰西学院、巴黎高师等机构去寻找导师。年轻人要踏上研究道路，接受专业训练，就必须得在制度外部寻找路径（Ben-David，1970）[173]。

19世纪后半叶，在日益激烈的国际竞争背景下，法国的教育研究体制明显落后了。一部分原因在于科研体制不能为年轻科学家提供良好而充分的训练，另外是由于教育部门培养的科学家数量不足，但后一个问题难以通过扩大毕业人数来解决。有学者指出，在法国国内研究岗位稀缺的情况下，培养大量研究者的政策是不理性的。然而，在1840年至1900年之间，德国的大学对新学科敞开大门，增设新的教席和研究职位，多种措施综合运用，促使该国研究水平快速进步。法国人意识到德国正走在前列，并感到焦虑和震惊（Paul，1972）[429]。古往今来，国与国之间的竞争强度可能从未减弱，不同的是，科学技术对现代国家的竞争力具有更加重要的意义。

五、科学家职业生涯中的障碍

法国科教体制在某种意义上限制了科研人员的总体数量，这种状况可能会对法国科学家的职业道路投下阴影。青年科学家踏上职业生涯，在努力摆脱边缘化，谋求职称晋升的过程中，可能会遇到不公平的境遇。不过，如果我们将视线从个人身上移开，就可能发现，被边缘化是由于有过多边缘存在，资源分配不均衡是其根源，职称晋升困难是由可聘岗位数量有限造成的，而法国体制有效地限制了科学家的数量。毫无疑问，个人职业生涯中遭遇的困难，有相当一部分源自法国教育研究体制本身。

具体来说，有两个问题可能会成为年轻人未来科研生涯的路障。首先，教师资格考试制度不仅影响青年科学家的培养和训练，也可能对他们职业生涯的起步阶段造成困扰。学生一旦决定将学术作为将来的职业，并全身心投入到研究当中，他们就很可能会忽视相关考试，而糟糕的考试成绩将妨碍他们顺利踏上研究的道路。

有一种观点认为，资格考试制度并不会对法国科学整体发展造成影响。一般来说，拔尖人才不仅在学术道路上表现优异，通常在考试中也会取得成功。不过在考试制度面前一度失败的学生中也不乏幸运儿，通过努力他们仍然可以在科研上取得成功，跻身一流科学家行列。历史学家考证过一些曾在竞争性考试中失败的科学家。物理学家李普曼（Lippmann，1849—1921）曾在教师资格考试中遭遇失败。但他是19世纪末到一战之间巴黎大学最优秀的物理学家之一，同时也是杰出的发明家，对彩色照相术做出重要贡献，并于1908

年获得诺贝尔物理学奖。数学家和政治家潘勒韦（Painlevé，1863—1933）年轻时曾在巴黎高师学习数学。由于在1886年教师资格考试中，除力学外的其他科目成绩都非常糟糕，因此他不得不离开首都，进入里尔的理学院。直到1892年，他才凭优异的学术成绩重返巴黎。如此看来，资格考试似乎并没有阻止有潜力的创新人才迈入科学家的职业生涯（Paul，1972）[434]。

但上述观点并不能成立。即便一些人日后在研究道路上取得了成功，也不能一笔抹消考试失败曾对他们造成的负面影响。本-戴维指出，“在法国还有其他途径来鼓励原创性的研究，比如众多奖项和公共荣誉（Ben-David，1960）”。也就是说，那些年轻人之所以最后取得成功，完全可能由于社会中其他支持原创性研究的机制在起作用。面对有潜力的青年人才，无论资深科学家还是行政官员，都倾向于给予支持和帮助。[①]回顾那些幸运儿的职业生涯，他们或者涉险过关，或者一度为考试失败付出相应代价。考试结果可能会对科学家个人职业生涯造成困扰，从另一个层面来看，它也是法国科技发展需要面对的一个问题。

大学在大革命期间被关停，随后，以大学校为代表的新高等教育系统确立了地位。1808年，拿破仑有条件地重建大学，此后就形成了大学校和大学并立的局面。一个对学术怀有热情的年轻人要想从事科学研究，不仅要攻克教师资格考试难关，还要面临大学校和大学并立的体制造成的负面影响。这并不是说两者在教育实践层面上相互隔

① 科技史家保罗谈及一些曾遭遇考试失败的幸运儿，比如德拉克（Drach）和塞尔旺（Servant）。前者有很好的发表物，后者在博士论文答辩中表现不凡。他们在没有拿到教师资格考试证书的情况下，受到教育督查或答辩委员会推荐从而获得讲师职位。参见（Paul，1972）[434]。

膜，而是大学校的学生作为未来学术界的精英，难以被大学接纳。19世纪上半叶，身在索邦的理科教师大都来自大学校。盖-吕萨克、毕奥（Biot，1774—1862）、泊松、勒威耶等理学院教师都是综合理工学院毕业生。到了19世纪下半叶，机构之间并不缺乏联系，天主教大学在19世纪70年代创办，同样为综合理工学院、矿业学校的毕业生提供教职岗位，然而，制度机构上的困境并不能够因此被抹消。

大学校和大学同时存在的体制造成了一个特殊局面，那就是大学校网罗了最好的理工科学生，而大学的学院实际上垄断着通往学术生涯的道路。一个年轻人要想升迁到教授，除了需要通过教师资格考试，还必须拿到国家博士学位。而当事人要获得国家博士学位，不仅要准备两篇博士论文，还必须拥有一个大学学位。然而，作为必要条件的大学学位，并不是由大学校颁发的。一旦学位成为通向科学职业生涯的障碍，大学校的毕业生就需要慎重考虑是否踏上研究生涯（Gilpin，1968）[111—112]。

就此而言，法国高等教育体制在青年人迈向科研生涯的道路上设置了路障，这对大学校毕业生们的影响是非常显著的。考虑到巴黎高师等院校每年的毕业生人数都不算多，上述情况对法国高教和科技发展的影响就不能等闲视之了。1875年，十多位综合理工学院等大学校毕业生获得天主教大学的教职，历史学家如此评论：在局促的法国大学体制内部，他们本来得不到教学的机会，到19世纪末，由于各类研究机构的增加，以及新学科和专业的设置，应用科学课程的增设，非大学人员也可以获得正式职位（Paul，1972）[428]。但毫无疑问，法国体制为优秀人才进入研究领域设置的障碍并未消失。

六、创新教育科研体制动力的消失

在大革命时期，法国抓住历史机遇，进行了深刻的教育体制改革，科学家获得体制接纳。在旧制度末期面对传统大学以及教会垄断教育和普通知识的状况，接受启蒙思想的知识分子抱有不满情绪。大革命期间，传统大学被废止，大学校替代了前者的位置，教育体制获得重建，法国人对科学研究的热情达到了新高度。此后，科学家凭借其科学成就，很容易获得高等教育或教育行政等部门的职位。在拿破仑时期，科学家和政治精英的联系增多了，即使在帝国专制和王朝复辟时期，科学家们的潜在影响也没有受到损害，整个社会已经向科学敞开大门。

随着时代的发展，科技发展内在逻辑要求进一步改进教育研究机制。进入19世纪，科技进步日益依赖高等教育机构和专业研究部门，单纯将科学家的爱好及支持者们的热情作为科技发展主要动力的时代已渐行渐远。德国是最先适应科技发展新模式的国家之一，其科技实力的崛起表现为对其他传统科学强国的挑战，比如英国和法国。时代的进步需要法国的教育研究体制改革继续深入下去（Ben–David，1970）[173—174]。

然而，法国继续深化教育改革的动力很大程度上减弱了。本应作为改革主要动力的科学家，通过占据教育和文职岗位，已经进入社会体制内部，成了社会精英阶层的一部分。他们能够发挥才能，泰然享受社会福利，而且不会受到传统特权阶层和教会压制。科学家似乎不再是推动科研和教育体制进行改革的动力。[①]在科学家进入体制内部，教育科研改革的动力消减之后，18世纪的研究模式很大程度上仍

① 本-戴维提示人们，科教体制变革动力的消失与科学的制度化之间存在关联。但他在谈论改革动力消失的直接原因时，似乎并不重视科技专家的身份和利益在体制化过程中已经转变，而是强调体制化之后出现了科学热情的下降，以及科学象征性魅力的减弱。换言之，观念层面的变化导致改革动力的消失。参见（Ben-David，1970）[172]。

然没有退出历史舞台。[①]

改革的机遇稍纵即逝。大革命期间，法国教育和研究领域面临一系列棘手问题，比如解除宗教势力对教育的控制权。随着主要问题得以解决，科教体制获得重建，体制创新的机遇随之远去。大革命之后，政治决策不再将科学和教育本身的旨趣置于重要地位，教育改革的尝试遭遇挫败。自19世纪中期以后，面对科技发展的新趋势，法国的体制相对落后了。专注科研的常规职业迟迟未大规模出现，有组织的研究模式也姗姗来迟，这是导致法国科学在19世纪后半叶衰落的深刻原因之一。

18世纪末和19世纪初的科教体制重建遗留下一系列问题，比如教学和科研仍然是分离的，研究一定程度上仍然是私人活动，新的教育机构没有成为研究中心，不能给青年人充分的学术训练，科学家在职业生涯中必须要克服一系列体制上的障碍等。19世纪中期，法国没有进一步确立起促进研究和培养科学家的教育科研体制。随着社会的变迁，法国人的兴趣点转移了，他们对科学热情没有再达到大革命和拿破仑时期的高峰，而继续改革教育体制的动力却极大地减弱了。整个社会对教育研究体制的困境达成共识，绝不是一朝一夕之事，法国人必须耐心等待，直到教育研究体制大规模改革机遇的再次到来。

---

① 需要说明的是，既然19世纪的法国教育研究体制没有解决这一问题，如何解释18世纪末到19世纪初，法国科学在相同的研究模式下维持了几十年的繁荣？以本-戴维的研究为例，他强调法国科学从王朝时期到19世纪发展的连续性和继承性。按其分析，推动法国科学持续繁荣的动力在大革命之前就存在，法国科学在19世纪早期的繁荣并非新时代的结果。就外部环境而言，大革命和拿破仑时期，法国社会热情支持科学的发展，增设学校并增加经费。就体制而言，由于法国教育改革维护了研究的私人性质，保证了研究自由，这在事实上还是传统的科学工作模式，但同样的科研模式并不能适应19世纪中叶之后的科学发展状况。参见（Ben-David，1970）。

第四章

20世纪法国之再生与转型

20世纪的法国因为两次世界大战，地理空间上多次呈支离破碎的局面，在时间上，两次大战将法国的曲折历程分割为四个时段："美好时期"（1900—1913）、战争和战间时期（1914—1945）、"辉煌三十年"（1946—1975）、低迷时期（1976—1998）。受战争影响，"美好时期"之后，法国的经济和科技在欧洲逐渐显得逊色，值得一提的是成立了以法国国家科研中心为代表的现代科研体系，为之后的科技和经济发展奠定坚实基础。下半叶尤其是"辉煌三十年"时期，法国经济飞速发展，在70年代即实现高度工业化、城市化、福利化，很大程度上得益于核能、高铁、汽车、医学、航空等领域的世界性突破。随着经济的低迷和世界格局的变化，法国80年代以后作为欧洲共同体的一员与欧洲同舟共济，继续在世界强国之林扮演重要角色。

第一节　战争、科学与工业化

一、两次世界大战对法国的破坏

1870—1871年的普法战争实现了德意志的统一，结束了法国在欧洲大陆的霸主地位，巨额赔款和割让阿尔萨斯-洛林延缓了法国的工业化进程和经济发展。同时，美国、德国迅速崛起，开始引领世界科技、经济的潮流。

19世纪末、20世纪初法国的经济开始复苏，如1896—1913年工业年均增长2.4%，其中1906—1913年更是高达3.56%；新兴工业如化学、冶金、采矿、机械等工业的增速远远超过纺织、食品等传统工业；重工业的成就尤为引人注目，1913年钢产量达468万吨，占世界钢产量的7%，煤产量达4100万吨。交通事业和汽车工业发展迅速：1900年巴黎建成第一条地铁通车，1914年全国铁路总长42826公里；1900年有汽车工厂30家，至1914年增至155家，且规模不断扩大；1913年，法国成为仅次于美国的汽车生产大国，年生产汽车4.5万辆，其中一半销往国外，为世界第一大汽车出口国。（金重远，2014）[1—2]

与工业高速发展相适应，生产不断集中和垄断，金融业（主要用于资本输出）亦有较快的发展。但这一时期农业的发展滞后，且法国人口增长极为缓慢，远远落后于德国、英国甚至意大利，人口的老龄

化、劳动力缺乏、国内市场紧缩严重制约了法国的进一步发展。（金重远，2014）[15—16]

随着工业化的发展和经济水平的提高，尽管贫富差距很大，但总体上法国在20世纪初的生活水平已初步进入现代化：自行车逐渐走入寻常百姓家；铁路网辐射越来越广；地铁和公共汽车开始运行；电灯和电话机越来越普及；工薪阶层的工资较快增长；人们的服饰和饮食越来越丰富；报纸、电影等"新"媒体走进人们的生活；1906年还颁布了每周休息一天的法令。值得一提的是，1889年建成的埃菲尔铁塔是当时世界上最高的建筑，成为先进法国的象征。（金重远，2014）[17—18]一战前的法国经历了一个稳定的发展时期，通常被称为"美好时期"（1900—1913）。

总之，尽管有着一系列制约因素，整体上落后于美国、德国，但法国在一战前经济、社会仍有较为显著的发展，工业已走上现代化的道路，还是世界第二金融强国（卡龙，1991）。

1914年因塞尔维亚对奥匈帝国的仇恨引起的争端，由于法德、俄奥、英德之间长期的矛盾，迅速扩展为波及整个欧洲乃至世界的第一次世界大战。1918年，以法国、英国为代表的协约国艰难取胜，但协约国、同盟国双方均损失惨重，尤其是法、德两国。一战中法国军人死亡131万，全国煤产量由战前的4084.4万吨降至战后的2625.9万吨，交通几近瘫痪，整个工业生产下降35%。但随着《凡尔赛和约》的签订，法国收回了阿尔萨斯-洛林，获得萨尔的采煤权和德国支付的巨额赔款，同时在凡尔赛体系中占据有利的国际地位，为战后社会经济的恢复和发展创造了有利的条件。（金重远，2014）[63—69]

一战后，法国先后经历国民联盟、左翼联盟、人民阵线、法西斯组织等政治运动，经济、社会起伏不定。1925—1929年，法国曾有过短暂的经济繁荣，但多以劳动力密集型产业为主，附加值很低。（金重远，2014）[87]随即大萧条也开始波及法国，从1930—1938年，法国经济衰退严重。

伴随着世界经济危机和法西斯主义的抬头，国际形势发生了明显的变化。希特勒在德国上台，使法国受到严重威胁。法国改变外交政策，与苏联、英国积极接触，试图建立安全联盟，但英、法的绥靖政策助长了德、意、日法西斯国家的嚣张气焰。1939年3月，德国吞并捷克斯洛伐克，英、法仍未发声。9月德国大举入侵英、法的盟国波兰，英、法在和平建议被希特勒拒绝后被迫向德宣战。一战刚过21年，第二次世界大战又爆发了。

因法国政府对德的不抵抗政策，使之饱受屈辱和创伤。1940年6月，维希傀儡政权成立。战败的法国实际被分为4个区：被占领区、维希政府控制区、阿尔萨斯-洛林和禁区。德国乘机对法国进行残酷的剥削与掠夺，如1942年盘剥数额即高达1574.4亿法郎。（金重远，2014）[121—126]

另一方面，由戴高乐创建的“自由法国”运动开始了艰苦的反抗战争。1942年，戴高乐将“自由法国”更名为“战斗法国”，以进一步壮大抵抗运动的力量。但此后因不断兴起的各种阵线、纲领之混乱，及英、美对法国内政的干涉（尤其是对戴高乐的反对），使法国的抵抗并未能形成合力。戴高乐在此过程中，亦在理想主义之余学会现实的考量和与不同阶层人士打交道的经验。1944年6月，戴高乐宣布成立由他任主席的法兰西共和国临时政府，为当时的抗战和之后治理法国迈出了统一的步伐。（金重远，2014）[138—151]

随后盟军诺曼底登陆与戴高乐领导的内地军相互配合。1944年8月25日，巴黎解放，戴高乐重返巴黎，受到民众的热烈欢迎。9月，戴高乐乘势改组临时政府和军队，巩固自己的权力。但美国对戴高乐并不看好，试图更换合适的人选，以便控制法国乃至欧洲。戴高乐在与美国（尤其罗斯福）的交往中，一方面感到“俯仰随人之苦”，另一方面也深刻认识到，法国要实现复兴只能靠自己。（金重远，2014）[160—162]

1944年10月23日，美、英、苏同时宣布承认法兰西共和国临时政府，但戴高乐还是为未能参加美、英、苏的雅尔塔会议感到恼火。然而该协议的决定对法国却是有利的：美、英同意从它们的占领区中划出一块作为法国的占领区，美、英、苏三国首脑都同意法国加入对德管制委员会。1945年5月8日，塔西尼（Tassigne）代表法国和美、英、苏代表共同出席了德国投降仪式。6年的艰难战争，法国备受屈辱和创伤，但法国还是赢得了胜利，并为重返大国行列做好了准备。（金重远，2014）[163—164]

二、20世纪上半叶法国的科学发展

自19世纪后期，法国在科学、工业、经济等方面都有落后美国、德国、英国的迹象，且两次世界大战又给法国带来巨大的创伤。但因有深厚的科学传统，20世纪上半叶法国在科学上依然还是有可圈可点的地方。

形成于20世纪30年代的布尔巴基学派是一个对现代数学有着极大影响的数学家团体，其成员大部分是法国数学家，主要的代表人物有魏尔（Weil，1906—1998）、迪厄多内（Dieudonné，1906—1992）、嘉当（Cartan，1904—2008）、舍瓦莱（Chevalley，1909—1984）等人，布尔巴基是他们共同的笔名。他们的活动从20世纪30年代中期开始，主要工作是连续出版的多卷本《数学原理》，对现代数学产生了重要的影响。[①]

一战中，法、德两国政府对科学家有着迥然不同的态度。德国政府让科学家继续研究科学而免于上战场，认为科学家的研究可以提高军队的力量，有助于德国战斗力的增长。而法国人却将科学家（特别是年轻人）送上前线，其后果就是法国损失了一批科学家，如巴黎高师的优秀学生们有三分之二死于战争。同时德国数学突飞猛进，涌现了一批著名数学家，如诺特、西格尔、阿廷、哈塞等等。

20世纪20年代，魏尔、德尔萨特（Delsarte，1903—1968）、嘉当、迪厄多内、舍瓦莱等人进入巴黎高师。他们的老师虽然非常著名，如著名的函数论专家阿达玛，但对德国以及苏联等国的数学却了解不多。因此他们对法国当时数学界的现状十分不满，深刻认识到法国数学同世界先进水平的差距，其中有些人到德国去跟随德国数学家学习。在先后参加了阿达玛讨论班和儒利雅讨论班后，他们准备组织自己的讨论班。就这样，布尔巴基学派于1934年诞生了。

1935年底，布尔巴基学派的成员们一致同意以数学结构作为对数学理论分类的基本原则。“数学结构”的观念是布尔巴基学派的一大重要发明，主要是指一些对象的集合，对这些对象并没有预先指定其特征，而是着重考虑它们之间的关系，这一思想源于数学中的公理化方法。布尔巴基反对将数学分为分析、几何、代数、数论的经典划分，取而代之的是以结构对数学基本学科进行分类。他们认为数学基于三种母结构：代数结构、序结构和拓扑结构，一个数学学科可能由几种结构混合而成，同时每一类型结构中又有着不同的层次。比如实数集就具有三种结构：一种由算术运算定义的代数结构、一种顺序结构和一种带有极限概念的拓扑结构，三种结构有机结合在一起。再比

① 布尔巴基学派这一部分内容承阎晨光博士帮助撰写，特致谢忱。

如李群是特殊的拓扑群，是拓扑结构和群结构相互结合而成的，而线性代数和初等几何研究的是同样一种结构，因此是“同构”的。布尔巴基学派试图用“结构”这种全新的观点来统一整个数学。

布尔巴基学派的主要著作是《数学原理》。它对整个数学进行完全公理化处理的第一个目标是研究所谓的“分析的基本结构”。这在《数学原理》中属于第Ⅰ部分，第Ⅰ部分又分为第Ⅰ卷《集合论》、第Ⅱ卷《代数》、第Ⅲ卷《一般拓扑学》、第Ⅳ卷《一元实变函数》、第Ⅴ卷《拓扑向量空间》和第Ⅵ卷《积分论》。

二战前，布尔巴基学派只完成了《数学原理》第Ⅰ部分的第Ⅰ卷《集合论》中的一个分册——《结果》，这本还不到50页的小册子在1939年首次出版。之后又于1940年出版了《一般拓扑学》的第一、第二章，1942年出版了第三、第四章及《代数》的第一章。这四本书已经反映出布尔巴基精神，而且是《数学原理》的基础。《数学原理》以严格准确而成为标准参考书，并且是战后的数学文献中被人引用次数最多的书籍之一。正是《数学原理》使数学名词得到了空前的统一，数学符号也随之统一起来。比如最常用的自然数集合、整数集合、有理数集合、实数集合、复数集合，都是按布尔巴基学派的用法而分别用N、Z、Q、R、C来表示的。

布尔巴基学派对数学的主要影响在于他们首先引进了数学结构的概念，并用这个概念来统一数学，正是这个体系，构成了现代数学的核心。该学派在现代数学多个领域有突出成就，尤其是代数数论、代数几何学、李群、泛函分析等方面，他们讨论班的议题及结论成为当时数学的最新成就。布尔巴基学派的结构主义观点在20世纪五六十年代盛极一时，70年代走向衰落。（胡作玄，1984）

除数学外，法国的化学在20世纪上半叶也有很好的表现。居里夫人（Marie Curie，1867—1934）因对放射性的研究而著称于世，“放射性”一词就是她首先使用的。她和她的丈夫法国著名实验物理学家皮埃尔·居里（Pierre Curie，1859—1906）在巴黎简陋的实验室艰苦研究，于1897年发现比铀的放射性高400倍的新物质，居里夫人为纪念其祖国波兰而命名为“钋”，之后不久又发现放射性比铀强百万倍的镭。他们因放射性的研究共同获得1903年诺贝物理学奖。居里夫人则因发现钋和镭又获1911年诺贝尔化学奖，成为第一个两次获诺贝尔奖殊荣的人。

居里夫人的长女伊雷娜·约里奥-居里（Irène Joliot-Curie，1897—1956）和其女婿让·弗雷德里克·约里奥-居里（Jean Frédéric Joliot-Curie，1900—1958）接续她的研究工作，他们因发现稳定的人工放射性而获1935年诺贝尔化学奖。此外，他们还有许多其他重要的科学发现。约里奥-居里后来参加链式反应的研究，成为原子弹研制的奠基人之一。居里夫人一家为法国乃至世界20世纪上半叶的科学研究做出了重要的贡献。

1909年，居里夫人的母校巴黎大学和巴斯德研究所共同为居里夫人建立了镭研究所，离居里夫妇发现钋和镭的地方仅有几条街之隔。研究所的成立，不仅是为了研究放射性本身，同时希望将它运用到生物和医学领域，尤其是用于对癌症的治疗。因此，研究所分为两个部分，物理、化学研究的部分由居里夫人负责，为居里实验室；医学治疗的部分则由勒戈（Regaud，1870—1940）领导，为巴斯德实验室。一战结束后，二人试图整合两个部分的研究，更好地将放射性用于疾病的治疗，这导致了1920年成立的用于资助镭研究所的研究和对相关疾病的医疗的公益组织——居里基金会，成为世界范围内癌症研究治疗机构的典范。1970年，镭研究所与居里基金会被整合成为居里研究所，主要任务是研究、教学以及攻克癌症。1991年，勒戈医院开张，接纳病人的数量逐渐增加。为应对癌症疾病的新挑战，2001年居里研究所与著名的癌症研究机构于格南中心合并。

佩兰（Perrin，1870—1942）是法国20世纪上半叶另一位重要的科学家。他早期对阴极射线、X射线做过深入的研究，进而有原子结构的设想。因在巴黎大学讲授物理化学课程，他开始研究胶体粒子现象，并于1908年进行了一系列布朗运动的实验，测得了高度一致的阿伏加德罗常数，证实了爱因斯坦对布朗运动分子运动论的猜想，从而证明了原子的存在。1926年佩兰因对布朗运动的研究获诺贝尔物理学奖。佩兰不仅是一个卓越的科学家，同时还是一个积极的社会活动家，对20世纪初法国科研体制的建立做出了奠基性的贡献。尤其是在他的倡导下，1939年法国国家科研中心的建立，为法国科学技术以及社会的发展创造了坚实的体制基础。德布罗意曾评价佩兰是“一位真正的科学家。……他总是将科学进步的希望和精神的变革紧密联系起来”。（王媛媛，2005）

此外，法国物理学家德布罗意（Louis de Broglie，1892—1987）在1923年提出物质波理论，将量子力学发展到一个新的高度，并于1929年获诺贝尔物理学奖。

第二节　现代科研体系的建立

虽历经两次世界大战，但20世纪上半叶仍是法国科学发展的重要时期，其显著的特点就是现代科研、医疗体系的全面建立，最重要的就是法国国家科研中心和以国家卫生研究所为中心的医疗体系的形成。法国现代科研体系的创建与深化发展，须提及19世纪末成立的巴斯德研究所，它不仅是20世纪法国医疗卫生体系的先驱，同时也是法国现代科研体系乃至世界各国科研机构的典范。

一、巴斯德研究所与法国医学研究体系的形成

巴斯德（Pasteur，1822—1895）是法国著名化学家和微生物学家，是微生物学、免疫学和现代医学的奠基人之一。他最初因发现左旋光性的酒石酸而名声初显，后因对酒精发酵、蚕丝病、炭疽病的研究奠定了其在微生物学、免疫学的科学地位，对狂犬病的征服则使他成为当时最著名的医生。世界各地的患者纷纷前往法国巴黎，到巴斯德的实验室寻求救治。面对这种情况，巴斯德将其实验室改造成一个狂犬病诊所。但由于患者太多，还是无法满足需求，因此，组建一个大型的狂犬病医疗机构十分迫切。巴斯德意图“不依靠国家，在国际捐献和捐助的帮助下，在巴黎建立一所样板机构”，并希望“这样一所机构不仅仅能应付法国，而且也能满足欧洲、俄国甚至北美的需要”。（德布雷，2000）在巴斯德的呼吁下，法国科学院成立了一个委员会来研究此问题，最后一致同意巴斯德的建议，为建立狂犬病研究所而开展募捐。募捐来自世界各地，国王、富翁、工人、学生、妇女均有贡献，巴斯德亦捐助10万法郎，最终募得250万法郎，全部用于研究所的建立和后续使用。（杨威，2011）

研究所以巴斯德命名，1888年6月4日获得政令通过，并于同年11月14日正式成立。巴斯德在开幕式致辞时要求同仁们对研究“保持一贯的热情和敏锐，养成一种批判的精神，不想当然不证自明之

事”。此可谓他多年研究的深刻经验，无不切中科学研究之肯綮。[①]

巴斯德研究所是一个私立、非营利性的研究机构，这正是巴斯德所设想的。研究所成立，巴斯德终于能推广狂犬病疫苗，同时能开展其他传染病的研究和及时分享相关的科学知识。研究所有一名所长，一个由12人组成的理事会和30人组成的评议会。巴斯德为首任所长，直至1895年逝世。从一开始，研究所即聘用不同专业背景的科学家，分为5个研究室，并由相应学者负责：

（一）普通微生物学研究室：迪克洛（Duclaux，1840—1904）；

（二）应用微生物学研究室：尚贝兰（Chamberland，1851—1908）；

（三）形态微生物学研究室：梅奇尼科夫（Metchnikoff，或Metchnikov，1845—1916）。梅奇尼科夫1846年生于俄罗斯离哈尔科夫（乌克兰）不远的一个村庄，从小即对自然史深感兴趣。大学毕业后，他先后在德国、意大利、俄罗斯开展研究工作，尤以发现细胞内消化和吞噬作用而称著。1886年，他作为敖德萨一个研究所的主任在当地开展狂犬病的疫苗防治，但遭到很多反对，遂来到巴黎，寻求巴斯德本人的建议。巴斯德将他留下，委以新成立的巴斯德研究所下属一研究室的负责人，直至1916年逝世。1908年，梅奇尼科夫与埃尔利希（Ehrlich，1854—1915）一起获得诺贝尔生理学或医学奖。

（四）狂犬病研究室：克朗歇（Grancher，1843—1907）；

（五）技术微生物学研究室：埃米尔·鲁（Emile Roux，1853—1933）。巴斯德研究所成立后一年，埃米尔·鲁开设了世界上最早的

---

① Pasteur L. *Œuvres de Pasteur*，vol. Ⅶ，p. 419.

“技术微生物学”课程。

在巴斯德研究所正式成立之前的1887年，巴斯德的学生迪克洛还创办了《巴斯德研究所年鉴》月刊，成为微生物学、免疫学、公共卫生学的权威及公开的学术园地。该刊意与法国科学院杂志相比肩，一直是享誉世界的学术刊物。（杨威，2011）

巴斯德研究所从一开始就有着全球的使命和视野，不仅聘请世界各地最优秀的科学家，还将研究所的最新发现传播到全世界，为人类造福，如狂犬病疫苗、抗白喉血清疗法、改进的天花疫苗。他们还全面收集其他地方的病例以求医疗之法。此外，巴斯德及其后继者还在世界各地创建分支机构（表4），以满足不同地区对于传染病治疗的需要，现在世界范围内已有30个巴斯德研究所。由于“巴斯德人”超越政治的科学追求，这些研究所是在法国总部和当地国家的协商下共同建立的，使得巴斯德科学的全球化能超越法国的帝国主义或沙文主义而长盛不衰。（Moulin，1992）

表4　巴斯德研究所及其分支机构（杨威，2011）

建立时间	地点	建立时间	地点
1887年	巴黎	1938年	加拿大
1891年	越南西贡（现胡志明市）	1940年	法属圭亚那
1893年	北非突尼斯	1947年	保加利亚索菲亚
1894年	阿尔及利亚	1948年	瓜德罗普（岛）
1895年	越南芽庄	1954年	新喀里多尼亚群岛
1896年	法国里尔	1959年	喀麦隆
1898年	马达加斯加	1961年	中非班吉

续表

建立时间	地点	建立时间	地点
1901年	罗马尼亚	1972年	象牙海岸
1901年	布鲁塞尔	1976年	罗马
1911年	摩洛哥	1978年	尼日尔尼亚美
1919年	希腊	1995年	柬埔寨
1920年	德黑兰	2000年	香港
1923年	塞内加尔达喀尔	2003年	首尔
1923年	圣彼得堡	2004年	上海
1923年	河内	2006年	乌拉圭

今天，巴斯德研究所被认为是微生物学、免疫学、分子生物学的诞生地。从一开始，巴斯德研究所的科学家在对活有机体、传染源及相关疾病的研究上就处于世界领先地位，他们尤其关注狂犬病、瘟疫、白喉、破伤风、伤寒、黄热病、结核、脊髓灰质炎，以及近些年来乙肝病毒、艾滋病毒的研究，此外，在神经科学、遗传工程等方面亦有十分可观的建树。

虽然19世纪末法国在医学上已有很快发展，并建设有世界级的巴斯德研究所，但法国的医疗卫生体系却创建于二战期间（确切说是维希政府时期的1940年），并且是在美国人的帮助下建立的。

二战爆发，法国创伤累累。1940年，贝当与德国签署停战协议，换取德国对北方地区的占领和维希政府在南方的存在。美国对此保持中立，但美国的非政府组织，如红十字会、公谊会、洛克菲勒基金会却在美国中立的真空下进入法国，其中洛克菲勒基金会对法国医疗体系的建设扮演了尤其重要的角色。维希政府呼吁国家复兴和家庭重建，战争又带来非常严重的健康和医疗问题，因此提高医疗卫生水平十分迫切。洛克菲勒基金会正是在这样的背景下，乘势参与法国的医疗改革，并培养了不少热心改革的医学研究人员和医师队伍，最后建立了两个医学研究所，即1941年底成立的国家卫生研究所的前身。（Schneider，2003）

一般情况下，洛克菲勒基金会对一项慈善投资都会做出反复的咨询和讨论。但在法国当时那样特殊的社会环境下，洛克菲勒基金会改变一贯的策略，而是做出灵活的变通，瓦伦（Warren）[①]、斯特罗德（Strode）在福斯迪克（Fosdick）的支持下，建立洛克菲勒基金会欧洲健康委员会，进而帮助法国进行医疗改革，并使支持改革的法国人寻求政府的帮助，最终使改革的成果得以巩固。

1940年9月，斯特罗德和奥布里安（O'Brien）与于阿尔（Huard）和寇德文勒（ Codvelle）达成协议，创建一个国家卫生研究所。1941年11月，国家卫生研究所成立，舍瓦利耶（Chevallier）出任首任所长。这标志着法国现代公共卫生体系开始形成。1964年，国家卫生研究所发展成为国家健康和医学研究院。

二、法国国家科研中心

作为欧洲最大的国立科研组织，自成立以来，法国国家科研中心为法国乃至世界贡献了众多的科研成果，且在数学、物理、化学、医学等领域一直处于世界领先地位，同时还诞生了16位诺贝尔奖和9名菲尔兹奖获得者。其研究涉及面之广，对社会影响之深，为世界所瞩目。与其他西方国家相比，法国国家科研中心在法国的国家科研体系

① 瓦伦是当时国际医学部副主任。

中占有绝对的地位和优势，表现出很强的集权特征。法国国家科研中心的成立和迅速发展，标志着法国现代科研体系的形成。（孙承晟，2012）

1. 渊源及发展历程

法国是最早建立科研机构的国家之一。在1660年成立的伦敦皇家学会的刺激下，时任财政大臣的柯尔贝说服路易十四于1666年建立了皇家科学院，并于次年筹建巴黎天文台。皇家科学院最初的组织形式并不稳定，1666年12月22日起一批学者定期在皇家图书馆里举行研讨会。科学院经过1699年改组，并于1713年在巴黎高等法院注册，步入一条规范发展的道路。与英国皇家学会会员必须向学会缴纳会费以满足活动开销不同，法国皇家科学院从一开始就受到皇家的资助。其结果是会员们必须与科学院签订一份合同，以牺牲自己的部分独立性为代价，换取科学院的资助来开展研究。（Hahn，1971）[1—34]从那时起，国家的赞助和支持就成为法国科学的一个重要传统。直至1793年被取缔，皇家科学院因其活跃的学术和卓著的成果使其基本成了那个时期法国科学的同义语，甚至使巴黎成为17、18世纪的科学中心。现在的法国国家科研中心在法国的科研体系中占有绝对的地位和优势是有史可循的，而英国、美国均没有这样的国立科研组织，只有各部委资助的一些科研机构或实验室。这从一个侧面反映了法国与英美在科研体制上两种不同的传统。

1789年法国大革命推翻了君主制。1793年国民公会宣布取缔旧制度时期的所有学术机构和团体，继而于1795年将包括皇家科学院在内的一些机构重新组合在一起，成为国家科学与艺术研究院（即现在的法兰西研究院）。[①]同年10月25日，又以法律名义确定了这个学院的组织结构，包括数理科学、伦理与政治科学、文学与美术3个学部。1803年，首席执政官拿破仑对该研究院进行改组，保留了数理科学部，撤销了伦理与政治科学部，将文学与美术部分成两个学部。1816年，路易十八（Louis XⅧ）下令恢复旧制，上述4个学部均冠以从前的院级称号。1832年，国王菲利浦（Philippe）恢复了伦理与政治科学院。（杨庆余，2008）

此时的国家科学与艺术研究院实际上已成为一荣誉机构，更多地具有一种象征的意味。其中的自然科学院（即原来的皇家科学院）除了出版学术刊物、组织学术会议之外，已基本不从事实质性的科学研究，成为一个有些过时的机构了。（Hahn，1971）[318]科研活动则由其他很多大革命后新成立或改组的机构承担，如从事天文学研究的经度管理局，从事物理学研究的巴黎综合理工学院，从事矿冶学研究的巴黎矿业学院，从事自然科学研究的自然历史博物馆和博物学会，医学方面则有卫生学院以及其他一些医学机构，科学教育则有新兴的大学校如巴黎综合理工学院、巴黎高师，以及法兰西学院等等。（Hahn，1971）[287—288]

19世纪的法国政局动荡，科学和教育事业也随之摇摆起伏。虽然这一时期法国科学也有不少出彩的地方（Fox & Weisz，1980a）[21—28]，但当时的集权化抑制了创新精神和独立思想，建制的碎片化则导致健

① 法兰西研究院，现分为5个部分：语文科学院（1635年成立）、碑铭及美文科学院（1663年成立）、自然科学院（1666年成立）、伦理与政治科学院（1795年成立，曾于1803年被查封，又于1832年恢复）、艺术科学院（1816年合并1648年成立的油画雕刻科学院、1669年成立的音乐科学院、1671年成立的建筑科学院而成）。

康的竞争机制未能形成，从而在很大程度上导致了法国作为一个科学中心的衰落。总体而言，法国19世纪的科学建制及成效有一定的局限性，无论是在科学技术，还是在教育与研究上，都已开始落后于其欧洲同伴，尤其是德国、英国，而北美大陆上更是冉冉升起一个新的科学中心。（Ben-David，1971）

2. 法国国家科研中心的成立

19世纪末期，随着科学在社会中发挥着越来越重要的作用，政府或私人基金对科学的扶植越来越成为各国的共识。法国积极走在世界的前列，1888年成立的巴斯德研究所就是世界上最早致力于研究的科研机构之一。自成立之日起，它就一直引领着关于生物学、医学、公共健康研究的潮流。公立科研机构的筹建也在20世纪刚拉开帷幕便迅速开展。1901年7月14日，在参议员奥迪弗雷（Audiffred）的提议下，法国政府通过法令（1901年7月23日政府公报），成立了科研基金会，致力于"鼓励恒久的研究而不是一时的发现"（Picard，1988），这是法国现代科研机构开始形成的标志。

一战后，"落后的法国"越来越成为人们经常谈论的话题。科学家试图尽快通过开展科学研究而改变这种局面。1926年，在慈善家罗特席尔德（Rothschild）的资助下，物理学家佩兰、生理学家马耶尔（Mayer，1875—1956）、化学家于尔班（Urbain，1872—1938）[①]一起组织成立了一个新兴的生物物理-生物化学基金会。它的一个重要革新就是为年轻研究人员提供资助。

---

① 三者均于1890年左右毕业于巴黎高师，当时佩兰和于尔班在索邦大学，而马耶尔在法兰西学院。佩兰于1926年因在原子结构方面的贡献获诺贝尔奖，他是孔德（Comte）的支持者，声称"科学就是我们的宗教"，他还于1930年成立理性主义联盟。

图7　佩兰与弗雷德里克·约里奥-居里

此后，三人开始着手筹建一个公立的科研基金，以取代之前私人资助研究的局面，这便是1930年成立的国立科学基金会，附属于国家教育部。佩兰对此基金会实施规范化管理，如于1933年成立科研高等理事会，由100名自然科学和人文科学的大学研究人员组成，对基金会的各种事务进行评议和裁决；还采取灵活措施吸纳了不少国外因政治迫害或其他因素而入法的优秀研究人员。当1939年并入国家科研中心时，此基金会有1000名左右的人员，构成了科研中心的主要研究力量（尤其是生物科学），而其科研高等理事会则于1945年发展为国家科研委员会，为法国国家科研中心的形成奠定了基础。（Picard，1991）

1935年，国家科研基金会在赖伐尔（Laval）政府下成立，吸纳了上述的科研基金会和国立科学基金会。翌年，为提高该基金会的地位和影响，在佩兰的要求下，设立了一个专门负责科研的国民教育部副部长，由弗雷德里克·约里奥-居里担任，不久便由佩兰接任；

同年，在国民教育部下还成立了科研事务处，由佩兰的朋友洛吉耶（Henri Laugier）负责。（Picard，1988）这些都表明科研的地位受到前所未有的重视。1938年，在1922年成立的国家科研、工业和发明事务处的基础上成立国家应用科研中心，由隆尚邦（Longchambon，1896—1969）负责，主要处理工业上急需的应用型研究。

二战开始后第六周，1939年10月19日法国政府通过政令（1939年10月24日政府公报），整合上述所有机构，成立了法国国家科研中心，隶属于国民教育部，主任则由洛吉耶担任。其使命是“协调相关工作，推动科研进步”。成立之初，分为“基础研究”和“应用研究”两个分部。（Picard，1999）因此，科研中心继承了之前成立的相关机构，同时在建制和使命上又有了质的提升，其形成体现了变革中的连续、继承中的创新（Picard，1990）[60]。

科研中心的成立标志着科研体制建制化的正式形成，国家资助科学研究步入正常运行的轨道。尽管科研中心与旧制度时期的皇家科学院以及大革命后的法兰西研究院没有直接的关系，但在国家支持科学事业这一点上，却是一脉相承的。当然，与之前科学界明显高高在上不同，新时期的科研中心拉近了与大众之间的距离（Hahn，1971）[315]。

为了实现科研中心的使命，1945年，法国在1933年成立的科研高等理事会的基础上成立了国家科研委员会，号称法国的“科学议会”（Picard, 1990）[103—108]，负责对科研中心提出建议以及对其科研工作进行评估，同时对全国科学技术的发展方向进行分析与展望（Druesne，1975）[67—68]。作为世界最大的国立科研机构之一，法国国家科研中心几乎涵盖了所有研究领域，通过有效的国家科研委员会的管理方式，它取得举世瞩目的成绩。然而，真正给它带来活力的则是它的科研合作制度。

3.科研中心的扩张与发展：科学立国的梦想

法国国家科研中心成立时正值第二次世界大战，因此它最初很大程度上是为国家利益和军事技术而进行大量应用研究。比如1941年就把成立之初的两个分部合二为一，因战争之需，实际所从事的研究基本为应用性质，为战争中的军民提供能源、食品、替代品等。二战后，在国家科学委员会中一些大学教授的压力下，科研中心开始转向纯科学研究，应用研究则让位于一些新成立的研究机构，如国家卫生研究所（1941）、国家通讯研究中心（1944）、法国原子能总署（1945）、国家航空航天研究署（1946）等，并再次对基础研究和应用研究做出区分。（Picard，1999）

1940年的战败及之后维希政府的建立，让法国体验深刻，使法国更加认识到科学的重要性。正如弗雷德里克·约里奥-居里所说："我必须说如果这个国家不给科学以足够的重视，不给从事科学的人以足够的尊严，迟早她将沦为殖民地。"随着第四共和国的建立，在戴高乐的支持和弗雷德里克·约里奥-居里等著名科学家的努力下，科研中心获得了迅速发展。面对美国、苏联、英国在科学上的优势，法国不断研究对策，希望通过科学的发展，促进国家的经济发展和军事战略，实现民族和国家的尊严。（Gilpin，1968）[151—187]

国家科研中心发展的黄金时期是19世纪60年代。戴高乐于1958年重新执政后，对科研中心给予了全方位的、绝对的支持，使科研中心成为法国最为重要的研究机构。（Ramunni，1991）1958年科研中心的研究人员和ITA人员（工程师、技术员和管理人员）共5792人，而到了1968年则达到14761人，经费预算1958年为6.33亿法郎，1968年为28.33亿法郎，无论是人员还是经费均为增长最快的时期（Picard，1990）。[184，214]

戴高乐执政期间还实现了联合实验室的建立，这是科研中心乃至法国科研中十分重要的制度创新。合作制度始于1966年，而促成这种合作制度化的关键人物是雅基诺（Jacquinot）。1962年7月，雅基诺接替库仑（Coulomb）成为科研中心的总主任。他上任后发现，科研中心开展的研究分为两个毫不相关的方面：一是通过直属实验室，一是通过国家科研委员会对大学教授的个体资助。而大学教授申请科研中心资助的情形十分无序，国家科研委员会不可能为每一个申请而召集审议。因此，他决定对科研中心进行整合、重新布置，即在大学设立实验室，与科研中心签订协议，接受国家科研委员会的审议与评估，这就是联合实验室的最初由来。（Kaspi，2003）

为配合科研中心的改革，1966年3月31日通过的66–187和66–188号政令（1966年4月2日政府公报）对1959年12月9日的59–1398号政令进行了修改。这两号政令对科研中心的横向发展尤其是中心与高等院校的关系做出了新调整，并对其管理和财政政策进行了灵活化处理。同时，为了更好地开展研究，科研中心建立了更全面的学科体系，分为6个部，各由一个主任负责，6个部又下设35个分部[①]；管理上则设立行政和财政主管，协助总主任开展和管理工作。

联合实验室和联合研究小组的实施是法国科研组织上一个极其重要的转变。这一政策实施后，联合实验室的数量便飞速增长，1966年为60个，1972年达到458个，1973年到543个，至2015年底达1083个，而且随着数目的增长，其研究成果也越来越显著。

在联合实验室中，最重要的是混合研究单位和协作研究单位。前

---

① Le CNRS et Hubert Curien de 1969 à 1973［J］. *La Revue pour l' histoire du CNRS*，1999，N° 1.

者由科研中心负责在大学、其他研究机构甚至企业中组建，共同制订经费计划和人员名单，由国家科研委员会定期检查实验室的运行情况及研究人员的工作。后者则主要由大学或其他研究机构负责，科研中心一般不参与其中的学术领导，只是根据实验室的研究目标和学术关联性而决定参与的形式与程度。（邱举良，1997）这种合作机制确保了人力资源和科学设备的有效使用，科研活动的选题和竞争得以优化（顾海兵，2004）。

“合作”现已成为科研中心最重要的关键词，也是它区别于其他国家研究机构最为明显的特征。科研中心通过高校或其他科研机构而广泛拓展了研究领域，实现了研究力量和领域的扩张，取得了十分显著效果。科研中心一直对这种合作制度给予高度重视，实验室每四年签约一次，每两年由国家科研委员会考核一次。合同到期后，既可根据研究的需要续签合同，继续开展相关研究，亦可根据研究方向的转变而改组，另设实验室。实验室的不断更新、重组实现了学术资源的共享，加快了学术信息的流动，是科研中心不断得以保持活力的一个重要保证。（孙承晟，2008）

20世纪70年代是科研中心迅速发展的时期，它逐渐采取了一些新的管理方法，以便从行政、财力、物力各个方面有效地管理这一日益庞大的科研机构。其中一个重要措施是分散化，即将一些重要机构分散到巴黎以外科研力量很强的城市，如格勒诺布尔、斯特拉斯堡、里昂、马赛、图卢兹等，使得科研发展在全国范围内得到均衡发展。另外一个举措则是使中心的研究人员公务员化（Picard，1990）[186—191]，这一方面使研究人员摆脱时时竞聘的困扰，能够安心研究，但另一方面也产生了科研惰性和官僚气息，这也正是现在呼吁对科研中心进行改革的一个重要原因。

进入80年代，法国国家科研中心开始面向社会，对人类社会密切关心的健康、能源、环境、工程技术等问题展开了深入的研究，并与其他研究机构或公司展开全方位的合作，在生命科学、环境科学与能源技术、空间技术、地面与航空运输技术以及人文科学与社会科学等领域取得了许多显著的成果。

从1990年开始，法国国家科研中心率先实行合约制，即中心与大学、公司或其他研究机构可自愿签订4年期的合同，开展特定的研究项目，为科研成果的推广与转化起到了很好的推动作用，也为科研经费的合理使用带来了积极的尝试。此外，法国国家科研中心的国际合作亦随着科技的发展而越来越广泛和活跃，进一步成为世界上最具影响的研究机构之一。

国家与科学紧密相连一直是法国近代史上的典型特征，虽在不同时期有不同的表现形式，但以中央集权为特征的柯尔贝主义都或强或弱、或明或隐地贯彻其中。同时，我们也应看到，科研人员和大学教授在另一方面又享有相当自由的探索空间，故集权与自治历来是法国科研与教育中并存的两极。这两个看似矛盾的方面，尽管不断有着磕磕碰碰，却也一直保持着某种平衡。

就科研中心而言，集权实质是政府在资金和人事上的保障，而自由则是科研人员在这种保障下的权利。科学现已成为社会发展最强大的动力，政府对科学进行支持是每个国家的共识。因科学的发展有其自主性，因此关于科学与国家关系的争论——究竟是应该放任发展，还是定向引导——就一直没有停止过。但正如本-戴维所说，关键不在于国家应不应该支持科学，而在于应如何支持（Ben–David，1977）。

第三节　“辉煌三十年”（1946—1975）

二战后的欧洲满目疮痍，城市和工业生产均遭到严重破坏。又逢1946—1948年的寒冬，经济形势雪上加霜，欧洲的复兴摆在各国面前。早期的欧洲复兴计划是以牺牲德国的崛起为条件的，如时任美国财政部长的摩根索提出的“摩根索计划”，和法国官员莫内提出的“莫内计划”，前者要求对德国索要巨额赔款以帮助其他国家的发展，后者则设想由法国控制德国的萨尔和鲁尔两大工业区，从而恢复法国的经济。

1946年1月，法国设立了计划总署、现代化委员会等机构，莫内（Monnet，1888—1979）出任计划总署首任主任，并主持制定了《现代化与装备计划（1947—1953）》，一般简称为“莫内计划”。第二年，该计划获政府批准通过并取得了巨大的成功。接着又开展了第二计划（1954—1957），又称“伊尔斯计划”。（吕一民，2007）

但后来发现若限制德国的发展，整个欧洲的复兴也很难实现，因此有“马歇尔计划”的出现。该计划以美国援助欧洲为主要手段，一方面是要恢复欧洲经济，为美国获得市场，另一方面则是要实现欧洲一体化，构筑防范共产主义（尤其是苏联）的堡垒。因意识形态的不同和援助条件故意设置得苛刻，苏联和东欧各国被排除在外。

“马歇尔计划”由美国国务卿马歇尔1947年6月5日在哈佛大学

的演讲中正式提出。政治上，美国希望欧洲一体化以对抗苏联；经济上，只有欧洲经济复苏，才能提高美国的商品出口从而拉动美国经济。1948年4月3日，杜鲁门总统正式签署“马歇尔计划”，其官方名字则为“欧洲复兴计划”。美国成立了经济合作总署，以负责该计划的实施；同时计划的各个参加国决定建立一个地位与经济合作总署并列的机构，即欧洲经济合作组织，即经济合作发展组织的前身。

因此，欧洲一体化是美国实行“马歇尔计划”的首要目的。后由于英国对欧洲一体化的抵触，美国只得转由法国挑头担任建设欧洲一体化的重任。后在美国的支持下，法德两国启动“舒曼计划”，成立煤钢共同体，为欧洲经济一体化铺平了道路。（赵贞，2012）“舒曼计划”由当时法国的经济学家莫内筹划，由时任法国外交部长的罗伯特·舒曼（Robert Schuman）于1950年正式提出。该计划主要以欧洲（尤其是法德）的煤、钢合作为基础，从而试图带动欧洲经济一体化。以法德的和解为基础，后来的欧洲煤钢条约组织正是依据该计划而建立起来的，进一步促进了欧洲一体化。（胡才珍，2002）

正是在“莫内计划”“马歇尔计划”等的推动下，法国进入了所谓的“辉煌三十年”。法国学者福拉斯蒂埃（Fourastié）在《辉煌三十年还是看不见的革命》（1946—1975）一书中，首先使用了“辉煌三十年”一语，用以指二战后法国经济、社会高速发展的三十年，即1946—1975年。（Fourastié，1979）所谓“辉煌三十年”与欧洲的“黄金时代”相应，那时经合组织各国的经济都获得了高速发展（表5）。正是这个时期奠定了欧美高度发达的坚实基础，反映了法国在二战后欧美经济发展的枢纽性作用。

表5　20世纪下半叶经合组织国家GNP年均增长率（%）（Dormois，2004）[18]

	1950—1959	1960—1973	1973—1979	1979—1990	1990—1999
法国	4.6	5.8	2.8	2.5	1.6
德国	8.6	4.4	2.3	2.0	2.1
英国	3.0	3.2	1.5	2.1	1.9
意大利	5.5	5.3	2.6	2.5	1.2
美国	3.5	3.9	2.6	2.6	2.7
经合组织	5.1	4.7	2.6	2.6	2.5

20世纪上半叶，法国除在“美好时期”（1900—1913）和战间时期（1920—1934）经济稍有起色，其他时间都惨遭战争困扰。但在“辉煌三十年”，各个产业都有迅速的发展，尤其是第二和第三产业突飞猛进。1961—1975年的15年间，GDP增速均保持在5%以上（表6、表7）。

表6　法国各产业经济增长率（1905—1975，%）（Dormois，2004）[116]

	农业	工业	服务业	GDP
1905—1913	0.69	2.02	1.45	1.51
1920—1924	0.10	1.35	1.11	1.04
1925—1934	1.48	4.38	2.35	3.07
1935—1938	0.43	0.24	0.16	0.30
1949—1955	1.21	2.58	1.85	2.10
1956—1960	1.73	5.56	4.36	4.62
1961—1965	3.34	6.90	4.61	5.46
1966—1970	1.93	6.95	4.44	5.33
1970—1975	1.31	5.85	4.95	5.18

表7　法国20世纪各产业就业分布图（%）（Dormois，2004）[8]

年份	农业	工业	服务业
1906	41.4	31.5	27.1
1931	32.1	36.2	31.7
1954	26.1	34.3	39.6
1974	10.6	38.5	50.9
1998	4.4	26.0	69.6

“辉煌三十年”的法国不仅在宏观的经济方面表现抢眼，在体现人民生活水平、福利化程度的诸多方面也有全面的进步（表8）。财富指标上，人均国民生产总值、薪资购买力分别增长了268%和236%；生活质量上，平均寿命、婴儿死亡率都有大幅改善；至于衣食住行以及生活的科技水平，更是完全实现了现代化（表9）。

表8　法国“辉煌三十年”的成就（Dormois，2004）[21]

	1946	1975
总人口（百万）	40.5	52.6
平均寿命（岁）	55.9	70.2
婴儿死亡率（‰）	84.4	13.8
劳动参与率（%）	51.4	41.4
平均每年工作时间（小时）	2100	1875
人均国民生产总值（1938=100）	87	320
薪资购买力	125	420
每年建成家庭（千） 带私人浴室（%） 带电话（%） 带冰箱（%）	65 5 5 3	570 70.3 25 91
私人汽车（百万）	1.0	15.3

表9　法国的一些重要发明（1890—1984）（Meunier，2002）[76]

时间	发明	发明者
1891	充气轮胎	Michelin Bros.
1896	放射性	Becquerel
1902	小型摩托车	Gauthier
1903	微粒彩屏干板	Lumière Bros.
1906—1923	卡介苗	Calmette&Guérin
1907	传真机	Belin
1910	变速箱	Forest
1910	霓虹灯	Claude
1912	洗碗机	Labrousse
1915	装甲坦克	Estienne
1922	速记法	Pigier
1926	喷雾器	J. Estignard
1927	绉橡胶鞋底	Delbon
1927	墨盒笔	Perraud
1931	蔬菜处理器	Martelet
1937	人工肺	Henry
1952	神经松弛药	Laborit
1953	高压锅	Lescure Bros.
1974	智能卡	Moréno
1984	太阳镜	Essilor

第四节　科技、产业与社会

在全球盛行美国文化的20世纪下半叶，作为欧洲甚至世界的领头羊，法国极力弘扬自己的文化和价值观，试图抵制法国的美国化。其结果是不同于美国化在其他国家的顺利推广，法国则在不得不进行的美国化和法国文化的捍卫之间达成了一定的平衡。（库索尔，2013）

一、核武核电：重返大国之举

1. 法国原子能总署与核武研发

二战前法国曾是久踞世界领导者地位的大国之一。战后法国人口损失近150万，食品短缺，工业基础受到重创，工农业生产下降55%以上。因此法国失去了往日的荣耀，失去了世界主要列强之一的霸主地位，民族自尊遭受了伤害。这一点明显表现为：戴高乐未能代表法国出席决定战后世界新格局的雅尔塔和波茨坦会议；在漫长而痛苦的战后重建过程中，法国不得不接受美国的援助；美国在广岛和长崎的原子弹爆炸也让法国人倍感自己与美国的科技差距。因此一向以民族文化科学为自豪的法国人如何重新定义法国，如何恢复往日的国际大国地位和荣耀是法国朝野各界所关心的共同问题。（Hecht，1998）[1—2]

弗雷德里克·约里奥-居里和道特雷（Dautry）是法国核能项目的首倡者。二战期间共产党人、物理学家弗雷德里克·约里奥-居里参加了戴高乐领导的自由法国抵抗运动，曾试图隐藏法国核科学研究成果不被德国侵略者发现并帮助向国外偷运重要的核原料。他的这些活动都曾得到过战前军备部长道特雷的支持。在战争即将结束的时候，这两个人很快就说服了戴高乐，使他相信在法国发展原子能项目，既可以帮助法国提高国际地位又可以推动法国工业加速发展。

戴高乐关于发展原子能的提议在法国国会很快得到了通过。1945年10月法国原子能总署成立，是世界上第一个为发展原子能技术而成立的科研机构。该机构声明其使命是“在科学、工业和国防等诸方面致力于对核能利用的科学和技术研究”，明确规定政府不得垄断原子能的利用。

原子能总署直接对总理负责，不像其他机构那样受制于某个经济实体。该机构由两人负责领导，一名是任高级专员的科学家，另一名是任行政总管的政府特派员，两位领导享有平等的权力。原子能总署下面设有指导委员会，由几名高级科学家和政府从各部和其他机构指派的行政人员以及来自军界的人员组成。通过领导班子的结构，我们可看出在该机构中科学与政治的联姻关系。总署明确政府不得垄断原子能利用活动的政策，指明了原子能的工业化发展方向，但同时指出由于原子能的发展事关国家安危，所以必须和政府保持紧密关系。

1946年戴高乐卸任后，国会通过了新宪法，第四共和国产生。新政府忙于战后重建工作，总理频繁更换，无暇顾及原子能总署的事务，因此原子能总署最初的五年主要由科学家运作。在此期间他们专注于核物理和核化学的基础研究，发展大型实验设备，例如反应堆和加速器、铀的探查和开采等。在英美表示不愿与法国共享核能研究成果与原料的情况下，这些活动为核项目在法国的独立发展奠定了坚实基础。

随着冷战的加剧，法国历届政府都感到约里奥-居里的共产党身份越来越令人尴尬。1949年苏联试验了第一颗原子弹，不久科学家福克斯（Fuchs）因向苏联泄露核机密而受到英国指控。1950年四月约里奥-居里宣布绝不制造原子弹，因为法国制造原子弹的唯一目的就是将弹头指向苏联，其结果是增加另一次世界大战的危险。反对核武器本身与政府的立场并不冲突，法国政府发言人一再宣布法国只关心核能的和平应用，但约里奥-居里与苏联的关系却是不可原谅的。同时美国也抗议在这样敏感的机构里出现共产党人，因此总理皮杜尔（Bidault）于4月底解除了约里奥-居里的职务。一年后其职位由另一名杰出的科学家佩兰（Francis Perrin）取代。

在佩兰继任之前这段时间间隔当中，原子能总署指导委员会当中的非科学家成员乘虚而入，在机构内扩大自己的影响。莱斯克（Lescop，毕业于巴黎综合理工学校，道特雷曾任命他为总书记）抓住了这个机会。1951年他和道特雷牵头改组了机构，使权力中心由科学家转向了政府官员。二人曾私下表示对法国核弹感兴趣，科学家由此意识到这种转变意味着某种国家政治的动向。同年8月道特雷去世，莱斯克成了指导委员会的最高领导人。（Hecht，1998）[58—59]

发展核武器是原子能总署成立之初的主要目标。1948年，法国在本土找到了铀矿，建立起第一座核反应堆，并于1949年成功分离出钚。1952年法国政府提出发展核武器的设想。1954年12月，这一设想被孟戴斯-弗朗斯（Mendès-France）政府内阁会议列入议程。1958年戴高乐重新上台执政后，加快了研制核武器的步伐。1960年2月13日，法国在西部非洲撒哈拉大沙漠成功爆炸了第一颗原子弹，法国因此成为世界上第4个拥有核武器的国家。随后，法国政府提出耗资达300多亿法郎的“军事装备计划法案”，其中60多亿法郎用来建立核威慑力量。法国很快便建立起了由陆基导弹、潜艇导弹、飞机携带的核导弹所组成的三位一体的独立核力量。

2. 核电：从军用到民用

法国是一个能源资源相对匮乏的欧洲大国。为了解决这一问题，推动工业加速发展，二战以后法国开始了核能的研究工作。1945年成立的原子能总署很大程度上也是要解决核能在工业和民用领域的应用问题。由于法国拥有大量天然铀的资源优势，法国选择研究建造以天然铀为原料的一级反应堆。1950年法国在马库尔建成了第一座石墨慢化气冷堆G1，但此时设计反应堆的目的是制取钚而不是发电。

20世纪50年代开始，利用核能发电在世界上开始流行。法国也在电力公司主导下仔细研究发展核电的利弊，同时组织核电基础科学和应用技术的研究。但由于法国电力公司缺乏技术和资金支持，必须与原子能总署合作。1956年法国电力公司在马库尔的石墨慢化气冷堆基础上投产了第一台40兆瓦的核电机组G1。随后继续与原子能总署合作，先后于1959年和1960年建造了G2和G3核电机组。法国将天然铀石墨气冷反应堆（gas-graphite reactor）技术确定为核电站建设的主要方案。此后，1963—1970年建成6台天然铀石墨气冷堆机组，形成了自主知识产权的石墨气冷反应堆技术。

20世纪60年代末70年代初，能源危机爆发，法国决定将核电作为国家基础能源，通过大规模发展核电来代替化石能源，减少对国外进口能源的依靠。但石墨气冷反应堆技术容量有限，无法形成规模应用，发电成本很高。此时美国拥有世界上最先进的压水堆核电技术（pressurized-water reactor），这比法国的石墨气冷堆技术更具经济优势。法国内部就继续发展石墨气冷堆技术还是学习美国的压水堆技术产生重大分歧和争执。尽管法国对自己的气冷堆技术拥有完全自主的知识产权，但气冷堆的固有缺陷使得该技术无法大规模商用。因此20世纪70年代，法国放弃了自己的成熟技术，向美国学习更先进的压水堆核电技术，并且选定后就一直没有更改，而是长期坚持。

随着成功学习并引进美国核电技术，之后法国70%以上的电力均来自压水反应堆。这种学习引进、消化吸收再开发提高的策略使法国在核电技术上进步神速，且由于其他很多国家对核电的反对政策更使得法国在核电上一枝独秀。（Hecht，1998）[271–322]

现在法国共有58台压水堆机组（34台900兆瓦机组，20台1300兆瓦机组，4台N4型1450兆瓦机组，分布在19个场址，法国电力公司是这些机组的业主和运营单位）和一台快中子堆（凤凰堆，230兆瓦，主要用于开展试验和研究，业主是法国原子能总署），为世界第二核电大国。虽然机组数量少于美国（103组，65个厂区），但美国在1980年后就再没建过一台新机组，而法国的核电机组却大多是此后才建的。因此，法国拥有目前世界上核电中容量最大、技术最先进的核电机组。（伍浩松，2005）

法国核电政策长期保持连续性，是促进法国核电顺利发展的重要因素。虽也不断有反对的声音，但从战后至20世纪末的法国历届政府，无论左派还是右派，对发展核能都予以了积极支持，均没有特别的异议或政策修改。

为了保证核电具有良好的经济效益，法国在实施大规模核电发展计划之始，便确定了后来使法国核电收益十分巨大的标准化发展政策。法国庞大的核电计划在较短的时间内能成功实施，并取得良好的经济效益和强大的竞争性，标准化政策是十分重要的原因之一。在实施标准化政采的同时，还建立了一个高效、专门的工业体系，以及实施严格的安全监督管理机制。20世纪60年代初，法国政府成立了核管理局，负责制定核安全原则，监督核设施运行安全，把核电站运营单位和核安全监督机构的职能分开。

由于核电工业的发展导致放射性废物增多，1991年法国组建了放射性废物管理局，独立于产生放射性废物的企业，负责对法国的放射性废物进行长期管理。后又陆续成立辐射防护与核安全研究院、法国核安全与辐射防护总局，加强核能安全监测和预警以及相关法规的制定与实施。此外，法国还通过核电安全与信息透明法令，对核电站进行监管，向公众提供透明的核电信息，民众对核电的了解越来越多，恐慌则越来越少。

核电工业的大规模发展极大增强了法国能源的独立性，无论国际油气市场如何波动，法国都不会受到显著影响。由于法国本土贮藏有相当充分的铀资源，且建立了完整的核循环工业体系，因此，即使脱离国际市场，仍能保证核电站完全自主运行多年。

如今，核电在法国发电总量占75%，核电已成为法国最重要能源，所占比例在世界大国中是最高的。核电不仅为国家的经济与民生提供重要的保障，同时作为安全清洁的能源，还为法国保持一个良好的生态环境发挥着突出的作用。此外，因很好的安全性能和低廉的运营成本，核电每年还为法国带来至少30亿欧元的出口。

法国核能在能源中的首要地位，以及核能的垄断运营、标准化政策、安全措施和公众沟通制度，已成为法国的一个象征。

二、高速铁路：法国新名片

法国的铁路尤其是高速铁路的发展，是法国二战后经济腾飞尤其是“辉煌三十年”的巨大成就，体现了政府干预经济或经济国有化的成功（Meunier，2002）[2]。高速铁路成为20世纪下半叶法国另一张靓丽的名片。

二战结束后，法国的交通几近瘫痪。境内铁路超过一半已无法使用，三分之一的主要火车站已被毁坏，能运行的火车头仅剩六分之一，桥梁亦满目疮痍。（Meunier，2002）[1]

法国国家铁路公司（SNCF）成立于1937年，是政府接管5个私营的铁路公司（一战后均未恢复元气）而形成的。

1955年，SNCF获得了331公里时速的火车世界纪录。这个时期的测速主要是出于科学或工程上的兴趣，而对其用途并未有实际的考量，因此接下来的10年在高速铁路方面未取得什么进展。SNCF决定建设高速铁路系统（TGV）很大程度上取决于实际存在的或是想象出来的国外的竞争压力。1964年则是一个转折点，当年10月，东京奥运会开幕前夕，日本开通了从东京到大阪的第一条新干线的新东海道线，时速210公里，将原来从东京到大阪的13个小时缩为3个小时。速度虽然不算太快，但带来的社会反响和经济效益，还是给法国的同行们带来极大震撼。以当时之情形，法国只要装备具有地铁风格的特殊轨道，就很容易能够达到200公里的时速。（Meunier，2002）[4]

日本新干线运营两年后，SNCF建立了一个新的研究部门，着力发展法国的高速铁路。该部门强调发展高速铁路的社会、经济价值，为公众带来既能省钱又能节省时间的交通方式。其他交通方式尤其是航空业和汽车工业的蓬勃发展亦给SNCF带来巨大的竞争压力，SNCF被迫关闭一些亏损的线路和站点。（Meunier，2002）[4—5]

20世纪60年代末，工程师们发明了涡轮增压火车头。1969年，这种车头开始在巴黎至卡昂、巴黎至瑟堡之间运行。1972年，一种新型高速涡轮机车TGV001试验成功，获得300公里的时速，各路官员、记者被邀请参加这种“未来火车”的试乘。涡轮机车并不是SNCF的唯一选择。早在1956年，一名航空发动机工程师贝尔坦（Bertin，1917—1975）就发明了采用喷气式涡轮的高速悬浮列车，不用常规的铁轨，而是悬在倒T型的导轨上面的空中行驶。1969年这种车型达到422公里的时速，然而，由于与现存的铁路系统不兼容，重起炉灶将会导致相当高的成本，且因为贝尔坦属于铁路系统的局外人，悬浮列车并未作为SNCF的候选之列。（Meunier，2002）[5]

随着TGV的试验成功，1976年3月，政府发起建设巴黎至里昂新铁路的计划，SNCF随着开展涵盖广大乡村地区的TGV高速铁路东南线的建设，全长426公里，1981年建成通车，最高时速260公里（后升级到300公里）。TGV高速铁路网均为私人募资建设，没有动用国家的公用投资。由于80年代初密特朗政府的社会主义色彩，法国高速铁路的建设，在线路上照顾了广大乡村地区的发展，在运营上也采取平民化的廉价措施，回击了此前诸多的批评与猜疑。SNCF就曾提出“不为民所用的进步一文不值”。法国高速铁路不仅是一个技术上的巨大成功，也带来了十分丰厚的社会、经济回报，堪称法国20世纪下半叶现代化的一个象征。（Meunier，2002）[6—7]

由于东南线的成功，1985年开始修建巴黎至勒芒的TGV大西洋线，1989年建成，全长308公里，最高时速300公里，此即第二代TGV高速铁路。1992年建成巴黎至里尔的北线，继而向北延伸到比利时，最终形成了连接巴黎、布鲁塞尔、阿姆斯特丹的Thalys线，向西延伸则通过英吉利海峡隧道与英国相连。2001年，TGV东南线延伸至马赛，被命名为地中海线。

TGV的建成与发展不是一帆风顺的，其间常有各种各样的阻力，70年代对发展高速铁路的反对声依然十分强烈。由于1974的能源危机和油价飙升，法国政府扩建航空能力的提议逐渐受到质疑，主动权转到SNCF手中，建设TGV高速铁路才获得越来越多的支持。且人们不再看好之前的燃气机车，转而研制高速电动车组，这样可就近采用国内的核电和水电，而不再依赖中东的石油。（Meunier，2002）[8]

三、汽车工业：三驾马车

法国的汽车工业起步于19世纪末，标致公司、雷诺公司和雪铁龙公司是其杰出代表，堪称法国汽车工业的三驾马车。阿尔芒·珀若（Armand Peugeot，1849—1915）是法国汽车工业的先驱者，标致公司的创始人。毕业于巴黎中央理工学院，1881年游学英国，看到自行车的潜力后回到法国与其堂兄尤金·珀若（Eugène Peugeot，1844—1907）合作建立了电动三轮车公司。1896年在蒙贝利亚尔创建了标致汽车公司。（Loubet，1995）

路易·雷诺（Louis Renault，1877—1944），1877年出生于巴黎的一个富商家庭，年轻时曾设计了一种高效蒸汽机，并申请了专利。1898年将一辆摩托车改装成汽车。1899年雷诺兄弟汽车公司在巴黎成立。1902年取得增压发动机的专利。1903年产量及销售量均有了大幅增加，成为法国第一大汽车公司。1913年雇员达5000名，年产汽车超过1万辆。一战中，雷诺公司为法国军队提供了大量的汽车，为打败德国做出巨大贡献，同时使该公司在法国占据汽车工业的龙头地位。后来因雪铁龙和进口汽车的冲击，雷诺失去统治地位。1945年11月6日，雷诺汽车公司被收归国有，成了世界上最大的一家国营汽车公司。

安德烈·雪铁龙（André Citroën，1878—1935），1878年生于巴黎，1900年毕业于综合理工学院，后在波兰发现人字形齿轮，并将此专利买下。1908年成立摩尔（Mors）公司，经营齿轮和汽车业务。一战服役，并卓有成效地组织生产炮弹。1919年创建雪铁龙汽车公司，并采用美国福特公司先进的生产营销方式，产量大增，取得骄人的效益。但大萧条使雪铁龙受到极大的打击，1935年雪铁龙去世使公司雪上加霜。（Loubet，1995）[378]

法国的汽车工业受惠于美国汽车的规模化生产模式而突飞猛进。雷诺于1911年访问美国，并会见了泰勒（Taylor）和福特（Ford）。雪铁龙1912年访问美国，途径底特律，并于1923年第二次访问美国，见了斯隆（Sloan）。这促使法国的汽车公司不同程度地吸取了美国的生产和管理模式，提升了法国汽车工业的水准和规模。（Cohen，1991）至1913年，法国的汽车产量仅次于美国。法国的汽车工业反映了法国工程师教育的传统和成效，以及对美国大规模生产方式的借鉴。

由于与汽车工业的密切关系，这里应该提及法国的米其林轮胎，其历史可追溯到巴尔碧耶（Barbier）和道伯雷（Daubrée）1832年在克莱蒙费朗成立的农具和橡胶公司。1889年，爱德华・米其林（Édouard Michelin，1859—1949）和安德雷・米其林（André Jules Michelin，1853—1931）兄弟接管了该公司，成立“米其林公司”。1891年，发明可拆卸自行车轮胎。1895年，将可充气轮胎用到汽车上，实现了汽车发展史上的一次革命。20世纪20年代，米其林轮胎公司开始采用美国的泰勒主义，率先在法国实行科学的管理制度，提高了公司的效率和规模。（Tesi，2008；2009）1946年，试制成世界第一条子午线轮胎，因其耐磨、耐刺穿、安全、稳定等性能，带动了轮胎工业中的一场革命。米其林后将子午线轮胎用于卡车（1952）、重型推土机（1959）、和农业机械（1978）、飞机（1981）、摩托车（1984）中。1994年又研制出首条低滚动阻力轮胎。米其林轮胎以其悠久的历史、卓越的技术和服务一直引领世界轮胎工业的潮流。

结　语

两次世界大战使法国受到巨大冲击。随着“舒曼计划”和“马歇尔计划”的实施，法国在20世纪70年代即实现高度工业化、城市化、福利化，并在核能、高铁等领域取得世界级的突破。此外，法国在欧洲一体化进程中一直扮演领头羊的角色，并在全球化进程中坚持发出自己的声音。20世纪的法国实现了再生与转型，在这一过程中，科技始终发挥着重要而独特的作用。

回顾近四个世纪的现代化历程，当代法国社会组织机制的诸多运行原则和逻辑呈现出自身特点。就法国的研究和教育体系而言，机构往往定位明确，规模不大，且精英主义盛行。就整个国家和社会层面来说，中央集权的机构体系、国家对科技的支持和管控、秉持特定价值观的技术官僚等，使法兰西呈现出不同于西欧其他国家的面貌。许多当代机构组织体系的特点可以在近代史中找到根据和渊源，它们与科学技术在法国近代所走的不同发展路径有关。

科学革命的地方化：知识的接受和传播

一般来说，科学革命涉及方法范式、理论话语、研究传统、学科体系等人类知识某个层面或多个层面的急剧变化。技术革命不排斥观念变革，但一般意味着从重大发明到技术体系等实物层面的更迭。科技史在科技革命的研究主题上，积累了丰厚的编史学财富。不过，20世纪90年代以来，有关科技革命的传统观念获得了不断丰富和修正（姚大志，2016）。

科学史，尤其是内史研究，主要关心科学概念和理论体系的形成、演化及其影响。对居住在科学王国中的人们来说，国家的边界似乎并无太多意义。然而，从知识传播的角度看，如果没有人理解或接受某种全新的科学概念或理论体系，那么相关知识就不可能对社会和其他知识体系产生实际影响，也无法引发影响人类思想和实际社会生活的知识变革。在这个意义上，一场科学革命不仅意味着新知识体系的构建，而且必然经历地方化的过程。所谓科学知识的地方化，意味着新知识的传播并被接受，都发生在具体的时空环境中。在这个意义上，国家的边界对革命性理论知识成果的传播就变得重要起来。

牛顿力学及其世界观在法国的传播，不仅是近代科学革命的重要组成部分，也为开启法国启蒙运动创造了条件。有关近代科学革命的传统认识强调，牛顿的工作是该事件的顶峰和高潮，之后仅仅是些扫尾工作。然而，牛顿力学及其世界观在法国的传播，改变了人们对传统叙事的理解。1732年秋天，莫培督发表《论行星的不同形状》，标志着牛顿力学正式登陆法国。莫培督扶持青年学者，注意引导公众舆论，经过不懈的努力，最终在18世纪50年代，使法国官方科学家总体上接受了牛顿力学纲领。牛顿自然哲学的胜利不仅局限在官方科学体制内，也逐渐向更广阔的文人世界扩散。莫培督主要在官方体制内追求自己的理想，而伏尔泰则借助牛顿力学的理论资源，站在非学术权威的立场，挑战官方体制、宗教权威以及主流意识形态。伏尔泰有效地把文人定位成秉持理性、关注公众的、具有批判性的思想家，由此创造了新的哲学家形象。随着科学革命成果在法国扩散和传播，官方科学机构、文学共和国，以及牛顿自然哲学话语一道，顺势开启了影响现代世界历史进程的法国启蒙运动。知识本身的创造是重要的，但知识在国家与境下的传播和实际影响同样不容忽视。

科学史家克劳思兰德（Crosland）曾论及19世纪达尔文进化论在法国的境遇（Crosland，1977）。查尔斯·达尔文在1859年出版的《物种起源》中提出具有革命意义的进化论思想，但他的理论在法国并没有引起太多波澜。历史学家强调，这不是因为法国人对英国科学成就有偏见，而是因为法国本土的进化论传统，尤其是拉马克的学说具有广泛影响力，这很大程度上影响着他们对达尔文理论的评价。在法国人看来，达尔文对进化论做了某种程度的修正，其工作的创新性相对有限。从不同国家的角度看待科学创新，达尔文在进化论上取得的成就对于英法两国的意义不尽相同。就此而言，重大创新理论的传播和实际影响在不同国家呈现出不同的面貌。

科技发展中的连续性与丰富性

科学革命和技术革命虽然强调短期内的大幅度变革，但此类变化往往呈现为观念体系的嬗变、重大技术发明的涌现，或技术体系的迅速更迭。换言之，它们的出现意味着人类社会发展的某种断裂。一些研究主题显示出，科技发展在近代不仅经历急剧的变革，也保持着连续性因素。

本书关注的主题包括科技的组织、机构和体制。无论是重要的国立科学机构，如巴黎皇家科学院，还是高等教育部门，如综合理工学院，它们的建立均依托特定的社会背景和政治治理传统，不仅借鉴国内外已有的经验，而且以本国既定的机构组织和运行模式为基础。近现代科技组织和机构，不仅顺应科技自身发展模式的变化而相应做出调整，也会随着法国近代社会的动荡而不断变迁，在发展过程中，不可避免地保持着连续性。

传统科学革命观念非常适合描述近代天文学和物理科学等学科的发展，但近代其他门类的科学知识却呈现出历史的丰富性，包括医学科学、博物学等。启蒙运动和旧制度通常遵循不同的叙事框架，似乎是平行发生在法国的两套故事。启蒙运动科学继承了近代科学革命的精神，似乎应该站在旧制度的对立面。不过，医学活力论在18世纪的起伏不仅属于启蒙运动，同样也属于旧制度。持活力论观点的医学家们与狄德罗和百科全书派建立了良好的关系，但也游走在宫廷和贵族之间。他们依靠与宫廷的联系抗衡巴黎官方医学体制，也借助《百科全书》的畅销提升自身的声誉。

动物磁学或催眠术在18世纪末由梅斯梅尔创立并传入巴黎，主张动物和人体内分布着磁流，并由此发展出配套的医疗方法。它在短期内在巴黎获得快速传播并引发争论。放置到18世纪80年代的历史与境当中，该医学流派并不能简单被归结为伪科学，或视为“反启蒙运动”的和反科学的思潮。相反，催眠术很可能是启蒙运动时期科学的典型代表，至少并非其对立面。皇家委员会的调查报告已然指出，梅斯梅尔是理性主义体系的辩护者，催眠术支持者们按照演绎推理的冰冷逻辑来解读经验事实。而理性的张扬和对逻辑的尊重，符合启蒙运动及其科学的内在要求和呼声。

巴黎与行省，中心—边缘结构

本书在某种程度上尝试引入地方性叙事视角，不仅涉及科学革命的地方化，也表现为尝试阐明中心和地方的二元叙事结构。

一种传统观点认为，法国近现代科技领域最重要的进步均发生在巴黎。法国科学史的研究往往将视野投向那些伟大的天才人物和重要机构。在首都以外的地区，鲜有伟大的科学人生。就18、19世纪研究和教育机构而言，科学院、天文台、巴黎大学、自然历史博物馆、综合理工学院、巴黎高等师范学院等，这些巴黎的机构也是欧洲大陆最重要的科研和教育机构。

强调巴黎的观点有其历史依据。随着波旁王朝对君主制的巩固，巴黎-凡尔赛地区的中心地位在17世纪下半叶不断加强，科技和文化事业也逐渐集中到首都地区。到18世纪中期，中心的光芒不仅逐渐遮蔽了地方各省，甚至也辐射到欧洲其他地区。比如，腓特烈大帝重建普鲁士科学院时，邀请巴黎皇家科学院院士莫培督出任院长，而伏尔泰则成为科学院内最令人尊敬的哲学家。

但人们不应忽略地方各省的发展状况。无论是17世纪科学革命成果的被接受，还是18世纪启蒙主义思想的传播，以及近代新兴产业的起步，如果缺少了法国地方各省的叙事，人们将无法理解科技如何影响近代法国全境及如何参与塑造现代西方意识形态。同时，进入19世纪末期，法国各省的科学活动开始表现出独特的发展活力。虽然难以对首都的权威机构形成挑战，但仍然为巴黎以外地区的科研打下了基础，有助于在20世纪形成一些重要的地方科学重镇。

由于篇幅所限，难以描绘行省整体画卷，本书尝试以更灵活的方式勾勒巴黎-行省的关系。比如，通过对旧制度时期地方科学院的统计，从某个角度展示了各地政府和知识精英为地方现代化做出的努力。此外，本书特别以西南部城市蒙彼利埃为例，尝试描绘地方医学运动和化工产业早期发展状况。一方面，蒙彼利埃医学家与首都官方医学体制之间的紧张关系，以及双方对启蒙运动医学科学话语权的争夺，让我们看到中心-边缘结构的张力和冲突。另一方面，夏普塔尔在当地化学教育和化工领域的实践，说明地方在法国化学工业起步阶段扮演着积极角色，同时也和正在巴黎发生的化学革命形成了良性互动。这些案例展现了信息和物资在中心–边缘之间的流动。通过特定的巴黎–蒙彼利埃视角，本书尝试丰富启蒙运动科学和第一次工业革命的常规认知，也力图从某个侧面展现科技作为沟通中心和地方的桥梁，对国家和地方现代化所做的贡献。

工业化道路上的挑战

1789年之前的几十年，法国决策者和企业家已经看到英国工业取得了巨大进步。他们按照自身对此事件的理解，努力在法国境内创造相关环境和促进因素，并为此付出了巨大努力。法国的决策者们相信，如果波旁王朝不能真正挑战在工业革命中崛起的英国，那么至少希望法国在短期内有效提升自身的竞争力。他们希望模仿英国的技术发展道路、劳动关系、企业制度等，并愿意在1786年与英国签署商业协定。人们可以从法国决策者的行动中，看到他们对英国工业发展道路的理解。

工业化研究似乎表明，一个国家的新机器和产业链会自然跨越国境推动周边国家的发展，工业化似乎必然会向更广阔的空间扩展。国家边界不能阻止机器转移和人才迁徙，正如它难以阻止知识跨国流动，不能禁锢人们对真理和现代世界的向往。而英国由于最早开展工业革命，并在随后获得“世界工厂”的美誉，其发展轨迹很大程度上被世人看作唯一合理的现代化和工业化道路。没有踏上这条道路的国家，很可能步入歧途。

不过，法国并没有走上英国工业化的道路。就外部环境来说，英国率先进行工业化，一劳永逸地改变邻国的发展航道。后来者的发展环境已然变化。这表现为与技术、生产、市场有关的条件已与以往不同，也表现为英国将钳制后来者前进的脚步。波耶特（Boyetet）是参与制定1786年法英贸易协定的法方主要谈判人之一。他清醒地意识到：

“英国确信法国在推行计划过程中必定取得成功，这会使它拼尽全力，耍尽手段进行阻挠。采用机器将确保完全成功实现这些意图。我们知道，强权国一旦想要谋求贸易优势，就会不吝投入，哪怕有所损失。如果法国制造业令其感到有丝毫不安，它便倾销货物，不惜亏损，直到成功破坏乃至摧毁法国制造业为止。在利益所及的任何场合和国家，它都做出过如此反应。因为它太熟悉法国的行动、特性，以及这个国家的全部资源，为了避免出现某些结果，它肯定会对法国采用同样的手段（Boyetet，1789）。”

法国决策者清楚，面对法国发展工商业的策略，英国可能做出怎样的反应及采取何种行动。英国人如果不能占据优势，他们甚至会直接破坏法国产业。帝国的本质使地缘竞争环境极其严酷，而英国已经开始限制重要机器的出口、技术知识的传播以及专业人才的移民。先行者的发展战略和道路，有时候是后来者需要借鉴和模仿的，但很多时候，别国现代化的成功途径意味着此路已被封堵（Teich & Porter，1996）。

就内部环境来说，18世纪末动荡的政局让法国决策者认识到，如果继续跟随英国的脚步，可能会导致出现彻底的社会革命。在大革命的恐怖政治结束10年之后，这一认识意味着，法国不可能完全追随英国模式，决策者和企业家们必须探索不同的进路以促进该国工业发展。在现代化发展道路上，任何国家对以往成功范例的模仿都会开辟出新的路径，没有一条工业化发展道路可被视为规范或标准。

技术官僚：现代化的架桥人

受现代科技教育体制培养的技术官僚，是把现代科学技术成果和理念贯彻到国家治理之中的一支重要力量。现代国家的运行遵循理性规范，高效而合理的管理必须植根于现代科学技术之中。自19世纪以来，法国技术官僚秉持理性精神，在法国的国家治理以及推动本国现代化发展道路上，始终扮演着重要角色。

“技术官僚统治”是第一次世界大战之后发明的词汇，首先出现在美国，随后在20世纪30年代传入欧洲，20世纪60年代戴高乐时期才在法国获得广泛使用。它可以被翻译为技术官僚统治，既可以指代大批专业科技人才进入管理和决策层的现象，也可以被理解为一种政治运行模式。在后一种意义上，拥有知识和专业技能的科学家、工程师，进入政治和管理领域，成为决策者和管理者，而那些具有专业背景的决策者就是技术官僚。同时它也表达了一种政治倾向，即强调专业技能在行政上优于民主辩论。

技术官僚统治这一词汇虽然出现在20世纪，但却适用于描述法国近代历史。技术官僚在法国具有明确指向，即那些接受大学校训练过的高级官员，具体包括综合理工学院及其应用学校，同时也涵盖国家行政学院在内的其他精英机构培养的毕业生。在法国实现现代化的过程中，这些技术官僚扮演了举足轻重的角色。

纵观历史，从身处大革命风暴中的科技专家，到戴高乐时期的技术官僚，虽然他们在很多方面存在差异，但某些要素却一脉相承。技术官僚接受自然科学和技术科学的高等教育，分享着相同的学术文化，这种文化强调科学和数学的重要意义，也让他们很容易相互理解和认同，分享共同的价值和定位。19世纪中叶以前，法国典型的技术官僚似乎可以称之为工程师-学者。他们分享着特定的职业精神气质，这种现象可以追溯到18世纪的启蒙运动。法国工科教育独具特色，最接近纯粹理论的教育是在综合理工学院，接近实践的教育部分在各应用学校。法国的工程技术体制和别具一格的理工科精英教育模式，塑造了19世纪中叶之前法国工程师-学者的理想类型。

图8　象征综合理工学院的纹章

炮、锚和铠甲是构成学校官方徽章的基本元素。进入20世纪，徽章中还增加了校训。对国家的忠诚、对科技的探索和对卓越的追求，不仅渗透在综合理工人的血液中，也在某种意义上塑造着法国技术官僚的精神气质。该纹章由迪普雷（Dupray，1841—1909）绘制于1887年。（Pinet，1887）

大革命之后，国家技术专家在意识形态和政治上形成了一股相对自主的力量，他们在物质和精神层面上都拥有真正的权力。虽然绝大多数工程师并不是国家的缔造者，但依托严格的官僚体制，他们开展科技活动，通过共同坚守的自我定位，这些科技专家们将自己看作推动国家进步的主要动力，服务国家是他们的主要宗旨。“为了祖国、科学和荣耀”，是拿破仑在1804年送给综合理工学院的校训，它不仅强调科技的崇高地位，也颂扬着爱国主义情怀。对于科技专家来说，法兰西不仅意味着祖国，还意味着科学的普适性及荣誉感。这些理念赋予技术官僚体制以力量。法国科技专家的精英主义传统，赋予他们以强烈的社会使命感。一些雄心勃勃的规划和大型工程，比如拟订城市发展规划和大规模基础设施的建设，也给予技术官僚理想以施展的空间。

20世纪的技术官僚系统和19世纪的国家工程师体系具有明显的连续性。这种连续性体现在社会、体制和文化等不同层面，并通过团体、教育体制，以及机构和个体的自我意象或自我定位等来实现。

20世纪初，技术官僚体系的理想在法国科技专家当中获得了明确表达。它通常指工程师或科技专家获得政治权力，并参与甚至决定社会发展进程的现象。现代社会的运行应该遵循理性的规范，这种理性在法国技术官僚身上得到了集中体现。20世纪60年代恰逢法国技术官僚统治的高峰，相关原则第一次落实为一整套具体的实践方案，并利用战后经济重建的机会让法国焕然一新。技术官僚们拥有了前所未有的权威，矿业、桥路等部门的工程师们启动了雄心勃勃的大型基础设施和新城镇的规划。从19世纪初的“贝凯计划”，到1967年推出的计算机发展计划，一系列大型规划和计划体现了法国的科技和社会发展水平，也标记着法国现代化的轨迹。技术官僚的立场和规划相结合，是战后法国现代化的一个重要特征。

从马克斯·韦伯的角度来看，现代性召唤社会向理性秩序的方向不断进步，而技术官僚体制最能体现行政管理的效率和理性（Gunnell，1983）。在某种意义上，现代化的进程让技术官僚精英们在国家内部崛起，让科学技术的理性思维在社会中扩散。在这个背景下，官僚体制和技术官僚理想日益紧密地结合在一起。

柯尔贝主义、去美国化和融入欧洲

柯尔贝是路易十四的财政总监。一般认为，他推动法国走上了现代中央集权国家的发展道路。法国科技领域的柯尔贝主义表现为中央集权的科技体制，即主要的科研机构易受政府干预，国家管控关键技术系统，产业研究以国家需求为导向。

第二次世界大战后，作为对冷战地缘政治秩序的回应，华盛顿与西欧共同构建起新的政治体系。新体系实际上以美国霸权为核心，以双方经济、政治和意识形态等方面的共同利益为基础，维持着华盛顿与西欧的同盟关系。

发展强大的科学技术构成这一同盟关系的基础。从第二次世界大战后到60年代，为了在冷战期间取得对苏联阵营的优势，美国和欧洲的一些决策者意识到，双方不仅需要在政治和意识形态层面成为可靠的同盟，而且需要在科学技术领域建立切实可行的伙伴关系。二战后的一段时期，美国和欧洲同盟者在经济、产业和军事力量上都极为不平衡。后者为恢复其科研力量，极需美国提供从物资到智力上的保障和支持，这使得欧洲很难与华盛顿讨价还价。通过不同的方式和途径，美国将自身的规范和实践逐渐渗透到西欧各国。（Krige，2006）

对于美国来说，法国很难顺利融入华盛顿划定的轨道。首先，法国战后左派势力强大。由于“李森科事件”和1956年“布达佩斯事件”，左派思潮于50年代末开始在法国知识分子中褪色。其次，在1958年戴高乐当选法国总统之后，美国与法国的摩擦不断。以核能问题为例，华盛顿并未将法国视为一个平等的合作伙伴，而是计划将核威慑力牢牢控制在自己手中，但法国决心发展独立的核能计划。

戴高乐重新上台后，终止了殖民地战争，并希望将法国的荣耀建立在科学技术基础上。从某种角度看，柯尔贝主义在科技领域得以恢复，法国科研必须寻求自给自足。但这种国家战略最终并未导向封闭自守，相反，国际交流起着非常重要的作用。以国家独立为原则，结合考虑财政等制约因素，在摆脱美国影响的过程中，法国寻求将其科技发展嵌入到国际图景之中。具体来说，从20世纪70年代开始，法国科研不断朝向欧洲化发展，努力将其国家规划融入欧洲。

在21世纪，大国的科技战略和政策似乎在很大程度上是确定的。《法国—欧洲2020》战略议程于2013年出台。它是一项有关科研、技术转移和创新的国家科技发展战略规划。同年2月，根据法国总统奥朗德（Hollande）在法兰西学院做出承诺，该议程将再次把法国科研的首要任务确定为创造知识和学问，通过创新巩固科研对国家复兴的决定性地位（MESRI，2013）。这一议程本身与欧洲战略发展框架计划衔接，如《地平线2020》，政府将确保地方、国家和欧洲战略的一致性。法国需要在科技进步和创新方面不断增强与欧洲的合作力度，并确保本国科研在地区的领先地位，才能最有效地提升国家竞争力。

参考文献

一、中文文献

巴丹特尔 E, 巴丹特尔 R, 1995. 孔多塞传[M]. 马为民, 等译. 北京: 商务印书馆: 258–261.

本–戴维 J, 1988. 科学家在社会中的角色[M]. 赵佳苓, 译. 成都: 四川人民出版社.

达恩顿 R, 2005. 启蒙运动的生意:《百科全书》出版史(1775—1800)[M]. 顾杭, 叶桐, 译. 北京: 三联书店.

达恩顿 R, 2012. 法国大革命前的畅销禁书[M]. 郑国强, 译. 上海: 华东师范大学出版社.

达恩顿 R, 2014. 资产阶级梳理他的世界: 城市及文本[A]// 屠猫狂欢: 法国文化史沉钩. 北京: 商务印书馆: 167.

德布雷 P, 2000. 巴斯德传[M]. 姜志辉, 译. 北京: 商务印书馆: 524.

伏尔泰, 2005. 哲学通信[M]. 高观达, 等译. 上海: 上海人民出版社.

傅勒 F, 2005. 思考法国大革命[M]. 孟鸣, 译. 北京: 三联书店.

顾海兵，李讯，2004. 法国国立研究机构及其借鉴［J］. 科学中国人，（12）：67–69.

韩琦，1998. 康熙朝法国耶稣会士在华的科学活动［J］. 故宫博物院院刊，2：68–75.

胡才珍，2002. 舒曼计划、欧洲煤钢条约组织与早期西欧一体化［J］. 华中科技大学学报（人文社会科学版），（2）：97–100.

胡作玄，1984. 布尔巴基学派的兴衰［M］. 北京：知识出版社.

金重远，2014. 法国现当代史［M］. 上海：上海社会科学院出版社.

卡龙 F，1991. 现代法国经济史［M］. 吴良建，方廷钰，译. 北京：商务印书馆：151–153.

库索尔 R，2013. 法兰西道路：法国如何拥抱和拒绝美国的价值观与实力［M］. 言予馨，付春光，译. 北京：商务印书馆.

莱布尼茨，1996. 莱布尼茨的第一封信［C］// 莱布尼茨，克拉克. 莱布尼茨与克拉克论战书信集. 陈修斋，译. 北京：商务印书馆：1–2.

兰德斯 D，2007. 解除束缚的普罗米修斯［M］. 北京：华夏出版社.

李文靖，2009. 几何学骑士遭遇博物家公民. 为什么达朗贝1758年离开百科全书派［J］. 科学文化评论，（3）：52–86.

吕一民，2007. 法国通史［M］. 上海：上海社会科学院出版社：347.

潘什梅尔 P，1980. 法国——自然条件和人文条件［M］. 漆竹生，译. 上海：上海译文出版社：180.

邱举良，1997. 法国科研中心与高等院校的合作关系［J］. 世界科学技术，（3）：20–21.

孙承晟，2008. 法国国家科研中心及其合作制度［J］. 科学文化评论，5（5）：46–59.

孙承晟, 2012. 国家与科学: 法国国家科研中心的历史透视[C]// 阎康年, 姚立澄主编. 国外著名科研院所的历史经验与借鉴研究. 北京: 科学出版社, 112–125.

孙红霞, 2010. 18—19世纪中叶的浪漫主义反科学思潮[J]. 自然辩证法研究, 126(10): 32.

王媛媛, 2005. 让·佩兰在19—20世纪之交对物理学发展的重要贡献[D]. 首都师范大学硕士学位论文.

伍浩松, 2005. 美国与法国核电工业的比较[J]. 国际核新闻, (1): 6–10.

许良, 1994. 莫培督——一个被遗忘的天才[J]. 自然辩证法通讯, 16(2): 68–75.

许良, 1995. 从地球形状之争看科学理论评价与选择的复杂性[J]. 科学技术与辩证法, 12(6): 33–35.

杨庆余, 2008. 法兰西科学院: 欧洲近代科学建制的典范[J]. 自然辩证法研究, 24(6): 81–87.

杨威, 李志平, 2011. 巴斯德研究所: 创建、发展与历史启示[J]. 自然辩证法通讯, (4): 38–43.

姚大志, 2016. 世俗化与近代科学的兴起[J]. 自然科学史研究, 35(4): 490–492.

袁江洋, 2005. 科学中心转移规律再检视[J]. 科学文化评论, 2(2): 61–62.

赵贞, 李海龙, 2012. 论马歇尔计划对早期欧洲经济一体化的影响[J]. 山东社会科学, (5): 40–43.

二、西文文献

ABRAHAM C K, 1963. The French royal family: patrons of science in the age of Louis XIII [J]. The French Review, 37(2): 206–212.

AKEROYD M, 2003. The Lavoisier-Kirwan debate and approaches to the evaluation of theories [J]. Annals of the New York Academy of Sciences, 988(1): 293–301.

ALDER K, 1997. Engineering the revolution: arms and enlightenment in France, 1763—1815 [M]. Princeton, N J: Princeton University Press.

ARAGO F, 1846. Biographie de Gaspard Monge, ancien membre de l'Académie des sciences [M]. Lue à la séance publique du 11 mai: LV–LXXVI.

ASTRUC P, 1951. Les sciences médicales et leurs représentants dans l'Encyclopédie [J]. Revue d'histoire des sciences et de leurs applications, 4(3): 359–368.

BADINTER E, 1999. Les passions intellectuelles [M]. vol.1. Paris: Fayard.

BADINTER E, 2002. Les passions intellectuelles [M]. vol. 2. Paris: Fayard.

BADINTER E, BADINTER R, 1988. Condorcet (1734—1794). Un intellectuel en politique [M]. Paris: Fayard: 395–400.

BAILLY J S, 1784. Rapport des commissaires chargés par le roi de l'examen du magnétisme animal [R]. Paris: L'Imprimerie Royale.

BAILLY J S, 2002. Secret report on mesmerism or animal magnetism [R/J]. International Journal of Clinical and Experimental Hypnosis, 50

(4): 364-368.

BAUMGARTNER F J, 1987. Sunspots or sun's planets: Jean Tarde and the sunspot controversy of the early seventeenth century [J]. Journal for the History of Astronomy, 18 (1): 44-54.

BEESON D, 1992. Maupertuis: an intellectual biography [M]. Oxford: Voltaire Foundation.

BELHOSTE B, 1989. Les origines de l'École polytechnique. Des anciennes écoles d'ingénieurs à l'Ecole centrale des travaux publics [J]. Histoire de l'éducation, 42 (1): 50.

BELHOSTE B, 1991. Augustin-Louis Cauchy. A biography [M]. New York: Springer-Verlag.

BELHOSTE B, 1997. L'École du génie de Mézières. L'alliance entre théorie et pratique [J]. La Recherche, 28 (300): 40-45.

BELHOSTE B, Chatzis K, 2007. From technical corps to technocratic power: French state engineers and their professional and cultural universe in the first half of the 19th century [J]. History and Technology, 23 (3): 213.

BELHOSTE B, EDELMAN N, 2015. Mesmer et mesmérismes. Le magnétisme animal en contexte [C]. Paris: Omniscience.

BELHOSTE B, PICON A, SAKAROVITCH J, 1990. Les exercices dans les écoles d'ingénieurs sous l'Ancien Régime et la révolution [J]. Histoire de l'éducation, (46): 54-61.

BEN-DAVID J, 1960. Scientific productivity and academic organization in nineteenth century medicine [J]. American Sociological Review, 25 (12): 835.

BEN-DAVID J, 1970. The rise and decline of France as a scientific centre [J]. Minerva, 8 (1): 160-179.

BEN-DAVID J, 1971. The scientist's role in society: a comparative study [M], Englewood Cliffs, N.J.: Prentice-Hall: 88-107.

BEN-DAVID J, 1977. The central planning of science [C] //Farkas J. Sociology of Science Conference Budapest: 473-489.

BEN-DAVID J, ZlOCZOWER A, 1962. Universities and academic systems in modern societies [J]. European Journal of Sociology, 3 (01): 45-84.

BENSAUDE-VINCENT B, 1990. A view of the chemical revolution through contemporary textbooks: Lavoisier, Fourcroy and Chaptal [J]. The British Journal for the History of Science, 23 (04): 435-460.

BLANCHARD A, 1979. Les ingénieurs du "Roy" de Louis XIV à Louis XVI. Étude du corps des fortifications [M]. Montpellier: Université Paul Valéry.

BORDEU T, 1754. Crise [A] //Diderot D, d'Alembert J. Encyclopédie ou dictionnaire raisonné des sciences, des arts et des métiers, vol. 4. Paris: Briassen, David, Le Breton, Durand: 471-489.

BOSCHIERO L, 2007. Experiment and natural philosophy in seventeenth-century Tuscany: the history of the accademia del cimento [M]. Dordrecht: Springer.

BOYETET É, 1789. Recueil de divers mémoires relatifs au traité de commerce avec l'Angleterre, faits avant, pendant et après cette négociation [M/OL]. Versailles: Baudouin: 37-38 // [2015-03-15] http: //

gallica.bnf.fr/ark: /12148/bpt6k96674185/f55.item.zoom.

BRADLEY M, 1975. Scientific education versus military training: the influence of Napoleon Bonaparte on the Ecole Polytechnique [J]. Annals of science, 32 (5) : 417.

BRADLEY M, 1999. Ingénieurs et espions? Les missions des ingénieurs français en Angleterre à la fin du XVIIe siècle [C] // Guillerme A. De la diffusion des sciences à l'espionnage scientifique et industriel (XVe–XXe siècles). Paris: ENS Editions: 29.

BRET P, 1999. L'expédition d'Egypte, une entreprise des lumières (1798—1801) [C]. Paris: Éditions Tec & Doc Lavoisier.

BRET P, 2002. L'État, l'armée, la science. L'invention de la recherche publique en France (1763—1830) [J]. Annales historiques de la Révolution française (328) : 278.

BRET P, 2006. Enlightened engineering [J]. Minerva, 44 (4) : 441–442.

BROCKLISS L W B, 1981. Aristotle, Descartes and the new science: natural philosophy at The University of Paris, 1600—1740 [J]. Annals of Science, 38 (1) : 33–69.

BROCKLISS L W B, 1987. French higher education in the seventeenth and eighteenth centuries: a cultural history [M]. Oxford: Oxford University Press.

BROCKLISS L W B, 1992. The scientific revolution in France [C] // Porter R, Teich M. The Scientific Revolution in National Context. Cambridge/ New York: Cambridge University Press: 55–89.

BROCKLISS L W B, 2006. The moment of no return: The University of Paris and the death of aristotelianism [J]. Science & Education, 15 (2-4): 259-278.

BROWN B E, 1969. The French experience of modernization [J]. World Politics, 21 (03): 372.

BROWN H, 1967. Scientific organizations in seventeenth century France (1620—1680) [M]. New York: Russell & Russell: 146-154.

BRUNEAU S, 2011. Autour de la théorie des tourbillons de Joseph Privat de Molières (1677—1742) [D]. Université Claude Bernard-Lyon I.

BRUNET P, 1929. Maupertuis. Étude biographique [M]. Paris: A. Blanchard.

BUHON G, 1723. Philosophia ad morem gymnasiorum finemque accomodata, 4 vol., t.1: Logica; t.2: Physica; t.3: Tractatus de mundo, de anima et theologia naturalis; t.4: Metaphysica et moralia [M]. Lyon.

BURNEY J M, 1988. Toulouse et son université. Facultés et étudiants dans la France provinciale du XIXe siècle [M]. Toulouse: Presses du Mirail: 133-146.

BURROWS S, 2003. The innocence of Jacques-Pierre Brissot [J]. The Historical Journal, 46 (04): 843-871.

CHAPTAL J A, 1790. Éléments de chimie. Tome 1 [M]. Montpellier: L'Imprimerie de Jean-François Picot: vi.

CHAPTAL J A, 1783. Tableau analytique du cours de chymie [M]. Montpellier: L'Imprimerie de Jean-François Picot.

CHAPTAL J A, 2014. Mes souvenirs sur napoléon [M]. Paris: BnF collection ebooks: 26–7, 28.

CHARLE C, 1994. La république des universitaires, 1870—1940 [M]. Paris: Seuil.

CHARLE C, 2011. Le projet universitaire républicain de la troisième à la cinquième république [J]. Les nouvelles d'Archimède, 56: 24–26.

CHARLE C, Verger J, 1994. Histoire des universités [M]. Paris: PUF: 70.

CHATZIS K, 2009. Les ingénieurs Français au XIXe siècle (1789—1914) –Émergence et construction d'une spécificité nationale [J]. Bulletin de la Sabix. 44: 53–63.

CHATZIS K, RIBEILL G, 2005. L'espace des carrières des ingénieurs de l'équipement dans le public et le privé (1800—2000) [J]. Revue française d'administration publique, 116 (4) : 651–670.

CLARKE D M, 1982. Descartes: an innovative aristotelian [A] // Descartes' Philosophy of Science [M]. Pennsylvania: Pennsylvania State University Press: 197–206.

CLARKE D M, 2006. The scientific essays and the discourse on method (1633—1637) [A] // Descartes: a biography [M]. Cambridge: Cambridge University Press: 126–155.

COHEN Y, 1991. The modernization of production in the French automobile industry between the wars: a photographic essay [J]. The Business History Review, 65 (4) : 754–780.

COLEMAN W, 1974. Health and hygiene in the "Encyclopédie" : a medical doctrine for the bourgeoisie [J]. Journal of the History of

Medicine and Allied Sciences, 29 (4) : 399.

CONDORCET N D, 2015. Vie de Voltaire [M]. FB Editions: 46.

CONNER C D, 1998. Jean Paul Marat: scientist and revolutionary [M]. New York: Humanity books: 33–146.

CONRY Y, 1974. L'introduction du darwinisme en France au XIXe siècle [M]. Paris: Vrin.

CONVENTION NATIONALE, 1987. Rapport sur les mesures prises par le comité de salut public pour l'établissement de l'École centrale des travaux publics, et Projet de décrets présentés, au nom des Comités de Salut public, d'Instruction publique, et des Travaux publics, réunis, par Fourcroy [A] // Langins J. La République avait besoin de savants [M]. Paris: Belin: 199–226.

CRAIG J E, 1984. Scholarship and nation building: the universities of Strasbourg and Alsatian society, 1870—1939 [M]. Chicago: University of Chicago Press.

CRAWFORD E, 1980. The prize system of the Academy of Sciences [C] // Fox R, Weisz G. The organization of science and technology in France, 1808—1914. Cambridge: Cambridge University Press: 305.

CROSLAND M, 1967. The Society of Arcueil: a view of French science at the time of Napoleon I [M]. Cambridge MA: Harvard University Press: 473.

CROSLAND M, 1970. The rise and decline of France as a scientific centre [J]. Minerva, 8 (2).

CROSLAND M, 1972. Science and government, the early years [J].

Isis, 63(3): 405–407.

CROSLAND M, 1977. History of science in a national context [J]. The British Journal for the History of Science, 10(02): 98–99..

CROSLAND M, 1992. Science under control: the French Academy of Sciences, 1795—1914 [M]. Cambridge: Cambridge University Press: 1–2.

CROSLAND M, 1995. Studies in the culture of science in France and Britain since the Enlightenment [M]. London: Variorum: viii.

CUVIER G, 1843. Histoire des sciences naturelles. IV [M]. Paris: Fortin Masson: 311–324.

D'ALEMBERT J L R, SCHWAB R N, 1995. Preliminary discourse to the Encyclopedia of Diderot [M]. Chicago: University of Chicago Press: 3–59.

DARNTON R, 1964a. Société de l'harmonie universelle [A] // Darnton R C. Trends in radical propaganda on the eve of the French Revolution (1782—1788) [D]. Oxford: University of Oxford: 408–413.

DARNTON R, 1964b. Trends in radical propaganda on the eve of the French Revolution (1782—1788) [D]. Oxford: University of Oxford.

DARNTON R, 1968. Mesmerism and the end of the Enlightenment in France [M]. Cambridge MA: Harvard University Press.

DARNTON R, 1982. The literary underground of the Old Regime [M]. Cambridge: Harvard University Press: 49–68.

DARNTON R, 1999a. Philosophers trim the tree of knowledge: the epistemological strategy of the Encyclopédie [A] // The great cat massacre and other episodes in French cultural history [M]. New York: Basic

Books: 213.

DARNTON R, 1999b. A bourgeois puts his world in order: the city as a text [A] // The great cat massacre and other episodes in French cultural history. New York: Basic Books: 138.

DARNTON R, 2009. The business of Enlightenment: a publishing history of the Encyclopédie, 1775—1800 [M]. Cambridge MA: Harvard University Press: 33–37.

DAUBEN J, 1968. Marat: his science and the French Revolution [J]. Archives internationales d'historie des scieness (88–89): 235–261.

DAUMAS M, 1953. Les instruments scientifiques aux XVIIe et XVIIIe siècles [M]. Paris: Presses universitaires de France: 97, 134.

DAY C R, 1987. Education for the industrial world: the École d'arts et métiers and the rise of French industrial engineering [M]. Cambridge MA: the MIT Press.

DAY C R, 1992. Science, applied science and higher education in France 1870—1945, an historiographical survey since the 1950s [J]. Journal of Social History, 26 (2): 373.

DE LAUNAY L, 1933. Chapitre IX le déclin et la mort (1809—1818) [A] // Un grand Français: Monge, fondateur de l'Ecole polytechnique [M]. Paris: Editions Pierre Roger: 255–278.

DE SAINT-FOND B F, 1784. Premier suit de description des expériences de la machine aérostatique de mm.de Montgolfier... [M]. chez Cuchet, rue & Hotel Serpente: 67–97, 358.

DEAR P, 1991. Mersenne and the learning of the schools [M].

Ithaca: Cornell University Press.

DESCARTES R, 1647. Les principes de la philosophie [M]. Tran.by Claude Picot. Paris: L'Imprimerie de PIERRE DES–HAYES.

DHOMBRES J G, 1987. l'École polytechnique et ses historiens [M] // Fourcy A L, Dhombres J G. Histoire de l'École Polytechnique. Paris: Belin: 13.

DIDEROT D, 1755. Encyclopédie [A] //Diderot D, d'Alembert M. Encyclopédie ou Dictionnaire raisonné des sciences, des arts et des métiers, Tome 5. Paris: Briasson, Davad, Le Breton, Durand: 635–648.

DIDEROT D, 1875a. Les bijoux indiscrets [C] // Assézat J. and Tourneux M. Œuvres complètes de Diderot, Vol.4. Paris: Garnier frères: 133–378.

DIDEROT D, 1875b. Mémoires sur différents sujets de mathématiques [C] // Assézat, J. and Tourneux, M. Œuvres complètes de Diderot, Vol.9. Paris: Garnier frères: 73–182.

DIDEROT D, 1875c. La promenade du sceptique [C] // Assézat J. and Tourneux M. Œeuvres complètes de Diderot, Vol.1. Paris: Garnier frères: 171–257.

DIDEROT D, 1875d. Lettre sur les aveugles, à l' usage de ceux qui voient [C] // Assézat J.and Tourneux M. Œuvres complètes de Diderot, Vol.1. Paris: Garnier frères: 265–342.

DIDEROT D, 1876a. Prospectus [C] // Assézat J, Tourneux M. Œuvres complètes de Diderot, Vol. 12. Paris: Garnier frères: 129–158.

DIDEROT D, 1876b. Lettre de M. Diderot au R. P. Berthier, jésuite

[C] // Assézat J, Tourneux M.Œuvres complètes de Diderot, Vol.13. Paris: Garnier frères: 165–168.

DIDEROT D, D'ALEMBERT M, 1751. Encyclopédie ou dictionnaire raisonné des sciences, des arts et des métiers, Tome 1 [C]. Paris: Briasson, Davad, Le Breton, Durand: 498.

DOLLFUS A, 1993. Pilâtre de Rozier, première navigateur aérien, première victime de l'air [M]. Association française pour l'avancement des sciences.

DORMOIS J–P, 2004. The French economy in the twentieth century [M]. Cambridge: Cambridge University Press.

DRUESNE G, 1975. Le centre national de la recherche scientifique [M]. Paris: Masson et Cie.

DU PORTAIL L L B, 1773. Mémoire sur le corps du génie [M]. Archives de l'Inspection du Génie: 100–101.

DUHEM P, 1954. The aim and structure of physical theory. Princeton: Princeton University Press.

DUPONT–FERRIER G, 1925. Du Collège de Clermont au Lycée Louis–le–Grand (1563—1920) [M]. Paris: E.de Boccard: 9–10.

FISHER S, 2005. Pierre Gassendi's philosophy and science. Atomism for empiricists [M]. Leiden: Brill: 202–203.

FONTENELLE B L B D, 2016. Entretiens sur la pluralité des mondes: augmentés des dialogues des morts [M]. Paris: Hachette Livre BNF.

FOULLON A, 1561. Usaige et description de l'holometre pour

scavoir mesurer toutes choses qui sont soubs l'estendü de l'oeil, par commandement & Priuilege du Roy [P]. Paris: Pierre Beguin.

FOURASTIÉ J, 1979. Les trente glorieuses ou la révolution invisible de 1946 à 1975 [M]. Paris: Fayard.

FOURCY A L, DHOMBRES J G, 1987. Histoire de l'Ecole polytechnique [M]. Paris: Belin.

FOX R, 1980a. Learning, politics and polite culture in provincial France: the sociétés savantes in the nineteenth century [J] //. Réflexions historiques, 7(2/3): 543–564.

FOX R, 1980b. The savant confirms his peers: scientific societies in France, 1815—1914 [C] // Fox R, Weisz G. The organization of science and technology in France, 1808—1914. Cambridge: Cambridge University Press: 281.

FOX R, 1990. Research, education, and the industrial economy in modern France [C] // National Science Fundation. The academic research enterprise within the industrialized nations: comparative perspectives. Washington, D.C.: National Academy Press: 95–107.

FOX R, WEISZ G, 1980a. The institutional basis of French science in the nineteenth century [C] // Fox R, Weisz G. The organization of science and technology in France, 1808—1914. Cambridge: Cambridge University Press: 1–28.

FOX R, WEISZ G, 1980b. The organization of science and technology in France, 1808—1914 [C]. Cambridge: Cambridge University Press.

FRANKLIN B, MAJAUIT, ROY L, ET AL., 2002. Report of

the commissioners charged by the king with the examination of animal magnetism [R/J]. International Journal of Clinical and Experimental Hypnosis, 50 (4): 332–363.

FURET F, 1980. Préface [A] //Shinn T. L'École polytechnique: 1794—1914. Paris: Presses de la Fondation nationale des sciences politiques: 6.

GALVEZ-BEHAR G, 2009. l'État et les brevets d'invention (1791—1922): une relation embarrassée [C/OL] // Colloque "Concurrence et marchés: droit et institutions du Moyen Âge à nos jours". Comité d'histoire économique et financière de la France, Dec. [2016-12-24]. https: // halshs. archives-ouvertes.fr/halshs-00548184/document.

GAMACHES, É.-S. de, 1740. Astronomie physique, ou principes généraux de la nature, appliqués au mécanisme astronomique, et comparés aux principes de la philosophie de M. Newton [M]. Paris: C.-A. Jombert: i.

GARBER D, 2004. On the frontlines of the Scientific Revolution: how Mersenne learned to love Galileo [J]. Perspectives on Science, 12 (2): 135–163.

GARÇON A-F, 1998. Mine et métal, 1780—1880: les non-ferreux et l'industrialisation [M]. Rennes: Presses Universitaires de Rennes: 12–13.

GILLISPIE C C, 1957. The natural history of industry [J]. Isis, 48 (4): 398–407.

GILLISPIE C C, 1959. Science in the French Revolution [J]. Proceedings of the National Academy of Sciences, 45 (5): 681.

GILLISPIE C C, 1969. The Encyclopédie and the jacobin philosophy of science [C] // Claggett M. Critical problems in the history of science. Madison: University of Wisconsin Press: 265–266.

GILLISPIE C C, 1980. Science and polity in France: the end of the Old Regime [M]. New Jersey: Princeton University Press: 91–92.

GILLISPIE C C, 1983. The Montgolfier brothers and the invention of aviation [M]. New Jersey: Princeton University Press.

GILLISPIE C C, 1989. Scientific aspects of the French Egyptian expedition 1798—1801 [J]. Proceedings of the American Philosophical Society, 133 (4): 447–474.

GILLISPIE C C, 2004. Science and polity in France: the revolutionary and Napoleonic years [M]. Princeton: Princeton University Press.

GILLISPIE C C, 2008. L'École Polytechnique [J]. Bulletin de la Sabix. Société des amis de la Bibliothèque et de l'Histoire de l'École polytechnique (42): 5–19.

GILPIN R, 1968. France in the age of the scientific state [M]. Princeton: Princeton University Press.

GOODMAN D, 1996. The republic of letters: a cultural history of the French Enlightenment [M]. Ithaca and London: Cornell University Press: 98–99.

GORDON R B, 2009. Dances with Darwin, 1875—1910: vernacular modernity in France [M]. Farnham: Ashgate Publishing, Ltd.

GRATTAN–GUINNESS I, 2005. The "Ecole Polytechnique", 1794—1850: differences over educational purpose and teaching practice

[J]. The American Mathematical Monthly, 112(3): 233–250.

GREENBERG J L, 1995. The problem of the earth's shape from Newton to Clairaut: the rise of mathematical science in eighteenth-century Paris and the fall of 'normal' science[M]. Cambridge: Cambridge University Press: 246.

GUERLAC H E, 1964. Science and French national strength[C]// Earle E M. Modern France: problems of the Third and Fourth Republics. Princeton: Princeton University Press: 94.

GUERLAC H E, 1972. Guy de La Brosse and the French Paracelsians[C]// Debus A G. Science, medicine and society in the Renaissance(2 vols., vol.1). New York: Science History Publications: 177–179.

GUNNELL J G, 1983. L'image technocratique. Une théorie de la technologie[J]. Culture technique, 10: 179.

HABAKKUK J, 1965. Estimated growth of population in Europe and North America in the eighteenth century[C]// Goodwin, A. New cambridge modern history.Ⅷ. Cambridge: Cambridge University Press: 714.

HAHN R, 1971. The anatomy of a scientific institution: the Paris Academy of Sciences, 1666—1803[M]. Berkeley/Los Angeles/London: University of California Press.

HAHN R, 1981. Science and the arts in France: the limitations of an encyclopedic ideology[C]// Hall M D, Metcalf E W. Studies in Eighteenth-Century Culture, Vol. 10. Madison: University of Wisconsin Press: 77–93.

HAHN R, 1987. Changing patterns for the support of scientists from

Louis XIV to Napoleon [J]. History and Technology, an International Journal, 4 (1-4): 401-411.

HAHN R, 2004. Le système du monde. Pierre-Simon Laplace. Un itinéraire dans la science [M]. Paris: Gallimard.

HAHN R, 2005. Pierre Simon Laplace, 1749—1827: a determined scientist [M]. Cambridge MA: Harvard University Press.

HALL A R, 1974. What did the Industrial Revolution in Britain owe to science? [C] // McKendrick N. Historical perspectives: studies in English thought and society in honour of J. H. Plumb. London: Routledge: 129.

HANNA B T, 1972. Polinière and the teaching of physics at Paris: 1700—1730 [C] // Gay P. Eighteenth-Century studies presented to Arthur M. Wilson. Hanover, New Hampshire: University Press of New England: 13-39.

HARRIS J R, 1998. Industrial espionage and technology transfer: Britain and France in the eighteenth century [M]. Aldershot: Ashgate Publishing Limited: 8, 9.

HECHT G, 1998. The radiance of France: nuclear power and national identity after World War II [M]. The MIT Press.

HEFFERNAN M J, 1994. A state scholarship: the political geography of French international science during the nineteenth century [J]. Transactions of the Institute of British Geographers, 19 (1): 21-23.

HENDERSON W O, 1957. The Anglo-French commercial treaty of 1786 [J]. The Economic History Review, 10 (1): 104-112.

HERIVEL J W, 1966. Aspects of French theoretical physics in the nineteenth century [J]. The British Journal for the History of Science, 3 (02): 109–132.

HILAIRE–PEREZ L, 1991. Invention and the state in 18th–century France [J]. Technology and Culture, 32 (4): 911–931.

HILAIRE–PEREZ L, 2002. Diderot's views on artists' and inventors' rights: invention, imitation and reputation [J]. British Journal for the History of Science, 35 (2): 129–150.

HORN J, 2006. The path not taken: French industrialization in the age of revolution, 1750—1830 [M]. Cambridge MA: MIT Press.

HOWARD R, 1978. Guy de La Brosse: botanique et chimie au début de la Révolution Scientifique [J]. Revue d'histoire des sciences: 301–326.

HOWARD R, 1983. Introduction [A] // La bibliothèque et le laboratoire de Guy de La Brosse au Jardin des plantes à Paris [M]. Genève: Librairie Droz.

HUET M H, 1989. Thunder and revolution: Franklin, Robespierre, Sade [J]. The Eighteenth Century, 30 (2): 14–17.

HUNTINGTON S P, 1966. Political modernization: America vs. Europe [J]. World Politics, 18 (03): 384.

JONES C, 1990. The médecins du Roi at the end of the Ancien Régime and in the French Revolution [C] //Nutton V. Medicine at the courts of Europe, 1500—1837. London: Taylor & Francis: 214–267.

JONKERS A R T, 2003. Earth's magnetism in the age of sail [M]. Baltimore and London: the Johns Hopkins University Press: 73–74.

JULIA D, 1990. Gaspard Monge, examinateur [J]. Histoire de

l'éducation, 46: 114.

KAFKER F A, KAFKER S L, 1988. The encyclopedists as individuals: a biographical dictionary of the authors of the Encyclopédie [M]. Oxford: Voltaire Foundation.

KAHN D, 2001. Entre atomisme, alchimie et théologie: La réception des thèses d'Antoine de Villon et Étienne de Clave contre Aristote, Paracelse et les 'cabalistes' (24–25 août 1624) J]. Annals of Science, 58 (3): 241–286.

KAHN D, 2002. La condamnation des thèses d'Antoine de Villon et Étienne de Clave contre Aristote, Paracelse et les « cabalistes» (1624) [J]. Revue d'histoire des sciences, 55 (2): 143–198.

KAITARO T, 1997. Diderot's holism. Philosophical anti-reductionism and its medical background [M]. Frankfurt: Peter Lang.

KASPI A, RAMUNNI G, 2003. Pierre Jacquinot [J]. La Revue pour l'histoire du CNRS, N° 9.

KEYSER B W, 1990. Between science and craft: the case of Berthollet and dyeing [J]. Annals of Science, 47 (3): 213–260.

KRANAKIS E, 1997. Constructing a bridge: an exploration of engineering culture, design, and research in nineteenth–century France and America [M]. Cambridge MA: The MIT Press: 99.

KRIGE J, 2006. American hegemony and the postwar reconstruction of science in Europe [M]. Cambridge MA: the MIT Press: 255–260.

KRONICK D A, 2001. The commerce of letters: networks and "invisible colleges" in seventeenth– and eighteenth–century Europe [J].

The Library Quarterly, 71 (1) : 28–43.

LA BEAUMELLE, 1856. Vie de Maupertuis, ouvrage posthume, suivi de lettres inédites de Frédéric Le Grand et de Maupertuis [M]. Paris: Ledoyen.

LA BROSSE G DE, 1628. De la nature, vertu et utilité des plantes [M]. Paris: Baragnes.

LAIGNEL-LAVASTINE M, 1951. Les médecins collaborateurs de l'Encyclopédie [J]. Revue d'histoire des sciences et de leurs applications, 4 (3) : 353–358.

LANDES D, 1999. The fable of the dead horse; or, the Industrial Revolution revisited [C] // Mokyr J. The British Industrial Revolution: an economic perspective. Boulder, CO: Westview.

LANGINS J, 1987. La République avait besoin de savants [M]. Paris: Belin: 199–226.

LANGINS J, 1990. The "Ecole Polytechnique" and the French Revolution: merit, militarization and mathematics [J]. Llull: Revista de la Sociedad Española de Historia de las Ciencias y de las Técnicas, 13 (24) : 91–105.

LANGINS J, 1991. La préhistoire de l'École polytechnique [J]. Revue d'histoire des sciences, 44 (1) : 61–89.

LANGINS, J, 2003. Conserving the Enlightenment. French military engineering from Vauban to the Revolution [M]. Cambridge, MA: The MIT Press.

LANSKA D J, LANSKA J T, 2007. Franz Anton Mesmer and the

rise and fall of animal magnetism: dramatic cures, controversy, and ultimately a triumph for the scientific method [C] // Whitaker H, Smith C U M, Finger S. Brain, mind and medicine: essays in eighteenth-century neuroscience. New York: Springer: 301–320.

LE GRAND H E, 1982. Chemistry in a provincial context: the Montpellier Sociétê Royale des Sciences in the eighteenth century [J]. Ambix, 29 (2) : 88–105.

LE GRAND H E, 1984. Theory and application: the early chemical work of J.A.C. Chaptal [J]. The British Journal for the History of Science, 17 (1) : 31–46.

LECA-TSIOMIS M, 2015. Le Capuchon des cordeliers: une légende de l'Encyclopédie [J]. Recherches sur Diderot et sur l'Encyclopédie, 50: 348–353.

LEMAIRE J-F, POIRIER J-P, 1993. Marat, homme de science? [M]. Paris: Synthélabo.

LÉON A, ROCHE P, 2003. Histoire de l'enseignement en France [M]. Paris: PUF: 71.

LESAGE P C, 1999. Journal et observations sur l'Angleterre et principale mentsur les grandes routes, septembre 1784–janvier 1785 [A] // Guillerme A. De la diffusion des sciences à l'espionnage scientifique et industriel (XVe–XXe siècles). Paris: ENS Editions: 35–39.

LESCALLIER D, 1999. Résumé de observations sur la marine anglaise [A] // Guillerme A. De la diffusion des sciences à l'espionnage scientifique et industriel (XVe–XXe siècles). Paris: ENS Editions: 42–47.

LIMOGES C, 1980. The development of the muséum d'histoire naturelle of Paris, 1800—1914 [C] // Fox R, Weisz G. The organization of science and technology in France, 1808—1914. Cambridge: Cambridge University Press: 211.

LOCHER F, 2007. L'empire de l'astronome: Urbain Le Verrier, l'ordre et le pouvoir [J]. Cahiers d'histoire. Revue d'histoire critique, 102: 33–48.

LOLORDO A, 2006. Pierre Gassendi and the birth of early modern philosophy [M]. Cambridge: Cambridge University Press: 100–106, 133–138, 233–237.

LOPEZ C–A, 1993. Franklin and Mesmer: an encounter [J]. The Yale Journal of Biology and Medicine, 66 (4) : 325–331.

LOUBET J–L, 1995. Citroën, Peugeot, Renault et les autres. 60 ans de strategies [M]. Paris, Le Monde–Editions.

LUNA F A, Darnton R, Loft L, 1991. Interpreting Brissot [J]. French Historical Studies, 17 (1) : 159–218.

LUNDGREEN P, 1980. The organization of science and technology in France: a German perspective [C] // Fox R, Weisz G. The organization of science and technology in France, 1808—1914. Cambridge: Cambridge University Press: 311–332.

LUX D S, 1989. Patronage and royal science in seventeenth–century France: the Académie de physique in Caen [M]. Ithaca, NY: Cornell University Press.

LYNN M R, 2006. Popular science and public opinion in eighteenth–century France [M]. Manchester: Manchester University Press.

MACLEOD C, 2002. Inventing the Industrial Revolution: the English patent system, 1660—1800[M]. Cambridge: Cambridge University Press: 82.

MALAND D, 1970. Culture and society in seventeenth century France[M]. New York: Scribner: 99–100.

MARAT J P, 1780a. Recherches physiques sur le feu[M]. Paris: chez Cl. Ant. Jombert.

MARAT J P, 1780b. Découvertes de M. Marat sur la lumière; constatées par une suite d'expériences Nouvelles. [M]. Paris: chez Jombert.

MARAT J P, 1782. Recherches physiques sur l'électricité[M]. Paris: Clousier.

MARAT J P, 1783. Mémoire sur l'électricité médicale[M]. Paris: L. Jorry.

MARAT J P, 1784. Notions élémentaires d'optique[M]. Paris: Pierre–François Didot le jeune.

MAUPERTUIS P L D, 1731. De figuris quas fluida rotata induere possunt, problemata duo[J]. Philosophical Transactions, 37: 240–256.

MAUPERTUIS P L D, 1738. La figure de la terre: déterminée par les observations de messieurs de Maupertuis, Clairaut, Camus, le Monnier, & de M. l'Abbé Outhier, Celsins... faites par ordre du Roy au cercle polaire. [M]. Paris: L' Imprimerie Royale.

MAURY J P, Taussig S, 2003. À l'origine de la recherche scientifique: Mersenne[M]. Paris: Vuibert.

MCCLELLAN J E, 1981. The Académie Royale des Sciences,

1699—1793: a statistical portrait [J]. Isis, 72(4): 541-567.

MCCLELLAN J E, 2003. Specialist control: the publications committee of the Académie Royale des Sciences(paris) 1700—1793 [J]. Transactions of the American Philosophical Society, 93(3): i-134.

MERSENNE M, 1625. La vérité des sciences contre les septiques ou pyrrhoniens [M]. Paris: Toussainct du Bray.

MEUNIER J, 2002. On the fast track: French railway modernization and the origins of the TGV, 1944—1983 [M]. Westport, Connecticut/London: Praeger Publishers.

MINISTERE DE l'Enseignement supérieur, de la recherche et de l'innovation, 2013. France Europe 2020: l'agenda stratégique pour la recherche, le transfert et l'innovation [R/OL]. 21-05-2013(5) [2015-12-15] http: //cache.media.enseignementsup-recherche.gouv.fr/file/France-Europe-2020/21/7/ AgendaStategique-252217.pdf.

MOLLOY P M, 1975. Technical education and the young republic: West Point as America's Ecole Polytechnique, 1802—1833 [D]. Rhode Island: Brown University: 388-392.

MOREAU R, 2012. Marin Mersenne et la naissance de l'esprit scientifique [M]. Perros Guirec: Anagrammes.

MOULIN A-M, 1992. Patriarchal science: the network of the overseas Pasteur Institutes [C] // Patrick Petitjean, Catherine Jami & Anne-Marie Moulin, eds., Sciences and empires: historical studies about scientific development and European expansion, Dordrecht: Kluwer Academic Publishers: 307-322.

NAKATA R, 1994. Joseph Privat de Molières: reconciler between Cartesianism and Newtonianism in collision theory [J]. Historia scientiarum, 3(3): 201-213.

NAULET F, 2002. L'Artillerie Française, 1665—1765. Naissance d'une Arme [M]. Paris: Economica.

NEWTON I, MARAT J P, NICOLAS B, 1787. Optique de Newton, tome premier et second [M]. Paris: chez Leroy.

NOCKELS K, 1994. Jean Paul Marat (1743—1793): scientist and revolutionary [J]. Journal of Medical Biography, 2(3): 156-161.

NYE, M J, 1986. Introduction: the paris-provinces dichotomy [A] // Nye, M J. Science in the provinces: scientific communities and provincial leadership in France, 1860—1930 [M]. California: University of California Press: 1-9.

ORNSTEIN M, 1963. The rôle of scientific societies in the seventeenth century [M]. Hamden/London: Archon Books.

PAIRAULT F, 2000. Gaspard Monge. Le fondateur de Polytechnique [M]. Paris: Tallandier.

PASTEUR L, 1868. Budget de la science [M]. Paris: Gauthier-Villars.

PAUL H W, 1972. The issue of decline in nineteenth-century French science [J]. French historical studies, 7(3): 416-450.

PAUL H W, 1979. The edge of contingency: French catholic reaction from Darwin to Duhem [M], Gainesville: University Presses of Florida.

PAYEN J, 1969. Capital et machine à vapeur au XVIIIe siècle. Les frères Périer et l'introduction en France de la machine à vapeur de Watt [M].

Paris: EPDHE et La Haye, Mouton et Cie: 131–132.

PERRIN C E, 1986. Of theory shifts and industrial innovations: the relations of J. A. C. Chaptal and Lavoisier [J]. Annals of Science, 43 (6): 511–542.

PICARD J–F, 1990. La république des savants: la recherche française et le CNRS [M]. Paris: Flammarion.

PICARD J–F, 1991. L'organisation de la science en France depuis 1870: un tour des recherches actuelles [J]. French Historical Studies, 17 (1): 249–268.

PICARD J–F, 1999. La création du CNRS [J]. La Revue pour l'histoire du CNRS, N° 1.

PICARD J–F, PRADOURAE, 1988. La longue marche vers le CNRS (1901—1945) [J]. Cahiers pour l'histoire du CNRS, N° 1: 7–40.

PICON A, 1992. L'invention de l'ingénieur moderne. L'École des ponts et chaussées, 1747—1851 [M]. Paris: Presses de l'ENPC: 259–261.

PICON A, 2004. Engineers and engineering history: problems and perspectives [J]. History and Technology, 20 (4): 426.

PINET G, 1887. Histoire de l'École polytechnique [M]. Paris: Librairie Polytechnque Daudry et C[le].

POISSONNIER P I, CAILLE C A, et al, 1784. et al, 1784. Rapport des commissaires de la Société royale de médecine, nommés par le Roi pour faire l'examen du magnétisme animal [R]. Paris: Moutard & Académie Royale des Sciences.

PORTER R, 2008. The Cambridge history of science. vol. 4:

eighteenth-century science [M]. Cambridge: Cambridge University Press: 107-109.

PROST A, 1968. Histoire de l'enseignement en France, 1800—1967 [M]. Paris: A. Colin.

PROUST J, 1968. L'encyclopédisme dans le Bas-Languedoc au XVIIIe siècle [M]. Montpellier: Faculté des lettres et sciences humaines.

PROUST J, 1972. Questions sur l'Éncyclopédie [J]. Revue d'histoire littéraire de la France, 72(1): 36-52.

RAMUNNI G, 1991. Le CNRS au temps de Charles de Gaulle [J]. La Revue pour l'histoire du CNRS, N° 1.

REGNAULT P, 1729. Les entretiens physiques d'Ariste et d'Eudoxe, ou physique nouvelle en dialogues [M]. 3 vols. Paris: Jacques Clousier.

REGNAULT P, DALE T, 1731. Philosophical conversations or a new system of physics, by way of dialogue [M]. 4 vols. London: W. Innys, C. Davis and N. Prevost.

REVEL J, WACHTEL N, AUGEM, 1996. Une école pour les sciences sociales: de la 6e section de l'EPHE à l'EHESS. Paris: Editions Cerf & EHESS: 11.

REY R, 1992. Le cas des sciences de la vie [J]. Recherches sur Diderot et sur l'Encyclopédie, 12: 41-57.

REY R, 2000. Naissance et développement du vitalisme en France: de la deuxième moitié du XVIIIe siècle à la fin du Premier Empire [M]. Oxford: Voltaire foundation.

RISKIN J, 1999. The lawyer and the lightning rod [J]. Science in

Context, 12(01): 61–99.

RISKIN J, 2002. Science in the age of sensibility: the sentimental empiricists of the French Enlightenment[M]. Chicago: The University of Chicago Press: 189–226.

ROCHE D, 1978. Le siècle des lumières en province. Académies et académiciens provinciaux, 1680—1789[M]. Vol. 1. Paris: Mouton: Chapter 1, 2, 4.

ROGER J, 1989. Buffon: un philosophe au Jardin du Roi[M]. Paris: Fayard.

ROGER J, 1997, Buffon: a life in natural history[M]. Ithaca, NY: Cornell University Press.

ROGERS W B, 1896. Life and letters of William Barton Rogers[M/OL]. Houghton Mifflin, 1: 420. [2016—12—09] http: // libraries.mit.edu/archives/exhibits/wbr-visionary/wbr3-13-1846. html.

ROUSSEAU J J, COLEMAN P, 2000. Book seven[A]// ROUSSEAU J J. Confessions[M]. Oxford: Oxford University Press: 269–339.

ROUX S, 2005. La philosophie naturelle d'Honoré Fabri(1607—1688)[C]// Fouilloux É, Hours B. Les Jésuites à Lyon, XVIe–XXe siècles. Lyon: ENS Editions: 75–94.

SARTORI E, 2003. L'Empire des sciences: Napoléon et ses savants [M]. Paris: Ellipses.

SCHELER L, 1973. Lavoisier et la régie des poudres[J]. Revue d'histoire des sciences, 26(3): 193–222.

SCHIAVON M, 2016 The Bureau des longitudes: an institutional study [C] // Higgitt R, Dunn R, Jones P. Navigational enterprises in Europe and its empires, 1730—1850. London: Palgrave Macmillan: 65-85.

SCHNEIDER W H, 2003. War, philanthropy, and the National Institute of Hygiene in France [J]. Minerva, 41 (1): 1-23.

SHANK J B, 2008. The Newton wars and the beginning of the French Enlightenment [M]. Chicago: University of Chicago Press.

SHINN T, 1980a. École polytechnique: 1794-1914 [M]. Paris: Presses de la Fondation nationale des sciences politiques.

SHINN T, 1980b. The genesis of French industrial research 1880—1940 [J]. Social Science Information, 19 (3): 607-640.

SHINN T, 1989. Progress and paradoxes in French science and technology 1900—1930 [J]. Social Science Information, 28 (4): 659-683.

SMITH J G, 1979. The origin and early development of the heavy chemical industry in France [M]. Gloucestershire: Clarendon Press.

SMITH R J, 1982. The École normale supérieure and the Third Republic [M]. Albany: The State University of New York Press: 77-101.

SPARY E C, 2000. Utopia's garden: French natural history from Old Regime to Revolution [M]. Chicago: University of Chicago Press.

SPARY E C, DABBAK C, 2005. Le jardin d'utopie. L'histoire naturelle en France de l'Ancien Régime à la Révolution [M]. Paris: Muséum national d'histoire naturelle.

SURATTEAU-IBERRAKEN A, 1999. Diderot et la médecine, un matérialisme vitaliste? [J]. Recherches sur Diderot et sur l'Encyclopédie,

(26): 173–195.

SUTTON G, 1981. Electric medicine and mesmerism [J]. Isis, 72 (3): 375–392.

TEICH M, PORTER R, 1996. Introduction [A] //The Industrial Revolution in national context: Europe and the USA [C]. Cambridge: Cambridge University Press: 1–12.

TERRALL M, 2002. The man who flattened the earth. Maupertuis and the science in the Enlightenment [M]. Chicago: University of Chicago Press.

TERRALL M, 2017. French in the siècle des lumières: a universal language [J]. Isis, 108 (3): 636–642.

TESI F, 2008. Micheliln et le taylorisme [J]. Histoire, économie et société, 27 (3): 111–126.

TESI F, 2009. The application of taylorism in France: the role of the Michelin family in the rationalization of French work [J]. Business and Economic History, 7: 1–22.

THEBAUD–SORGER M, 1999. Les premiers ballons et la conquête du ciel. Les dimensions d'une découverte [J]. Dix–huitième siècle, 31 (1): 159–177.

THÉPOT A, 1983. Les institutions scientifiques et techniques au XIXe siècle [J]. Histoire de l'education, 18: 83–95.

THOURET M–A, 1785. Extrait de la correspondance de la Société royale de médecine relativement au magnétisme animal [R]. Paris: L'Imprimerie Royale.

TITS-DIEUAIDE M J, 1998. Les savants, la société et l'État: à propos du《renouvellement》de l'Académie royale des sciences (1699) [J]. Journal des savants, (1): 79-114.

TREVOR-ROPER H, 1990. The court physician and Paracelsianism [C] // Nutton V. Medicine at the courts of Europe, 1500—1837. London: Taylor & Francis: 79-94.

VERGÉ-FRANCESCHI, M, 1990. Les officiers généraux de la marine royale, 1715—1774. Origines, conditions, services [M]. Paris: Libr.de l'Inde.

VOLTAIRE, 1992. Éléments de la philosophie de Newton [C] // Walters R L, Barber W H. Les oeuvres complètes de Voltaire. 15. Oxford: Voltaire foundation.

WEISS J H, 1982. The making of technological man: the social origins of French engineering education [M]. Cambridge: the MIT Press: xv, 13-16.

WILLIAMS E A, 2003. A cultural history of medical vitalism in Enlightenment Montpellier [M]. Burlington: Ashgate.

WILSON A, 1972. Diderot: the testing years, 1713—1759 [M]. Oxford: Oxford University Press.

WOLFE C T, 2008. Introduction: vitalism without metaphysics? Medical vitalism in the Enlightenment [J]. Science in Context, 21 (04): 461-463.

YOUNG J H, 1969. An influential pseudoscience [J]. Science, New Series, 163 (3873): 1318.

YUASA M, 1962. Center of scientific activity: its shift from the 16th to the 20th century [J]. Japanese Studies in the History of Science, 1 (1): 57–75.

ZELDIN T, 1967. Higher education in France, 1848—1940 [J]. Journal of Contemporary History, 2 (3): 55.

ZHAO H Z, JIANG G H, 1985. Shifting of world's scientific center and scientists' social ages [J]. Scientometrics, 8 (1–2): 65–66.

ZWERLING C S, 1980. The emergence of the École normale supérieure as a center of scientific education in the nineteenth century [C] // Fox R, Weisz C. The organization of science and technology in France, 1808—1914, Cambridge: Cambridge University Press: 31–60.

ZWERLING C S, 1990. The emergence of the École normale supérieure as a center of scientific education in nineteenth century France [M]. New York: Garland Publishing Inc.

人名索引

阿尔让松伯爵（Marc-René de Voyer，Comte d'Argenson，1696—1764）

阿拉果（François Arago，1786—1853）

阿歇特（Jean N. P. Hachette，1769—1834）

埃尔利希（Paul Ehrlich，1854—1915）

安培（André-Marie Ampère，1775—1836）

奥尔登堡（Henry Oldenburg，1618—1677）

奥古斯特（Louis Auguste，1670—1736）

奥朗德（François Hollande，1954—）

奥蒙（Arnulphe d'Aumont，1720—1800）

奥托（Louis-Guillaume Otto，1754—1817）

奥祖（Adrien Auzout，1622—1691）

巴贝奇（Charles Babbage，1791—1871）

巴尔泰（Paul-Joseph Barthez，1734—1806）

拜迪耶（Guillaume F. Berthier，1704—1782）

贝尔加斯（Nicolas Bergasse，1750—1832）

贝尔纳（Claude Bernard，1813—1878）

贝克曼（Isaac Beeckman，1588—1637）

贝托莱，C. L.（Claude Louis Berthollet，1748—1822）

贝托莱，P. E. M.（Pierre E. M. Berthelot，1827—1907）

贝西（Bernard Frénicle de Bessy，1605—1675）

比凯（Jean-Baptiste-Michel Bucquet，1746—1780）

比奈（Antoine du Pinet，1510—1584）

比尼翁（Jean-Paul Bignon，1662—1743）

比翁（Gaspard Buhon，？—1726）

毕奥（Jean-Baptiste Biot，1774—1862）

波利尼耶（Pierre Polinière，1671— 1734）

伯尼耶（François Bernier，1620—1688）

泊松（Siméon D. Poisson，1781—1840）

博尔德（Théophile de Bordeu，1722—1776）

博格朗（Jean de Beaugrand，1584—1640）

博纳（Florimond de Beaune，1601—1652）

布尔巴基（Nicolas Bourbaki）

布夫莱尔（Stanislas Jean de Boufflers，1738—1815）

布里索（Jacques Pierre Brissot，1754—1793）

布利奥（Ismaël Boulliau，1605—1694）

布吕尼耶（Abel Brunier，1572—1665）

布瓦尔（Charles Bouvard，1572—1658）

达尔文（Charles Darwin，1809—1882）

达朗贝尔（Jean-Baptiste le Rond d'Alembert，1717—1783）

戴高乐（Charles André Joseph Marie de Gaulle，1890—1970）

道特雷（Raoul Dautry，1880—1951）

德布罗意（Louis de Broglie，1892—1987）

德尔萨特（Jean Delsarte，1903—1968）

德方丹（Pierre-François G. Desfontaines，1685—1745）

德克拉夫（Étienne de Clave，1587—1645）

德克鲁瓦齐耶（François-Antoine Descroizilles，1751—1825）

德雷贝尔（Cornelis Drebbel，1572—1633）

德隆（Charles-Nicolas d'Eslon，1750—1786）

德麦兰（Jean-Jacques d'Ortous de Mairan，1678—1771）

德维庸（Antoine de Villon，1589—1647）

狄德罗（Denis Diderot，1715—1784）

迪阿梅尔（Jean-Baptiste Du Hamel，或Duhamel，1624—1706）

迪昂（Pierre Duhem，1861—1916）

迪厄多内（Jean Dieudonné，1906—1992）

迪克洛（Emile Duclaux，1840—1904）

迪吕伊（Jean V. Duruy，1811—1894）

迪佩隆（Jacques Davy du Perron，1556—1618）

迪韦尔内（Joseph-Guichard Du Verney，1648—1730）

笛卡尔（René Descartes，1596—1690）

杜尔哥（Anne Robert Jacques Turgot，1727—1781）

杜克洛（Charles Pinot Duclos，1704—1772）

多尼（Giovanni Battista Doni，1593—1647）

法布里（Honoré Fabri，1607—1688）

范德蒙（Alexandre Vandermonde，1735—1796）

蓬查特兰（Louis II Phélypeaux de Ponchartrain，1643—1727）

腓特烈大帝（Friedrich der Große，1712—1786）
费马（Pierre de Fermat，1601或07—1665）
丰塔纳（Jean-Pierre Louis de Fontanes，1757—1821）
丰特奈尔（Bernard Le Bouyer de Fontenelle，1657—1757）
弗朗索瓦一世（François Ier，1494—1547）
伏尔泰（Voltair，1694—1778）
孚兹（Charles-Adolphe Wurtz，1817—1884）
福尔费（Pierre-Alexandre-Laurent Forfait，1752—1807）
福图尔（Hippolyte Fortoul，1811—1856）
富凯，亨利（Henri Fouquet，1727—1806）
富凯，尼古拉（Nicolas Fouquet，1615—1680）
富克鲁瓦（Antoine-François Fourcroy，1755—1809）
富兰克林（Benjamin Franklin，1705—1790）
富隆（Abel Foullon，1514—1563或65）
伽马士（Étienne-Simon de Gamaches，1672—1756）
伽桑狄（Pierre Gassendi，1592—1655）
伽香（Joseph Cachin，1757—1848）
盖-吕萨克（Joseph L. Gay-Lussac，1778—1850）
盖默哈利乌斯（Rudolf Jakob Gamerarius，1665—1721）
戈尔萨斯（Antoine Joseph Gorsas，1752—1793）
格兰多热（André Graindorge，1616—1676）
格朗达姆（Jacques Grandamy，1588—1672）
亨利四世（Henri Ⅳ，1553—1610）
惠更斯（Christian Huygens，1629—1695）
霍尔巴赫（Paul Henri Thiry d'Holbach，1723—1789）

基佐（François Guizot，1787—1874）

吉尔伯特（William Gilbert，1544—1603）

加卢瓦（Jean Gallois，1632—1707）

加斯东（Gaston Jean-Baptiste de France，或称Gaston d'Orléans，1608—1660）

嘉当（Henri Cartan，1904—2008）

居顿·德莫沃（Louis-Bernard Guyton de Morveau，1737—1816）

居里（Pierre Curie，1859—1906）

居里夫人（Marie Curie，1867—1934）

居维叶（Georges Cuvier，1769—1832）

卡尔卡维（Pierre de Carcavi，1600—1684）

卡拉（Jean-Louis Carra，1742—1793）

卡洛纳（Charles Alexandre de Calonne，1734—1802）

卡诺，L. N. M.（Lazare N. M. Carnot，1753—1823）

卡诺，N. L. S.（Nicolas L. Sadi Carnot，1796—1832）

卡西尼一世（Giovanni Domenico Cassini，或Jean-Dominique Cassini，1625—1712）

卡西尼二世（Jacques Cassini，1677—1756）

卡西尼三世（César-François Cassini，或Cassini de Thury，1714—1784）

卡西尼四世（Jean-Dominique Cassini，1748—1845）

柯尔贝（Jean-Baptiste Colbert，1619—1683）

柯万（Richard Kirwan，1733—1812）

柯西（Augustin L.Cauchy，1789—1857）

科尔曼（Guillaume Kornmann，1741—1793之后）

科里奥利（Gaspard-Gustave Coriolis，1792—1843）

克拉克（Samuel Clarke，1675—1729）

克拉索（Jean Crassot，1558—1616）

克拉维埃（Etienne Clavière，1735—1793）

克莱尔塞利耶（Claude Clerselier，1614—1684）

克莱劳（Alexis-Claude Clairaut，1713—1765）

克朗歇（Jacques-Joseph Grancher，1843—1907）

克劳修斯（Rudolf Clausius，1822—1888）

孔德（Auguste Comte，1798—1857）

孔狄亚克（Étienne Bonnot de Condillac，1714—1780）

孔多塞（Nicolas de Condorcet，1743—1794）

库夫勒（Johannes Sibertus Kuffler，1595—1677）

库仑（Jean Coulomb，1904—1999）

库伦（Charles-Augustin Coulomb，1736—1806）

库西诺（Jacques Cousinot，1585—1646）

库赞（Victor Cousin，1792—1867）

魁奈（François Quesnay，1694—1774）

拉布罗斯（Guy de La Brosse，1586—1641）

拉格朗日（Joseph-Louis Lagrange，1736—1813)

拉孔达明（Charles-Marie de La Condamine，1701—1774）

拉马克（Jean-Baptiste de Lamarck，1744—1829）

拉屈埃（Jean-Gérard Lacuée，1752—1841）

拉尚布尔（Marin Cureau de La Chambre，1594—1669）

拉瓦雷（Alphonse Lavallée，1797—1873）

拉瓦锡（Antoine Lavoisier，1743—1794）

莱布尼茨（Gottfried W. Leibniz，1646—1716）
莱纳瓦尔（Mathias-Joseph Gérard de Rayneval，1736—1812）
莱斯卡利耶（Daniel Lescallier，1743—1824）
莱斯钦斯基（Stanislas Leszczynski，1677—1766）
朗克雷（Michel-Ange Lancret，1774—1807）
勒布朗（或路布兰，Nicolas Leblanc，1742—1806）
勒菲弗尔（Nicolas Lefèvre，?—1674）
勒戈（Claudius Regaud，1870—1940）
勒克莱尔（Sébastien Leclerc，1637—1714）
勒尼奥（Noël Regnault，1683—1762）
勒萨热（Pierre-Charles Lesage，1740—1810）
勒维耶（Urbain Le Verrier，1811—1877）
雷（John Ray，1627—1705）
雷奥米尔（René-Antoine Ferchault de Réaumur，1683—1757）
雷吉斯（Pierre Sylvain Régis，1632—1707）
雷诺（Louis Renault，1877—1944）
黎塞留（Armand Jean du Plessis de Richelieu，1585—1642）
李普曼（Gabriel Lippmann，1849—1921）
李斯特（Martin Lister，1639—1712）
利涅（Charles-Joseph de Ligne，1735—1814）
利亚尔（Louis Liard，1846—1917）
林耐（Carl Linnaeus，1707—1778）
隆尚邦（Henri Longchambon，1896—1969）
卢梭（Jean-Jacques Rousseau，1712—1778）
鲁，奥古斯丁（Augustin Roux，1726—1776）

鲁，埃米尔（Emile Roux，1853—1933）
路易十四（Louis XIV，1643—1715）
罗奥（Jacques Rohault，1618—1672）
罗伯斯皮尔（Maximilien Robespierre，1758—1794）
罗伯瓦尔（Gilles de Roberval，1602—1675）
罗杰斯（William B. Rogers，1804—1880）
洛吉耶（Henri Laugier，1888—1973）
洛克（John Locke，1632—1704）
马尔维（Gua de Malves，1713—1785）
马拉（Jean-Paul Marat，1743—1793）
马勒伯朗士（Nicolas Malebranche，1638—1715）
马里奥特（Edme Mariotte，1620—1684）
马吕（Étienne-Louis Malus，1775—1812）
马耶尔（André Mayer，1875—1956）
马扎然（Jules Raymond Mazarin，1602—1661）
麦克斯韦（James C. Maxwell，1831—1879）
梅尼雷（Jean-Joseph Menuret，1739—1815）
梅奇尼科夫（Élie Metchnikoff，或Ilya Metchnikov，1845—1916）
梅森（Marin Mersenne，1588—1648）
梅斯梅尔（Franz-Anton Mesmer，1734—1815）
蒙戈尔菲耶，埃蒂安（Étienne de Montgolfier，1745—1799）
蒙戈尔菲耶，约瑟夫（Joseph de Montgolfier，1740—1810）
蒙莫尔（Henry-Louis Habert de Montmor，1600—1679）
蒙日（Gaspard Monge，1746—1818）
莫勒帕（Jean-Frédéric Phélypeaux de Maurepas，1701—1781）

米其林，安德雷（André Jules Michelin，1853—1931）

米其林，爱德华（Édouard Michelin，1859—1949）

莫里哀（Joseph Privat de Molières，1677—1742）

莫里森（Robert Morison，1620—1683）

莫内（Jean Monnet，1888—1979）

莫培督，皮埃尔·路易斯·莫罗·德（Pierre Louis Moreau de Maupertuis，1698—1759）

莫培督，勒内·德（René de Maupertuis，1664—1746）

尼克尔（Françis Nicole，1683—1758）

牛顿（Isaac Newton，1643—1727）

帕罗（Claude Perrault，1613—1688）

帕斯卡（Blaise Pascal，1623—1662）

潘勒韦（Paul Painlevé，1863—1933）

潘索（Louis Poinsot，1777—1859）

佩尔蒂埃（Pierre Joseph Pelletier，1788—1842）

佩凯（Jean Pecquet，1622—1674）

佩兰（Jean B. Perrin，1870—1942）

佩雷斯克（Nicolas-Claude Fabri de Peiresc，1580—1637）

佩里耶（Florin Périer，1605—1672）

佩罗（Claude Perrault，1613—1688）

佩罗内（Jean-Rodolphe Perronet，1708—1794）

皮杜尔（Georges Bidault，1899—1983）

皮拉特尔·德·罗齐耶（Jean-François Pilâtre de Rozier，1754—1785）

珀蒂（Pierre Petit，1598—1677）

珀若（Armand Peugeot，1849—1915）
普尔绍（Edmond Pourchot，1651—1734)
普拉德（Jean-Martin de Prades，1720—1782）
普罗尼（Gaspard-Clair-Franqois-Marie Riche de Prony，1755—1839）
钱伯斯（Ephraim Chambers，1680—1740）
饶勒斯（Jean Jaurès，1859—1914）
若利奥（Jean-Baptiste Prosper Jollois，1776—1842）
若马尔（Edme-François Jomard，1777—1862）
萨洛（Denis de Sallo，1626 —1669）
萨热（Balthazar G. Sage，1740—1824）
塞纳克（Jean-Baptiste Sénac，1693—1770）
赛耶（Sylvanus Thayer，1785—1872)
沙司狄龙（Nicolas de Chastillon，1699—1765）
尚贝兰（Charles Chamberland，1851—1908）
尚布雷（Georges de Chambray，1783—1848)
舍瓦莱（Claude Chevalley，1909—1984）
圣蒂莱尔（Étienne G. Saint-Hilaire，1772—1844）
斯塔尔（Georg Ernst Stahl，1659—1734）
索比耶尔（Samuel Sorbière，1615—1670）
索兰（JosephSaurin，1659—1737）
索瓦热（François Boissier de Sauvages，1706—1767）
塔尔德（Jean Tarde，1561或62—1636）
汤姆逊（William Thomson，1824—1907）
特维诺 (Melchisédech Thévenot，1620—1692)
瓦尔（Serge Huard，1897—1944）
瓦莱特（Joseph Gaultier de la Vallette，1564—1647）

瓦卢瓦（Louis de Valois，1596—1653）

瓦特（James Watt，1736—1819）

韦伯（Max Weber，1864—1920）

韦尔热纳伯爵（Charles Gravier，comte de Vergennes，1717—1787）

韦内尔（Gabriel-François Venel，1723—1775）

魏尔（André Weil，1906—1998）

沃邦（Sébastien Le Prestre de Vauban，1633—1707）

沃克兰（Louis Nicolas Vauquelin，1763—1829）

沃拉斯顿（William Hyde Wollaston，1766—1828）

夏普塔尔（Jean-Antoine Chaptal，1756—1832）

夏特莱侯爵夫人（Gabrielle Émilie Le Tonnier de Breteuil，Marquise du Chatelet，1706—1749）

谢瓦利尔（André Chevallier，1896—1964）

雪铁龙（André Citroën，1878—1935）

雅基诺（Pierre Jacquinot，1910—2002）

朗布拉迪（Jacques-Élie Lamblardie，1747—1797）

杨（Thomas Young，1773—1829）

伊登（William Eden，1744—1814）

于埃（Pierre-Daniel Huet，1630—1721）

于尔班（Georges Urbain，1872—1938）

伯努利（Johann Bernoulli，1667—1748）

约里奥-居里，让·弗雷德里克（Jean Frédéric Joliot-Curie，1900—1958）

约里奥-居里，伊雷娜（Irène Joliot-Curie，1897—1956）

专有名词中西文对照表[①]

巴黎高等师范学院（École normale supérieure）

巴黎皇家农业学会（Société royale d'agriculture de la généralité de Paris）

巴黎皇家学院（Collège royal）

巴黎林耐学会（Société linnéenne de Paris）

巴黎神经学学会（Société de neurologie de Paris）

巴黎中央理工学院（École centrale Paris）

巴斯德研究所（Institut Pasteur）

《巴斯德研究所年鉴》（Annales de l'Institut Pasteur）

百花学院（Académie des Jeux floraux）

---

① 本表涉及正文中出现的部分机构、组织、期刊、著作等，侧重法国科学技术领域。组织机构等名称如在正文中同时标注西文拼写，则未纳入本表。表中的期刊和著作，仅是在正文中出现过，但未直接引用参考文献的作品。

《百科全书》（Encyclopédie，ou Dictionnaire raisonné des sciences，des arts et des métiers）

《沉思录》（Pensées，1669）

催眠术（mesmérisme），或译为梅斯梅尔主义

大学校（grandes écoles）

地理学校（École des géographes）

《地平线2020》（Horison 2020）

帝国大学（Université impériale）

帝国大学委员会（Conseil de l'université impériale）

帝国中央园艺学会（Société impériale centrale d'horticulture）

电力高等学校（École Supérieure d'Électricité）

《动物博物学论集》（Mémoires pour servir à l'histoire naturelle des animaux，Paris: Imprimerie royale，1761）

动物磁学（magnétisme animal）

都灵综合理工学院（Politecnico di Torino）

发明专利（Brevet d'invention）

法国国家科研中心（Centre National de la Recherche Scientifique，CNRS）

法国国家铁路公司（Société nationale des chemins de fer français，SNCF)

法国化学学会（Société chimique de France）

法国民用工程师学会（Société des ingénieurs civils de France）

法国农业科学院（Académie d'agriculture de France）

法国农业学会（Société d'agriculture de France）

《法国—欧洲2020》（France Europe 2020: l'agenda stratégique

pour la recherche，le transfert et l'innovation）

法国原子能总署（Commissariat à l'énergie atomique，CEA）

法国植物病理学会（Société française de phytopathologie）

法兰西大学（Université de France）

法兰西学院（Collège de France）

法兰西研究院（Institut de France）

《方法谈》（Discours de la méthode，1637）

佛罗里芒台学院（Académie florimontane）

高等技术学院（Istituto Tecnico Superiore）

高等研究实践学院（École pratique des hautes études）

工程团体（Corps du génie）

工艺学会（Société des arts）

工艺职业学校（Écoles d'arts et métiers）

公共教育高级委员会（Conseil supérieur de l'instruction publique）

公共教育委员会（Commission d'instruction publique)

《关于若干数学问题的论文》（Mémoires sur différents sujets de mathématiques，1748）

《关于世界多样化的对话》（Entretiens sur la pluralité des mondes，1686）

国际电工学会（Société internationale des électriciens）

国家行政学院（École nationale d'administration）

国家健康和医学研究院（Institut National de Santé et de la Recherche Médicale，INSERM）

国家科学与艺术研究院（Institut national des sciences et arts）

国家科研基金会（Caisse nationale de la recherche scientifique）

国家塞纳园艺学会（Société nationale d'horticulture de la Seine）

国家外科学院（Académie nationale de chirurgie）

国家卫生研究所（Institut National d'Hygiène，INH）

国家药学科学院（Académie nationale de pharmacie）

国家医学科学院（Académie nationale de médecine）

国家应用科研中心（Centre national de la recherche scientifique appliquée，CNRSA）

国立科学基金会（Caisse nationale des sciences，CNS）

海军团体（Corps de la marine）

《化学课程分析表》（Tableau analytique du Cours de Chymie，1783）

《怀疑论者的漫步》（La promenade du sceptique，1747）

皇家公共教育委员会（Conseil royal de l'instruction publique）

皇家科学院（Académie royale des sciences）

皇家特权（Privilége）

皇家特权的委员会判决（Arrêt du conceil）

皇家外科学院（Académie royale de chirurgie）

皇家医学会（Société royale de médecine）

皇家医药植物园（Jardin royal des plantes médicinales），简称国王花园（Jardin du Roy）或植物园（Jardin des plantes）

皇家园艺学会（Société royale d'horticulture）

混合研究单位（Unités mixtes de recherche，UMR）

火炮团体（Corps de l'artillerie）

火药与硝石管理局（Régie des poudres et salpétres）

《几何学》（La Géométrie，1637）

经度局（Bureau des longitudes）

居里研究所（Insitut Curie）

《科学的真理》（La vérité des sciences，1625）

克莱蒙学院（Collège de Clermont）

矿业团体（Corps des mines）

矿业学校（École des mines）

《昆虫史志》(Mémoires pour servir à l'histoire des insectes，1734—1742)

镭研究所（Institut du radium）

里昂中央理工学院（École centrale Lyonnaise）

路易大帝学院（Collège de Louis le Grand）

伦敦皇家学会（The Royal Society）

伦塞勒尔综合理工学院（Rensselaer Polytechnic Institute）

《论摆钟》（Horologium oscillatorium，1673）

《论行星的不同形状》（Discours sur les différentes figures des astre，1732）

《论科学与艺术》（Discours sur les sciences et les arts，1750）

《论人类不平等的起源和基础》（Discours sur l'origine et les fondements de l'inégalité parmi les hommes，1755）

《论真空》（Traité du vide，1663）

洛克菲勒基金会欧洲健康委员会（Rockefeller Foundation Health Commission to Europe，RFHC）

马扎然学院（Collège de Mazarin）

《盲人书简》（Lettre sur les aveugles，1749）

梅济耶尔皇家工程学校（École royale du génie de Mézières）

梅斯皇家火炮学校（École royale d'artillerie de Metz）

蒙莫尔学院（Académie de Monmor）

米兰综合理工学院（Politecnico di Milano，1863）

米其林公司（Michelin et Cie）

《牛顿哲学原理》（Élémens de la philosophie de Newton，1738）

普遍和谐社（Société de l'harmonie universelle）

桥梁与道路团体（Corps des ponts et chaussées），简称桥路团体。

桥梁与道路学校（École des ponts et chaussées），简称桥路学校。

《屈光学》（La Dioptrique，1637）

全国自然保护学会（Société nationale de protection de la nature）

商业局（Bureau de commerce）

猞猁学院（Accademia dei Lincei）

圣巴尔博学院（Collège de Sainte-Barbe）

市政理化工学院（École municipale de physique et de chimie industrielles）

《数学原理》（Éléments de mathématique）

卫生学院（Écoles de santé）

《物种起源》（On the Origin of Species，1859）

西门托学院（Accademia del Cimento）

协作研究单位（Unités de Recherche Associée，URA）

药学科学院（Académie de pharmacie）

医学活力论（Vitalisme médical）

医学院（Faculté de médecine）

《艺术与技艺的说明》（Descriptions des arts et métiers）

应用学校（Écoles d'application）

于格南中心（Centre René Huguenin）

《哲学沉思录》（Pensées philosophiques，1746）

《哲学论》（Syntagma philosophicum，1658）

《哲学通信》（Lettres philosophique，1734）

《哲学原理》（Principia philosophiae，1644）

直属实验室（Laboratoires propres）

中央工艺制造学校（École centrale des arts et manufactures）

《中央公共工程学校综合理工教育计划》（Programmes de l'enseignement polytechnique de l'école centrale des travaux publics，1795）

中央公共工程学院（École centrale des travaux publics）

中央民用工程师学会（Société centrale des ingénieurs civils）

中央气象局（Bureau central météorologique）

专利局（Bureau des brevets）

自然历史博物馆（Muséum national d'histoire naturelle）

综合理工人（Polytechniciens）

综合理工学院（École polytechnique）

综合理工学院的发展委员会（Conseil de perfectionnement）

综合理工学院的管理委员会（Conseil d'administration）

综合理工学院的教育委员会（Conseil d'instruction）

《综合理工杂志》（Journal Polytechnique）

《综合理工学院杂志》（Journal de l'École Polytechnique）

《综合理工学院通讯》（Correspondance de l'École Polytechnique）

后　记

2010年秋，受自然科学史研究所张柏春研究员委托，作者投入到科技革命与法国现代化项目的研究中。彼时，巴黎第七大学林力娜（Karine Chemla）教授和巴黎第一大学白鲁诺（Bruno Belhoste）教授正在北京访问。借此机会，作者与白鲁诺教授讨论了研究提纲和核心参考书目，这为日后研究的开展打下了良好基础。随后数载，两位教授多次到访北京，始终热情地向作者提供帮助。

本研究是科技革命与国家现代化项目的子项目。项目组为成员建立了有效的交流机制和良好的工作氛围。2011年5月，项目组与德国马普科学史所（MPIWG）联合在柏林组织研讨会。通过与欧洲同行的讨论，作者对原初的写作目标和提纲进行了大幅度调整。当年秋天，作者再次造访马普科学史所，为研究收集资料。在北京，项目组不定期组织召开研讨会，各项目组汇报阶段性成果，不断推进研究进展。

2011年春，作者受邀在美国加州哈维–马德学院（Harvey Mudd College）作学术报告，主题与法国现代技术官僚治理相关。以此为开端，作者在随后几年不断加强与西方科技史同行的互动，通过国际会议和学术组织等渠道，交流阶段性研究成果，获取同行反馈意见。这些会议包括第6届、7届欧洲科学史学会（ESHS）双年会，第57届、59届、60届技术史学会（SHOT）年会。技术史学会的交流平台给予作者诸多便利和支持。2015年秋，受中国科学院委派，作者赴巴黎近现代史研究所（IHMC）访学。该机构由法国国家科研中心、巴黎高师、巴黎一大合办，有数位研究人员致力于科技史和高等教育史研究。此次为期一年的访学极大地推进了项目进展。

在本书写作过程中，来自各方面的支持与帮助，使作者受益良多。自然科学史所的领导、同事和项目组各位专家，通过日常学术交流，坦诚地给予评论和建议，不断给予鞭策和鼓励，在此恕不一一列举姓名。除白鲁诺教授和林力娜教授之外，王作跃教授始终慷慨而热情地给予帮助，邱举良研究员为项目开展提供了无私的便利，Daryl M. Hafter教授惠赠并邮寄专著，Charle Christrophe教授认真聆听作者的想法并提出有效建议，Robert Fox教授对来自中国的研究视角给予热情的鼓励。在访问巴黎期间，科技史与科技哲学研究所（IHPST）的Jean Gayon教授、巴黎高师的Sophie Roux教授、法国科学院院士Claude Debru教授，以及近现代史研究所的Serena Trovarell女士、巴黎一大的张小星博士和佘瑞丹博士、巴黎七大的周霄汉博士等，均给予作者不同程度的帮助。此外，与曹磊博士的交流使作者受益匪浅，陈蜜博士、单琳博士帮助校订法语拼写，吴宁宁博士帮助查阅和复印资料，巴黎四大Sylvain Lloret博士分享研究资料，王朝曦和邹晓琳女士帮助校订文稿。张弘女士的编辑工作耐心而细致，与她交流让人如沐春风。作者在此谨致谢意。

本研究启动之初，作者曾初步梳理现代化理论和概念史，也广泛收集有关法国现代化的研究论著。国内一些聚焦法国现代化的学者，立足中国自身的问题，尝试建立具有东亚旨趣的研究视角。

其中一些研究已涉及科学技术因素，如沈坚在《近代法国工业化新论》中专辟一章，讨论19世纪法国科技。随着本研究的推进，我们日益深切地意识到，要想从科技维度理解现代化进程，不仅需要讨论科技与产业、科技与社会等互动关系，更需要从社会建制等维度揭示科技的基本特征、发展脉络和影响力。在某种意义上，科学技术不仅是知识和工具，还意味着机构、组织、制度、职业，以及文化和意识形态。这不仅需要我们从体制和社会的角度理解法国的科技发展，而且要求拓展西方科技史的研究视域。回首过往，至晚在20世纪上半叶，国人就已开始编译和撰写有关法国科技发展的文章和著作，例如，王琎翻译法兰西学院科学史教授 Pierre Boutroux（1880—1922）的《法国之科学》（载《科学》，1922年第3期）、左任侠撰写的《法国心理测验略史》（载《测验》，1932年创刊号）。新中国成立后，科技史界不乏关注法国科技的前辈同仁。本项研究依托国际科技史界近几十年的研究成果，也以国内学者的研究和积累为前提，并希冀从特定研究视角再向前迈进一步。其中包含的讹误和不足之处，还恳望各方专家不吝赐教。